Der Zeit voraus

Karl Heinz Voigt

Der Zeit voraus

Die Gemeinschaftsbewegung als Schritt in die Moderne?

Erwägungen zur Vorgeschichte und Frühgeschichte des Gnadauer Gemeinschaftsverbands

EVANGELISCHE VERLAGSANSTALT
Leipzig

Karl Heinz Voigt, Jahrgang 1934, ist Pastor in der Evangelisch-methodistischen Kirche (EmK). Er studierte in Frankfurt am Main und Mainz. Außer seinen Pastoraten in Hamburg, Bremen und Kiel war er von 1963 bis 1968 Hauptgeschäftsführer der Diakonischen Arbeitsgemeinschaft evangelischer Kirchen in Deutschland, von 1984 bis 1993 Superintendent in Berlin, dort Vorsitzender des Ökumenischen Rates. Ab 1990 Ökumenebeauftragter der EmK. 2007 erhielt er für seine umfangreichen Forschungen als zweiter Europäer den *Distinguished Service Award* der Historischen Kommission der weltweiten United Methodist Church. Jahrzehnte war Voigt Mitglied der Historischen Kommission des Europäischen Rates Methodistischer Kirchen und des Beirats der Freikirchenforschung.

Von seinen zahlreichen Veröffentlichungen ist besonders das Übersichtswerk *Freikirchen in Deutschland (19. und 20. Jahrhundert)* in der Reihe »Kirchengeschichte in Einzeldarstellungen«, Leipzig 2004, zu nennen.

Bibliographische Information der Deutschen Nationalbibliothek
Die Deutsche Nationalbibliothek verzeichnet diese Publikation in der Deutschen Nationalbibliographie; detaillierte bibliographische Daten sind im Internet über http://dnb.dnb.de abrufbar.

Printed in Germany · H 7738

Das Buch wurde auf alterungsbeständigem Papier gedruckt.

Cover: Zacharias Bähring, Leipzig
Satz: Mario Moths, Marl
Druck und Binden: Hubert & Co., Göttingen

ISBN 978-3-374-03748-3
www.eva-leipzig.de

Geleitwort

In der Geschichte des deutschen Protestantismus gab es drei Phasen, in denen die Möglichkeit bestand, dass das im Zeitalter der Reformation entstandene enge Bündnis von Staat und Kirche sich hätte öffnen können hin zu einem System des religiösen Pluralismus: Zunächst im ausgehenden 17. und frühen 18. Jahrhundert, dann im späten 18. Jahrhundert, schliesslich, wiederum einmal hundert Jahre später, in den Jahrzehnten vor dem Ersten Weltkrieg. In jeder dieser Phasen drängten religiöse Erneuerungs- und Erweckungsbewegungen auf mehr Selbständigkeit. Alle drei Möglichkeiten scheiterten.

Im ausgehenden 17. und frühen 18. Jahrhundert verhinderten die mit dem Absolutismus verschwisterten Kirchenleitungen, dass nonkonforme Richtungen des Pietismus in Deutschland heimisch werden konnten. Mit einer Serie von Reskripten drängten sie die Mitglieder von Konventikeln in die Separation und, wenn diese sich dem obrigkeitlichen Druck nicht beugten, in die Emigration. Viele Gruppen erlebten das gleiche Schicksal wie mehr als hundert Jahre zuvor die Täufergemeinden. Selbst das oft gelobte württembergische Pietistenreskript von 1743 diente nicht dazu, den pietistischen Gemeinschaften mehr Freiheit zu geben, sondern hatte das Ziel, sie zu überwachen und zu disziplinieren.

Anders als ihre Gesinnungsgenossen in den Vereinigten Staaten, die an die segensreiche Wirkung einer Trennung von Kirche und Staat glaubten, waren die deutschen Aufklärer im ausgehenden 18. Jahrhundert überzeugt, sie könnten mit Hilfe der spätabsolutistischen Regierungen das kirchliche Leben von oben reformieren. In allen Landeskirchen wurden altgläubige Gemeinden mit neuen Liturgien und Gesangbüchern konfrontiert, die das Christentum im Geiste der Aufklärung modernisieren wollten. Für Nonkonformisten hatten die aufgeklärten Kirchenleitungen keinerlei Verständnis. Um die Neuerungen durchzusetzen, wurde gelegentlich sogar das Militär eingesetzt. Erneut entschieden Tausende von frommen Bibelchristen, sie könnten ihrem Glauben nur treu bleiben, wenn sie ihre Heimat verließen. Anstatt den Wert kirchlicher Pluralität zu erkennen, verfügten die preußischen Könige 1817 sogar die Vereinigung der lutherischen mit der reformierten Kirche. Ehe die Altlutheraner als eigene Kirche anerkannt wurden, waren viele Tausend fromme Lutheraner in die Emigration gegangen.

Drei Generationen später, in den Jahrzehnten vor dem Ersten Weltkrieg bestand noch einmal eine ähnliche Konstellation: Inspiriert von der amerikanischen Heiligungsbewegung und von der internationalen Erweckungsbewegung sammelten sich in allen protestantischen Landeskirchen viele der Frommen in besonderen Vereinen und Organisationen. Gegen die ihrer Ansicht nach von falschen aufgeklärten Positionen bestimmte Politik der Liberalen, aufgewühlt durch die kirchenfeindlichen Parolen der Linken und irritiert durch die wissenschaftliche Bibelkritik wollten sie an ihrem alten, dem ihrer Ansicht nach wahren Glauben festhalten. Im Gnadauer Gemeinschaftsverband fanden sie sich zu einer unabhängigen Organisation zusammen. Die »Gnadauer«, wie sie bald genannt wurden, konnten sich aber nicht entschliessen, sich offiziell und deutlich von den etablierten Landeskirchen zu trennen, so wie das Abraham Kuyper in den Niederlanden getan hatte. Sie fürchteten sich, wie es scheint, auf eigenen Füßen zu stehen. Sie zögerten, sich näher an die Freikirchen, die seit dem zweiten Drittel des 19. Jahrhunderts auch in Deutschland entstanden waren, anzuschliessen. Damit war, ehe in der Weimarer Verfassung die Trennung von Kirche und Staat postuliert wurde, die letzte Chance vertan, die seit der Reformation bestehende enge Verbindung der evangelischen Kirchen mit dem Staat abzulösen und durch einen Bund gleichberechtigter Kirchen nach dem Beispiel der Denominationen in den USA zu ersetzen. Man kann nur spekulieren, wie anders die religiöse Entwicklung in Deutschland verlaufen wäre, hätte man diese Chance ergriffen.

In dem vorliegenden Band widmet sich Karl Heinz Voigt, der beste Kenner der Geschichte der Freikirchen in Deutschland im 19. Jahrhundert, dieser dritten Phase. Er schildert das Umfeld, in dem die Gnadauer Gemeinschaftsbewegung entstand – die internationalen Impulse ebenso wie die nationale Kritik. Er analysiert die theologische Position und den Einfluss führender Erweckungsprediger, so zum Beispiel von Robert Pearsall Smith, Friedrich von Schlümbach und Theodor Christlieb. Ebenso geht er auf die Reaktion der Kirchenleitungen ein. Einige Ergebnisse seiner auf gründliche archivalische Forschungen gestützten Studien verdienen besondere Aufmerksamkeit. Erstens: Der häufig verwendete Begriff »Neupietismus« reicht nicht hin, um die Aktionen und Zielsetzungen der Gemeinschaftsbewegung zu verstehen. Zweitens: Wie Voigt nachweisen kann, kamen wesentliche Ideen, die in der Gemeinschaftsbewegung auf fruchtbaren Boden fielen, nicht aus dem älteren Pietismus, sondern aus dem Methodismus. Drittens: Die für die Gemeinschaftsbewegung charakteristische Abkehr von einer erbaulichen kirchlichen Binnenschau und die Hinwendung zu missionarischer Aktivität ist ebenso als Paradigmenwechsel zu verstehen wie die Abkehr von einer selbstverständlichen Einbindung in die etablierten Amtskirchen und die Hinwendung zur Organisation mündiger Teilgemeinen mit eigener Ordnung. Deshalb ist Karl Heinz Voigt der Überzeugung, die Gemeinschaftsbewegung sei ihrer »Zeit voraus« gewesen. Zurecht charakterisiert er deren Ziele auf dem Gebiet des Gemeindelebens und der Theologie als »Schritt in die Moderne«. Zu fragen bleibt allerdings, warum sich selbst international erfahrene Mitglieder der Gemeinschaftsbewegung wie Theodor Christlieb und Elias Schrenk nicht deutlicher zu ihren angelsächsischen Geschwistern bekannten und warum sich die gesamte Gemeinschaftsbewegung nicht noch deutlicher von den Amtskirchen distanzierte, von dem in Kirchenkreisen weit verbreiteten Nationalismus ebenso wie von der das Gemeindeleben auf vielerlei Weise einschränkenden Bürokratie. So bleibt nach wie vor viel zu diskutieren. Es ist Voigts Verdienst, dass diese Diskussion nunmehr auf einem neuen wissenschaftlichen Niveau geführt werden kann.

Hartmut Lehmann
Kiel

Vorwort

Das Jahr 1888 ist als »Drei-Kaiser-Jahr« in die Geschichte eingegangen. Die Aufmerksamkeit der Kirchen richtete sich jedoch nicht allein auf ihren Monarchen. Der bedeutende Kirchenhistoriker *Adolf Harnack* konnte trotz zähen Widerstands des Evangelischen Oberkirchenrats im selben Jahr seine Berufung von Marburg nach Berlin annehmen. *Friedrich Nietzsche*, der kirchenkritische Pfarrerssohn, schrieb in diesem Jahr seine Abrechnung mit dem Christentum und gab ihr den Titel *Der Antichrist*. Ebenfalls in diesem Jahr benannte *Martin Rade* seine noch junge kulturprotestantische Zeitschrift um. Es wurde daraus *Die Christliche Welt*, für die er Mitarbeiter aus dem Schülerkreis *Abrecht Ritschls* gewann, der die kulturprotestantische Periode eingeleitet hatte.

Noch bevor *Friedrich Naumann* für eine Zeit Vereinsgeistlicher der Inneren Mission wurde, entwickelt er 1888 für deren diakonisches Wirken ein zukunftsorientiertes Konzept. Der Bonner Praktische Theologe *Theodor Christlieb* veröffentlichte zwei wichtige Beiträge. Einen zum notwendigen Mitwirken von unterwiesenen und beauftragten *Laien in der heimatlichen Mission* und den anderen in einer für jene Zeit erstaunlich weiten und in ökumenischer Offenheit verfassten Überblick über die *weltweite Ärztliche Mission.*

1888 war schließlich das Jahr, in dem sich erstmals die *Gnadauer Pfingstkonferenz* im gastgebenden Herrnhuter Gemeinsaal versammelte. Damit wurde die Organisation einer Bewegung eingeleitet, die bis zum heutigen Tag in ihrem Namen *Evangelischer Gnadauer Gemeinschaftsverband* an diesen Gründungsort erinnert.

Der Rückblick auf die ersten Jahrzehnte einer bewegten Wirksamkeit der Gemeinschaftsbewegung wird hier verbunden mit der Frage nach einer geschichtsbewussten Interpretation aus heutiger Sicht im zeitgemäßen internationalen Kontext. Sie steht nicht zufällig unter der Themenstellung »Der Zeit voraus«.

Mit der Veröffentlichung dieser Studie verbinde ich einen mehrfachen Dank. Namentlich nenne ich Frau Ulrike Knöller, Leiterin des Zentralarchivs der Evangelisch-methodistischen Kirche in Reutlingen, und Pastor Hans Jakob Reimers, der nicht nur die Register erstellte, sondern mit seiner differenzierten Kenntnis immer mit Rat und Tat behilflich war. Den Mitarbeitern und Mitarbeiterinnen der Evangelischen Verlagsanstalt Leipzig danke ich für die Gestaltung des vorliegenden Buches.

Karl Heinz Voigt
Bremen im April 2013

Inhalt

Teil I

125 Jahre nach der ersten Gnadauer Pfingstkonferenz: die Geschichte der Deutschen Gemeinschaftsbewegung neu sehen.

TEIL II

Anhang

Einführung

»In der Kirche,
mit der Kirche,
aber nicht unter der Kirche.«

Dieses geflügelte Wort zieht sich seit der ersten Gnadauer Konferenz von 1888 wie ein roter Faden durch die vergangenen *125 Jahre.*[1] Seit jenem Pfingsttreffen entwickelte sich die *Deutsche Gemeinschaftsbewegung* Schritt für Schritt zu einer festen Größe, die sich innerhalb des deutschen Landeskirchentums einen eigenständigen Platz errungen hat. Die zum Motto gewordene ekklesiologische Positionsbeschreibung taucht in verschiedenen, manchmal leicht abgewandelten Versionen fast überall auf, wo es um das Selbstverständnis dieser innerlandeskirchlichen Bewegung geht.[2] Der Ursprung der klassischen

---

[1] Als sich 1934 die Württembergische Landeskirche der Eingliederung in die geplante Reichskirche widersetzte, schrieb der »Gaufachberater für das Gemeinschafts- und Sektenwesen in Württemberg« Neundorf an das dortige Innenministerium: »Mitschuld an der ablehnenden Haltung der Württ. Landeskirchenleitung tragen die in Württemberg ganz besonders stark verwurzelten Gemeinschaften und Sekten.« Dazu führte sogar der staatliche NS-Beauftragte erläuternd aus: »Die Württ. Gemeinschaften, die in der Hauptsache dem Gnadauer Verband unterstehen, beharren auf ihrem seitherigen Grundsatz: ›In der Kirche, womöglich mit der Kirche, aber *niemals unter der Kirche.*‹ Dieser Grundsatz kann in der geeinten Deutschen Evangelischen Kirche nicht mehr anerkannt werden.« Schreiben M. Neundorf, Ministerialsekretär, an das Württ. Innenministerium vom 10. Aug. 1934. HSTAStuttg E 151/02 Innenministerium – Rechtsakten, Staatsangehörigkeit (1802–1945), Bü 852. Hervorhebung übernommen.

[2] Die ursprüngliche Verwendung des Begriffs »Kirche« hatte immer eine konfessionelle Bedeutung, die sich dezidiert auf die damaligen Staatskirchen bezog, die zuletzt 1648 im Westfälischen Frieden anerkannt wurden. Die nicht anerkannten protestantischen Kirchen außerhalb des lutherischen oder reformierten Bekenntnisses wurden in dem Zusammenhang als »Sekten« eingestuft.

Formulierung ist unsicher. Aber eines ihrer inhaltlichen Ziele war immer klar: Sie soll die *eigenständige Existenz* mit dem Standort als Gemeinschaft *innerhalb der Landeskirche* im Sinne eines kirchlichen *Selbstverständnisses* beschreiben. Was schon im ersten Brief an die möglichen Teilnehmer zum Pfingsttreffen 1888 dieser später dauerhaft organisierten Deutschen Gemeinschaftsbewegung im *Gnadauer Verband* als »Zweck der Einladung« zu lesen war, wurde zu einem Dauerthema. Die Initiatoren schrieben, man wolle zusammenkommen, um »*das Recht* der gemeinschaftlichen Privaterbauung, der Gemeinschaftspflege, der Evangelisation sowie der Laientätigkeit überhaupt in ihrem Verhältnis zum geordneten Amt und den Organen *klarzustellen*.«[3] Das Recht klarstellen, dieser Gedanke zeigte die bereits erfahrene Kritik und den Widerspruch an, die von Kirchenbehörden, von Autoren anderer theologischer Positionen und aus der Pfarrerschaft kamen. Kritik und der Widerspruch setzten sich auch nach der Organisation langfristig fort. Martin H. Jung fasst kurz zusammen: »Die Landeskirchen und ihre Pfarrer verhielten sich [gegenüber der Gemeinschaftsbewegung] in der Regel distanziert, wofür nicht nur theologische Differenzen verantwortlich waren, sondern auch die aufkommende Konkurrenz zwischen den Pfarrern und den Evangelisten und Predigern. In der theologisch liberal geprägten Pfalz, wo sich etwa die Hälfte der Pfarrer treu zum Protestantenverein hielt, wurde die Gemeinschaftsbewegung sogar mit Hilfe der Obrigkeit bekämpft und unterdrückt.«[4]

Seit dem Organisationsbeginn der Gemeinschaftsbewegung sind radikale Veränderungen eingetreten: Aus den damaligen Staatskirchen wurde unfreiwillig die sog. Volkskirche, die Monarchie musste einer Republik weichen, der damals herrschende Nationalismus ist durch die Globalisierung ins totale Gegenteil umgeschlagen, und im zweiten Drittel die 20. Jahrhunderts ist es zeitweise im innerkirchlichen Grundsatzkonflikt zur offenen Auseinandersetzung zwischen der verfassten Kirche und ihren Evangelikalen, zu denen viele Gruppen aus der Gemeinschaftsbewegung zu rechnen sind, gekommen. Unabhängig von diesen fundamentalen Veränderungen und schmerzlichen Erfahrungen wird die Geschichte der Gemeinschaftsbewegung im Grunde im-

---

[3] Johann Gottlob Pfleiderer, Die Gnadauer Pfingstkonferenz 1888. Verhandlungen der Gnadauer Pfingstkonferenz (22.–24. Mai 1888), Neubearbeitung: Johannes Dreßler. Berlin 1987, 14.

[4] Martin E. Jung, Der Protestantismus in Deutschland von 1870 bis 1945, KGE III/5, Leipzig 2002, 78. Auch: Heinrich Stöckle, Hundert Jahre Gemeinschaftsarbeit in Baden (1849–1949), Karlsruhe 1949. Ein anderes Beispiel: Nicholas M. Railton, Pietismus und Revolution. Der badische Pfarrer Jakob Theodor Plitt (1815–1886) und seine Beziehungen nach England, Heidelberg 2012.

mer noch aus dem Blickwinkel der schwierigen Anfänge fortgeschrieben. Mit der Themenstellung »Der Zeit voraus« will diese kleine Studie den Gedanken anstoßen, die Gemeinschaftsbewegung aus unserer Zeit heraus auch im Blick auf ihre Frühgeschichte neu zu interpretieren. Dabei wird die innerhalb der Bewegung immer wieder neu diskutierte Frage nach ihrem Standort »in der Kirche« nicht aufgeworfen. Der freikirchliche Autor will vermeiden, dass sein Diskussionsbeitrag kirchenpolitisch missverstanden und damit die Sache, um die es eigentlich geht, unter die Räder gerät. Zu bemerken ist jedoch, dass sich neuerdings Professor Hartmut Lehmann zur Frage der kirchlichen Positionierung geäußert hat. Er bezeichnete die Bildung des Gnadauer Verbands als »Weichenstellung von großer Tragweite«. Neben der Feststellung einer Ausgrenzung der Freikirchen bleibe es eine historische Frage, warum die Gemeinschaftsbewegung gegenüber den Landeskirchen nicht mehr Selbständigkeit eingefordert und praktiziert habe.[5]

Kirchenpolitisch waren die Gemeinschaften durch ihre breite Mitträgerschaft in den örtlichen Gemeinden für die Landeskirchen nicht selten ein beunruhigender Faktor.[6] Man muss bedenken, dass eine nicht geringe Anzahl derer, die in den EKD-Statistiken als Gottesdienstbesucher ausgewiesen wurden und die teilweise in Presbyterien und entsprechenden Leitungsgremien der Gemeinden mitarbeiteten, ihre geistlichen Impulse zur gelebten und verbindlichen Frömmigkeit in den örtlichen Gemeinschaftsstunden empfangen haben. Lange Zeit hat die wissenschaftliche Theologie diesen Typ von Frömmigkeit zusammen mit dem Begriff »pietistisch« eher kritisch als offen oder gar wohlwollend bewertet. Auch das hat sich im Laufe der jüngsten Entwicklung gewandelt. Nachdem sich auch »die Kirche« mit den Gemeinschaften in lokalen oder

---

5 Hartmut Lehmann, Die evangelische Gemeinschaftsbewegung im kirchenpolitischen Raum. In: Frank Lüdke/Norbert Schmidt (Hg.), Evangelium und Erfahrung. 125 Jahre Gemeinschaftsbewegung, Berlin 2014, 65–80.

6 Ernst Lippold, Kirche – Freikirche – Gemeinschaft. Entwicklungen im Verhältnis zur EKD. In: Freikirchenforschung (FF) Bd. 12 , Münster 2002, 107–124 (Neue Entwicklungen im Verhältnis Gemeinschaftsbewegung – EKD: 115–124, wo auch die aktuelle Fragestellung von Taufbewerbern aufgegriffen wird, die sich wohl einer »Gemeinschaft«, aber nicht der entsprechenden Landeskirche anschließen wollen). – Ein Beitrag von Volker Brecht, Zwischen Landeskirche und Freikirche. Die Suche der Gemeinschaftsbewegung nach einem eigenen Gemeindeverständnis, Wuppertal 2002, ist ein Beispiel kritischer Diskussionen, in dem es um ein neues ekklesiologisches Selbstverständnis bisheriger innerlandeskirchlicher Gemeinschaften geht. – Einblick in die Entwicklungen gibt auch das vom Evangelischen Oberkirchenrat in Stuttgart im Jahr 2000 an die Dekanatämter und die Mitglieder der Württembergischen Evang. Synode unter dem Aktenzeichen 16.20 Nr. 72/191 verschickte Schreiben mit »Grundsätzen zur Bildung von Gemeinschaftsgemeinden innerhalb der Evangelischen Landeskirche in Württemberg«.

regionalen Bereichen in immer neuen Anläufen zu ganz unterschiedlichen, teilweise weitgehenden Zugeständnissen wie z. B. dem Recht zur Abendmahlsverwaltung, bereitgefunden hat, ist es angezeigt, die historische Bewertung dieser Frömmigkeitsbewegung unter bisher viel zu wenig beachtete Kriterien zu stellen.

Nach reichlich 125 Jahren ist es angemessen, zu einer Neueinschätzung dieses Phänomens zu kommen, weil »die Kirche« sich in mehrfacher Hinsicht Schritt für Schritt mancher der früher kritisierten Arbeitsweisen der Gemeinschaften angenähert, sie teilweise auch – vermutlich oft ohne es zu bemerken – aufgenommen und sogar weitergeführt hat.

(1) Vor 125 Jahren mussten Gemeinschaften um das *Recht zur Evangelisation* als missionarische Verkündigung unter Getauften ringen. – Heute wird »Evangelisation als zentrale Aufgabe der Kirche«[7] angesehen, so dass 1999 eine EKD-Synode zu diesem inzwischen viel diskutierten Thema stattfand. Kein Geringerer als Professor Eberhard Jüngel hat dort in seinem grundlegenden Referat die Evangelisation als »Herzschlag und Atem der Kirche« bezeichnet. Anschließend gab die EKD einen Text zu ihrem Synodenthema unter dem Titel »Das Evangelium unter die Leute bringen« heraus.[8]

(2) Um die *Verkündigung durch ausgebildete Laien* gab es heftige Debatten, die durch Kirchenbehörden wie Inhaber von Pfarrstellen ausgelöst wurden. Auch das 1886 als Ausbildungsstätte für Laien eingerichtete »Johanneum« wurde kritisch beobachtet, obwohl die Professoren Christlieb und Pfleiderer[9] dort unterrichteten. – Heute gibt es innerhalb der EKD eine vielfache Prädikantenausbildung mit Anerkennung nach der erfolgreichen Teilnahme an einem Fernstudium.

(3) *»Privaterbauungsgemeinschaften«* als häusliche Andachten mit der Großfamilie z. B. vom »Kirchenpatron« auf seinem Gut oder auch in kleinen Handwerksbetrieben waren akzeptiert. Aber örtliche Hausversammlungen unterlagen seit den antipietistischen Gesetzgebungen im 18. Jahrhundert in den einzelnen Ländern strikten Regulierungen. Als Beispiel mag die staatliche Gesetzgebung »von Gottes Gnaden« in Württemberg herangezogen werden. Darin ist z. B. die Feststellung der Gründe für eine Erlaubnis zu einer besonderen Versammlung notwendig, die Aufsicht des zuständigen Geistlichen vorausgesetzt, der Ausschluss von Separatisten gefordert und es sind Vor-

---

7 www.ekd.de/EKD-Texte/evangelium3_2001.html (Abruf: 24. 08.2012).

8 EKD TEXTE 68, Das Evangelium unter die Leute bringen. Zum missionarischen Dienst der Kirche in unserem Land, Hannover 2001.

9 Karl Heinz Voigt, J. Gottlob Pfleiderers Amerika-Reise 1880 und seine ökumenischen Erfahrungen. In: Karl Heinz Voigt, Theodor Christlieb (1833–1889) (wie Anm. 9), 249–280.

sichtsmaßregeln im Blick auf fremde und ungeprüfte Personen gefordert sowie die Vorbehalte gegenüber reisenden Predigern formuliert. Die Höchstzahl von 15 teilnehmenden Personen ist festgelegt, ebenso die Zeit, die möglichen Orte der Zusammenkunft und die inhaltlichen Begrenzungen.[10] Innerhalb der Amtskirche wurde dem Gedanken der *Gemeinschaft* in jener Zeit, in der das kirchliche Leben fast ausschließlich in sakralen Kirchengebäuden mit überwiegend vorreformatorisch gebliebenen Grundpositionen von Altar und Kanzel stattfand, kaum Aufmerksamkeit geschenkt. – Erst nach dem Zweiten Weltkrieg baute fast jede Gemeinde ein zusätzliches Gemeindehaus. Auch durch die internationalen ökumenischen Kontakte verschob sich das traditionelle Bild des kirchlichen Lebens zu einer neuen Art von Gemeindeleben, in dem das Bedürfnis nach Gemeinschaft bis in die Gestaltung der kirchlichen Gebäude hinein wirksam wurde. Es entwickelte sich so, dass in fast jeder Kirchengemeinde neben den früher kaum heizbaren Sakralgebäuden ein Gemeindehaus, man könnte auch sagen ein »Gemeinschaftshaus« als Ort der Begegnung erbaut wurde.[11]

(4) Der landeskirchliche *Gottesdienst* war durch die Agenden bestimmt, wirkte teilweise durch die gesungene Liturgie hochkirchlich und vermittelte manchmal durch ein Kanzelpathos eine Wirkung, welche bei Zuhörern das Gefühl einer Fremdheit hervorrief. Innerhalb der Gemeinschaftsbewegung wurde der evangelistisch ausgerichtete (Neben-)Gottesdienst in der Regel am Sonntagabend gehalten. Er wurde in größter Einfachheit, ja Anspruchslosigkeit, aber unter der Einbeziehung von Chören und Instrumenten gestaltet. Seinen volkstümlichen Charakter erhielt er auch durch die Predigt von charismatisch begabten Laien, die nicht immer theologisch anspruchvoll predigten, aber mit Zuneigung zum Hörer und einer gewinnenden Herzenswärme.

(5) Während in den meisten Kirchengemeinden der Kindergottesdienst und die Jugendgruppenarbeit erst langsam Raum gewinnen konnten, gehörten in der Gemeinschaftsbewegung von Frauen und Männern gehaltene *Sonntagsschulen* genauso zum missionarischen Programm wie die Organisation von

---

[10] Von Gottes Gnaden. Württembergisches Pietisten-Reskript von 1743. Faksimile-Nachdruck 1993 (250 Jahre Württembergisches Pietisten-Reskript), Stuttgart o. J. (1993), 41–51.

[11] Dem früheren Ansatz des Theologen Emil Benjamin Sulze (1832–1914), der zwischen 1890 und 1912 zu einer Gemeindereformbewegung führte, war kein durchschlagender Erfolg beschieden. Obwohl es praktische inhaltliche Berührungspunkte zur frühen Gemeinschaftsbewegung gab, ist es nicht zu einer gegenseitigen Befruchtung gekommen. Vermutlich spielten dabei die durch die Pfingstbewegung entstandenen Probleme eine Rolle. Zu Sulze: Wolfgang Lorenz, Kirchenreform als Gemeindereform – dargestellt am Beispiel Emil Sulze. Dissertationsdruck, Berlin 1981.

Jugendgruppen. Die zum Gnadauer Verband zählende Jugendarbeit unter der Bezeichnung »Entschiedenes Christentum« (EC) arbeitete konsequent nach den aus den USA mitgebrachten Methoden.

(6) Bis zum Ende der Monarchie und der damit verbundenen Einführung der Republik arbeitete die Gemeinschaftsbewegung innerhalb der regionalen Staatskirchen, welche Konsistorien mit staatlich berufenen theologischen und juristischen Beamten unterstellt waren. Alle *Leitungsorgane* der Gemeinschaften waren dagegen staatlich völlig unabhängig und selbstgewählt. Ihr Wirken glich einer innerlandeskirchlichen Freikirche.

(7) Die Rolle einer *christlichen, geistlich getragenen Bewegung,* die sich nicht als staatstragende Institution versteht, sondern sich geistlich zu einem freien und unabhängigen Dienst an der kirchlichen Erneuerung berufen weiß, musste in einem staatskirchlichen Umfeld anders beurteilt werden als heute. Der demokratische Rechtsstaat mit seiner in der Verfassung garantierten Religionsfreiheit weist der Kirche selber eine neue Rolle zu, und die Kirche hat sie inzwischen angenommen und ihr Aufgabenfeld innerhalb einer sich säkularisierenden und religiös pluralisierenden Gesellschaft neu beschrieben.

(8) Zur Gründungszeit der Gemeinschaften waren die Landeskirchen territorial abgegrenzte und geographisch nach innen gerichtete Institutionen. Ihre spätere ökumenische Weite haben sie im Blick auf das innerdeutsche Wirken fast alle durch Anstöße aus dem Ausland empfangen.[12] Die Gemeinschaftsbewegung verdankte schon 1888 ihre Gründung, ihre theologischen Akzente und ihre spirituelle Lebensgestaltung weitgehend *angelsächsischen Einflüssen.* Der 1846 in London gebildeten internationalen *Evangelischen Allianz* war sie trotz nationaler Einbindung von Anfang an zugewandt.

Angesichts der hier skizzierten grundlegenden Veränderungen wird auf den folgenden Seiten die Frage aufgeworfen, inwiefern die Gemeinschaftsbewegung »Der Zeit voraus« war. Damit legt sich der Gedanke nahe, unter diesem Gesichtspunkt ihre Geschichte aus der heutigen Sicht heraus neu zu schreiben. Darin muss nicht mehr rückwirkend die Frage einer Existenzberechtigung behandelt werden, auch nicht mehr das Bleiben innerhalb der Landeskirche durch eine historische Kette mit dem Beginn in der Reformation begründet sein. In einer Kirche mit einem pluralen theologischen Angebot, zu dessen Durchsetzung die Gemeinschaftsbewegung im Kontext der Evangelikalen-Debatte in mehrfacher Hinsicht – oft gegen ihre eigene Absicht – selber

---

[12] Die Gründung des Hilfswerks nach 1945, die Einrichtung einer Ökumenischen Centrale und die Bildung der Arbeitgemeinschaft Christlicher Kirchen (ACK) gehen auf Impulse aus Genf zurück. Die unübersehbaren Veränderungen im Verhältnis des Katholizismus zum Protestantismus sind ohne das römische Zweite Vatikanische Konzil nicht denkbar.

beigetragen hat, muss sie auch ihre theologischen Eigenarten nicht mehr vorrangig artikulieren.[13] Es ist aber vorausschauend nicht mehr auszuschließen, dass angesichts der Veränderungen des Lebens in den verfassten Kirchen manche örtlichen Gemeinschaften einen Anachronismus bilden werden, der in einer Christenheit, die heute mehr denn je nach der biblisch begründeten Einheit sucht, nicht dauerhaft zu rechtfertigen ist.

Die theologisch konservative Deutsche Gemeinschaftsbewegung hat seit 1888 ihren eigenen Weg beschritten. Sie hat die durch die Moderne eröffneten Möglichkeiten fortschreitend ergriffen, gestaltet und gelebt. Damit ist sie in einer Zeit, in der ihre »Mutterkirche« der Vergangenheit verhaftet blieb, für diese Kirche zu einem experimentierenden Vorreiter geworden, der Möglichkeiten einer notwendigen Entwicklung von der Staatskirche zur Volkskirche fast unauffällig aufgezeigt und vorbereitet hat. Dem Begriff Volkskirche hat sie, ähnlich wie der impulsgebende Methodismus, eine andere inhaltliche Füllung gegeben, als sie später üblich wurde. Sie wollte nicht »Kirche *für das* Volk« sein, was heute etwas paternalistisch klingt, sondern sie war in schlichten Versammlungssälen mit engagierten Laienpredigern und Versammlungsteilnehmern auch aus den von der Kirche nur marginal erreichten Schichten mit Dienstboten, Knechten, Handwerksmeistern und Gesellen[14] bei eigener Finanzierung und institutioneller Unabhängigkeit zu einem Exempel der »Kirche *des* Volkes« geworden.

Die bisher kaum beachtete Vorreiterrolle der nicht immer geliebten Gemeinschaftsbewegung verdient, in ein neues Licht gerückt zu werden.

Karl Heinz Voigt

---

13 Gisa Bauer, Evangelikale Bewegung und evangelische Kirche in der Bundesrepublik Deutschland. Geschichte eines Grundsatzkonfliktes, Göttingen 2012.

14 Peter Schmidtsiefer, Kirche und Gesellschaft im Wilhelminischen Kaiserreich. Eine Analyse der Zeitschrift »Licht und Leben« (1889–1914), Schriftenreihe des Vereins für Rheinische Kirchengeschichte 139, Köln 1999, 144. »Licht und Leben« wurde von Theodor Christlieb angeregt und stieg zu einer der führenden Zeitschriften innerhalb der Gemeinschaftsbewegung auf. Ihr erster Herausgeber war Pastor Julius Dammann. In seinem Mentalitätsgeschichtlichen Ansatz bietet Schmidtsiefer ein ganzes Kapitel »Überlegungen zum Leser von ›Licht und Leben‹« mit einem Absatz »Das ›Volk‹ als Leser« (89–97).

Einladung

zu einer

freien Conferenz christlicher Männer

aus allen Landeskirchen Deutschlands

nach **Gnadau** bei Magdeburg

den 22., 23., 24. Mai 1888 (Dienstag, Mittwoch, Donnerstag) nach Pfingsten.

Wir leben in einer ernsten, bewegten Zeit, die erfüllt ist von tiefgreifenden Fragen, von scharfen Gegensätzen in allen Gebieten des öffentlichen Lebens. Auch in dem religiösen Leben unsers Volkes tritt dieser Grundcharakter zu Tage. Wie die Schar der Gläubigen wächst, so auch die Macht bewußten Unglaubens. Alte und neue Bedürfnisse, tiefe Nothstände, wie sie ganz besonders in unsern großen Städten und in den bevölkerten Fabrikbezirken in eigentümlicher Weise zu Tage treten, stellen neue Aufgaben an alle, die der Ueberzeugung sind, daß das Evangelium von Christo Jesu eine Kraft Gottes zur Rettung und Seligmachung aller Menschen in allen Zeiten ist.

Die von dieser Ueberzeugung erfüllten gläubigen Kreise unseres Volkes sind denn auch nicht müßig gewesen. Mit aufrichtigem Dank gegen Gott, den Geber aller guten und vollkommenen Gabe, begrüßen wir die Fülle von christlichen Arbeiten, von Werken des Glaubens und der Liebe, die im letzten halben Jahrhundert theils neu geschaffen, theils mit vermehrter Kraft und Hingebung in die Hand genommen worden sind. Welche wachsende Ausdehnung hat das Werk der Heidenmission gewonnen, welche Fülle von Arbeiten rettender Liebe hat die innere Mission gezeitigt! Welche Segnungen hat die Heranziehung der Frauenwelt in der Diakonissensache und verwandten Liebesdiensten gewirkt, welche Bedeutung die Arbeit der Stadtmission und der sie unterstützenden evangelisirenden Thätigkeiten empfangen! Nehmen wir hinzu, daß in allen Gegenden unsers Vaterlandes von treuen Dienern des geistlichen Amtes das Evangelium als eine Kraft Gottes zur Errettung und zum Heil verkündigt wird, daß christliche Männer aus allerlei Volk, erfüllt von dem Drange, dem Herrn zu dienen, in steigender Zahl an Werken des Glaubens und der rettenden Liebe in freudiger Selbstverleugnung mitzuarbeiten, ja ihr Leben in den Dienst des Herrn zu stellen willig sind, daß andererseits die Zahl der nach Wahrheit und Friede Verlangenden sichtlich im Wachsen ist, so ist des Grundes genug, Gott für seine Segnungen auch an unserm Volke aufrichtig Dank zu opfern. Ja, wir dürfen sagen: die Sache des Reiches Gottes geht auch unter uns voran, mächtiger, denn je in einer früheren Zeit.

Aber eben im Lichte dieses Dankes empfangen auch die **Aufgaben,** welche die vorhandenen Nothstände uns vor Augen stellen, eine um so hellere Beleuchtung. Das Evangelium wird in dieser Weltzeit unter allen Völkern und in allen Jahrhunderten nur von einer Minderzahl wahrhaft verstanden und im Glauben ergriffen. Um so mehr gilt es, diese Minderzahl zu mehren, so viel wie möglich Allen und auf allerlei Weise das Evangelium anzubieten. Sind wir von Dank erfüllt für alle Segnungen Gottes in der Gegenwart, so sind wir es nicht, um nun auszuruhen, sondern um nicht zu verzagen gegenüber den großen uns noch gestellten Aufgaben, um desto mehr mit Ernst und freudigem Muthe auch sie in Angriff zu nehmen.

Ein Doppeltes dürfte in dieser Richtung uns vor allem noth sein. Alle wahrhafte Besserung, aller wirkliche Fortschritt, zumal im religiösen Leben, ruht zunächst auf **innerlichen** Voraussetzungen. Nur wo Vertiefung der christlichen Erkenntniß und Wachsthum des inneren Lebens vorausgeht, werden jene Kräfte frei gemacht und entwickelt, welche uns nicht nur von dem Streit der theologischen und kirchlichen Parteiung ferne halten, sondern in ihrer Bethätigung auch unaufhaltbar, weil mit verborgener göttlicher Kraft wirkend, nie leer zurückkommen. In diesem Blick dürfte es vor allem **die Lehre von der Heiligung, von dem neuen Leben in Christo** sein, deren tiefere Erkenntniß und Erfassung in den Kreisen der an

Christum Gläubigen noth thut. Es gilt nicht nur die innere Beziehung der Heiligung zur Erlösung in schrift- und erfahrungsgemäßer Weise richtig zu erkennen, sondern unter solcher Erkenntniß und Erfahrung auch mit neuen Kräften von Oben ausgerüstet zu werden. Wo Geist ist, da sind auch Kräfte, und wo Kräfte und Gaben von Oben sind, da sind auch Wirkungen (1. Cor. 12; Gal. 5, 22; Eph. 5, 9). Wollen wir mit der Kraft des Evangeliums größere Wirkungen erzielen, so ist der Weg hiezu vor allem, uns und Vielen ein reicheres Maß des Geistes und damit auch der Kraft zu erbitten, zu Gefäßen der Gnade uns zubereiten und heiligen zu lassen. Wo dieser Zug kräftig waltet, da wird auch der Trieb nach **Gemeinschaft der Gläubigen** sich nicht nur lebendig regen, sondern auch in allerlei Weise seine Befriedigung suchen und finden. Das ist das Erste, was wir im Blick auf die nachfolgende Einladung betonen und in den Vordergrund stellen möchten.

Daran reihen wir ein Zweites. Die Frage **der Mitarbeit der „Laien", der Nichtgeistlichen** an den religiösen Aufgaben der Gegenwart beschäftigt mehr und mehr auch in Deutschland weite Kreise. Nach sehr vielen Seiten ist diese Frage bereits thatsächlich gelöst. Fast ausnahmslos haben alle deutschen Landeskirchen presbyteriale und synodale Ordnungen ihrer staatskirchlichen Grundlage angegliedert und damit die Berufung der Laien zur Mitarbeit grundsätzlich begehrt und anerkannt. Wir achten dies als einen Fortschritt, obgleich wir uns dessen wohl bewußt sind, daß in der Gemeinde Jesu jede äußere Berufung nur so weit ihren Zweck wahrhaft erfüllen kann, als die zur Mitarbeit Berufenen vom Geiste des Glaubens erfüllt und getragen sind. Aber auch die freien Werke des Glaubens und der Liebe, deren wir oben mit Dank gegen Gott gedacht, was sind sie anders, als der thatsächliche Beweis, daß ein Glaubenstrieb zur Mitarbeit an den Aufgaben des Reiches Gottes in den weitesten Kreisen nicht nur bereits erwacht, sondern auch wirksam geworden ist? Alle jene Arbeiten ruhen, unter Mitbetheiligung vieler Träger des geistlichen Amtes, ja wesentlich auf dem Boden der gläubigen Gemeinde.

Doch die Bedürfnisse drängen, wie wir überzeugt sind, noch einen Schritt weiter, und zwar vornehmlich in zwei Richtungen. Mehr und mehr erwacht das Verlangen nach einer **Pflege der Gemeinschaft** in den Kreisen der Gläubigen. In dieser Beziehung ist vor allem die lokale Organisation von Privaterbauungs-Versammlungen in möglichst weiten Kreisen vonnöthen. Wäre eine solche in genügender Weise vorhanden, so würden viele Geistliche nicht über das Eindringen ausländischer Sendboten, die neben der Erbauung und Evangelisation separatistische Zwecke verfolgen, zu klagen haben. Im südwestlichen Deutschland wie auch im Westen unseres Vaterlandes sind jene Versammlungen bereits eine althergebrachte Sitte, und sind, wie jeder mit ihrer Geschichte Vertraute anerkennen wird, eine wesentliche Grundlage des lebendigen, auch praktisch thätigen Christentums, das wir seit lange in den bezeichneten Gebieten finden.

Mit dem Verlangen nach möglichster Ausbreitung von religiösen Privatversammlungen, als Stützpunkten und Trägern kirchlichen Gemeindelebens, bewegen wir uns **auf gut reformatorischem Boden.** Auch unsere Reformatoren, **Luther** voran, haben eine Sammlung der Gläubigen innerhalb der Volkskirche nachdrücklich begehrt. Es ist bekannt, daß Luther in seiner Schrift „die deutsche Messe" (1526) sich also vernehmen läßt: „Die so mit Ernst Christen wollen sein und das Evangelium mit Hand und Mund bekennen, müßten — irgendwo in einem Hause allein sich versammeln zum Gebet, zu lesen — und andere christliche Werke zu üben". Er führt dann weiter aus, er habe zur Ausrichtung einer solchen Versammlung noch nicht die rechten Leute und Personen: „Kommts aber, daß ichs thun muß und dazu gedrungen werde, daß ichs aus gutem Gewissen nicht lassen kann, so will ich das Meine gerne dazu thun und das Beste, so ich vermag, helfen". Schon dieses Wort, aber auch die **Grundprincipien der Reformation** selbst beweisen es, daß diese weit genug sind, um allen im Worte Gottes und in den Bedürfnissen des christlichen Gemeindelebens begründeten Wünschen der Gläubigen nach Mitarbeit und Gemeinschaft unter einander gerecht zu werden, ohne das geordnete Amt desjenigen Einflusses zu berauben, der ihm gebührt. Gott sei Dank fehlt es heute auch nicht an den „rechten Leuten", um solche Pflege christlicher Gemeinschaft in sehr vielen Gemeinden ins Leben zu rufen und zu fördern.

An dieses erste Begehren fügen wir ein zweites. Es ist eine unleugbare Thatsache, daß an vielen Orten, namentlich in den größeren Städten das geistliche Amt, auch wo Trieb und Wille hiezu kräftig vorhanden sind, völlig außer Stande ist, den ihm gestellten Aufgaben in Bezug auf Verkündigung des Evangeliums und Seelsorge noch irgendwie gerecht zu werden. Millionen leben heute dahin, ohne daß ihnen das Evangelium angeboten, ihnen in Liebe mit Rat und That nachgegangen und ihrer geistlichen Verödung zu steuern versucht wird. Aus dieser Thatsache ergibt sich unaufhaltbar das Bedürfniß nach Mitarbeit der Gläubigen und die Nothwendigkeit einer **freien Evangelisationsarbeit.** Da die dem Christentum entfremdeten Massen längst nicht mehr in unsere Kirchen kommen, so müssen wir ihnen nachgehen von Haus zu Haus, sie einladen und evangelisirend in Sälen, Hallen oder sonst an öffentlichen Orten in ihren Reihen zu wirken versuchen. Auch in dieser Richtung sind bereits mannigfache und gesegnete Anfänge unter uns gemacht worden. Sie ermuthigen, sie verpflichten uns mit freudigem Glauben in dieser Richtung weiter vorzugehen.

Wir stehen hier vor einer der wichtigsten religiösen Aufgaben der Gegenwart, für Volk und Kirche von hoher praktischer Bedeutung. Merkwürdigerweise begegnet ihr aber in weiten Kreisen, auch unter treuen und eifrigen Trägern des geistlichen Amtes, noch mangelndes Verständniß, ja selbst offener Widerspruch. Er ist nicht unerklärlich, wenn man die geschichtliche Entwickelung unserer evangelischen Kirchenverhältnisse in's Auge faßt. Zertheilt in eine Menge kleiner und kleinsten, unter sich völlig getrennter, ganz staatskirchlich organisirter Landeskirchen, ist naturgemäß da und dort ein formal-büreaukratischer Geist in der Organisation und Verwaltung der kirchlichen Angelegenheiten vorwiegend geworden. Solche Gewöhnungen wirken mit Nothwendigkeit lange nach, selbst noch in Zeiten, wo man in weitesten Kreisen erkennt, daß Reformen noth thun, daß auch neue Wege zu beschreiten sind. Wie sehr die politische Lage und Machtstellung Deutschlands sich in den letzten zwei Jahrzehnten auch verwandelt hat, auf kirchlichem Gebiet sind die Ueberlieferungen und Gewöhnungen unserer früheren kirchenpolitischen Entwickelung noch fast völlig ungebrochen.

Wir erachten diese Frage der Mitarbeit der Gläubigen und neuer, zeitgemäßer Arbeitsorganisation für **eine sehr wichtige,** wohl geeignet, die besten Kräfte unserer evangelischen Kirche in Anspruch zu nehmen. Gewiß wollen wir keine der Gaben und Vorzüge, die Gott in eigentümlicher Weise der Kirche der Reformation in Deutschland geschenkt hat, verkleinern oder daran geben; wir begehren aber auch für **neue** Bedürfnisse in weiteren Kreisen Sinn und Verständniß wach zu rufen.

Was das Bedürfniß einer freien, vielseitig sich entwickelnden Evangelisation betrifft, so wünschten wir in erster Linie, daß unsere evangelischen Landeskirchen den Willen und damit auch Mittel und Wege fänden, ihren bestehenden Ordnungen ein **Evangelistenamt** anzugliedern. Selbst die englische Episkopalkirche, sonst in einer fast katholisirenden Weise in ihren kirchlichen Ordnungen festgebannt, hat in neuester Zeit diesen Schritt gethan und auch Laien durch eine besondere Weihe zum Evangelistenamt berufen. Gewiß wird es schwer sein, in der vielfältig gebundenen Lage der evangelischen Landeskirchen Deutschlands den gleichen Schritt zu thun, aber unmöglich ist es wohl nicht. Es gibt auch gar manche unter den evangelischen Geistlichen Deutschlands, welchen zur Evangelisation eine besondere Begabung inne wohnt. Man gehe den Bedürfnissen folgend vor, und ihre Zahl wird sich noch mehren. Aber ob ein kirchliches Evangelistenamt bei uns zu gestalten ist oder nicht — in jedem Falle begehren wir, daß auch den Nichtgeistlichen, welchen Schriftverständniß und Lebenserfahrung, lebendiger Glaubenstrieb und die Gabe, fesselnd und volkstümlich zu reden, verliehen ist, zu Bethätigung solcher Begabung Freiheit und Raum gegeben werde. Solches wehren zu wollen, hieße die kirchliche Lage und die religiösen Aufgaben der Gegenwart verkennen und gegen die gewichtvolle apostolische Regel: **„Den Geist dämpfet nicht!"** (1. Thess. 5, 19) sich verfehlen. Auch an den Aposteln wurde von Hohenpriestern und Schriftgelehrten (Apgsch. 4, 13) es bemängelt, daß sie „Laien und ungelehrte Leute" seien, und doch waren sie es, die durch das ihnen anvertraute Zeugniß das religiöse Leben der Menschheit umzugestalten und zu erneuern berufen waren.

So lange die Kirche deutscher Reformation dem hier vorliegenden Bedürfniß nicht gerecht zu werden vermag, haben freie Vereinigungen gläubiger Kreise doppelt Recht wie Pflicht, für die Arbeit der Evangelisation durch geeignete, von Gott berufene Männer einzutreten. Aber auch hiezu bedarf es des Zusammenschlusses in weiteren Kreisen, einer gewissen freien Organisation, um nicht nur die Mittel zu beschaffen, sondern auch die Gaben zu prüfen und Unberufene ferne zu halten.

Wir haben hier nicht kirchenpolitische, nicht Verfassungsreformen, nicht Dotationen der Kirche im Auge, so wichtig, so nöthig und berechtigt dieselben an ihrer Stelle sind. Was uns hier anliegt und bewegt, was zu dieser Einladung uns zusammengeführt, ist der Wunsch, ist die Bitte zum Herrn, daß Er Sein Reich unter uns bauen wolle in allerlei Weise mit den Mitteln des Gebetes und des Glaubens, mit den Mitteln Seines Geistes und Seiner Kraft.

Im Anschluß und auf Grund vorstehender Darlegungen laden wir alle Diejenigen zu einer zweitägigen Conferenz für die Pfingstwoche 1888 nach **Gnadau** ein, welche mit uns nachstehende Ueberzeugungen theilen:

1. Daß bei aller Achtung unserer kirchlichen Ordnungen die Mitarbeit am Reiche Gottes nach evangelischer Lehre nicht allein Recht, sondern auch Pflicht **aller** Gläubigen sei;
2. Daß die **Privaterbauung** in gemeinsamem Gebet, Bibelbetrachtung und Austausch geistlicher Erfahrungen eine wichtige Ergänzung dessen bilde, was die Kirche in ihren öffentlichen Gottesdiensten bietet; daß dieselbe für neuerweckte Christen oft eine unentbehrliche Stütze und heilsame Bewahrung, für alle Theilnehmer aber ein Antrieb zur Vertiefung des inneren Lebens, auch ein gewisser Ersatz für mangelnde Kirchenzucht sei;
3. Daß jedoch die bei uns bestehende **Volkskirche** als **ein göttlicher Segen** zu achten und der Einfluß des geordneten Amtes in ihr zu stärken sei; daß daher separatistische Tendenzen und unevangelische, schwärmerische und gewaltsame Heilsmethoden ferne zu halten seien, da solche die Kraft des Glaubens und der Liebe vielfach schädigen.

Der **Zweck dieser Conferenz** ist somit:

I. Auf Grund der biblisch-reformatorischen Grundanschauungen das Recht der gemeinschaftlichen Privaterbauung, der Gemeinschaftspflege, der Evangelisation, sowie der Laienthätigkeit überhaupt in ihrem Verhältniß zum geordneten Amt und den Organen der Kirche klar zu stellen.

II. Durch brüderliche Gemeinschaft und Gebet sich neu zu stärken für die vielfachen Aufgaben, welche die Arbeit für das Reich Gottes uns in der Gegenwart vorlegt.

Für die Conferenz sind demnach folgende Gegenstände in Aussicht genommen:

Dienstag, den 22. Mai abends 8 Uhr:

Ankunft. Begrüßung. Nothwendige Wahlen. Mittheilungen.

Erster Tag: Mittwoch.

9–9½ Uhr: Gebetsversammlung.

9½–12½ „ Hauptversammlung. **„Die Berechtigung, die Nothwendigkeit und die Grenzen der Laienthätigkeit."** Referent: ~~Consistorialrath Lange in Jannowitz (früher in Hannover und Breslau)~~. D. Fr. Fabri.

1 „ Mittagessen. Pause bis 4 Uhr.

4–6 „ **„Die Nothwendigkeit der organisirten Evangelisation neben dem pastoralen Amt und ihre Bedeutung für das kirchliche Leben".** Referent: Baron v. Oertzen in Hamburg.

6–8 „ Abendessen und Pause.

8–10 „ Freie Mittheilungen aus den verschiedenen Arbeitsgebieten.

Zweiter Tag: Donnerstag.

9–9½ Uhr: Gebetsversammlung.

9½–12½ „ 1. **„Was lehrt die Heilige Schrift über Heiligung?"** Referent: D. theol. Gess, Generalsuperintendent a. D.

2. **„Die Gemeinschaft der Heiligen und die nothwendige Organisation der christlichen Gemeinschaften in Stadt und Land".** Referent: Superintendent Schmalenbach in Mennighüffen.

12½–3 „ Mittagessen und Pause.

3–6 „ Special-Conferenzen:

1. **„Gebetsversammlungen und Gebetsgemeinschaften".** Referent: Pred. Schrenk in Marburg.
2. **„Bibelstunden und Bibelbesprechungen".** Referent: Pastor ~~Müller~~ Coerper, Barmen.

6–8 „ Abendessen und Pause.

8–10 „ Mittheilungen und Abschied.

C. von Arendorf auf Seesen.
Graf **A. Bernstorff**-Berlin.
Seminaroberlehrer **S. Bochterle**-Eßlingen.
Professor D. theol. **Christlieb**-Bonn.
Inspector **Coerper**-Elberfeld.
Regierungs- und Baurath **Cuno**-Hildesheim.
Cuntz, evang.-luth. Pastor, Bremen-(Neustadt)
Pastor **Dammann**-Essen.
Oberlehrer **Dietrich**-Stuttgart.
Institutslehrer **Ch. Dietrich**-Stuttgart.
Pfarrer **Engels**-Nümbrecht.
D. theol. **Fabri**-Godesberg.
D. theol. **Fr. Gess,** Generalsuperintendent a. D., Wernigerode.
H. O. Glüer, auf Gergehnen.
Hauptlehrer **Götze**-Hamburg, Präses des evang. Lehrerbundes.
D. **Fritz Hommel,** Univ.-Professor, München.
Pfarrer **Herbst**-Ansbach (Bayern).
Stadtpfarrer **Jetzle**-Ebingen.
Pastor **Jellinghaus**-Gütergotz.
Pastor **Jensen**-Breklum (Schleswig-Holstein).
Pastor **Jungclaussen**-Dönberg.
Stadtkassen-Rendant **Kleinfeldt**-Zinten (Ostpr.)
Theodor Klunzinger-Stuttgart.
Major a. D. Graf **Max v. Lüttichau**-Niesky.
Pastor **Müller**-Barmen.
Carl de Neufville-Frankfurt a./Main.
Pastor **Nielsen**-Hoirup (Schleswig-Holstein).
Pastor **C. Rinck**-Hamburg.
Pfarrer **Nordmeyer**-Moers.
Jasper von Oertzen-Hamburg.
Graf **Ed. Pückler**-Berlin.
Inspektor **Pfleiderer**-Bonn.
Pastor **Riewerts**-Neumünster in Holstein.
Jacob Gustav Siebel-Freudenberg.
Julius Schniewind-Elberfeld.
Pfarrer **Schlaich**-Degerloch bei Stuttgart.
Prediger **E. Schrenk**-Marburg.
Professor Dr. jur. **R. Sohm**-Leipzig.
Pfarrer **Stockmayer**-Beutelspach (Würtemberg).
Superintendent Oberpfarrer **Streetz**-Marklissa (Schlesien).
Pastor **Tiesmeyer**-Bremen.
Institutsvorsteher **Thumm**-Wilhelmsdorf (Würtemberg).
Rechtsanwalt **von Voss**-Gera (Reuß).
Pastor **Witt**-Havetoft-Angeln (Schleswig-Holstein).
Pastor **Ziemendorff**-Wiesbaden.

Druck von H. O. Persiehl, Hamburg.

Teil I

125 Jahre nach der ersten Gnadauer Pfingstkonferenz: Die Geschichte der Deutschen Gemeinschaftsbewegung neu sehen.

I. Mitgeprägt durch das Umfeld

Pfingsten 2013 waren es 125 Jahre her, dass sich vom 22. bis 24. Mai im großen Saal der Herrnhuter Brüdergemeine in Gnadau, das im Einzugsbereich von Magdeburg liegt, 142 Männer, wirklich nur Männer!, versammelten. Sie waren einer Einladung gefolgt, die von 45 Theologen und Laien unterzeichnet war[15] und hatten das Ziel, ein innerhalb der Landeskirchen umstrittenes Themenfeld zu erörtern. Damit leiteten sie fast unbemerkt eine stille Revolution ein, obgleich weder die Einladenden[16] noch die Teilnehmer Revolutionäre waren. Sie kamen alle als fromme, engagierte »christliche Männer aus allen Landeskirchen Deutschlands und der Schweiz«. Acht Teilnehmer gehörten der Brüdergemeine an.

Im Einladungsschreiben hieß es trotz aller kirchlichen Zugewandtheit nicht unkritisch: »So lange die Kirche deutscher Reformation dem hier vorliegenden Bedürfnis [der Evangelisierung Deutschlands mit der Unterstützung durch die volkstümliche Predigt von Laien] nicht gerecht zu werden vermag, haben *freie Vereinigungen gläubiger Kreise* doppelt Recht wie Pflicht, für die Arbeit der Evangelisation durch geeignete, von Gott berufenen Männer einzutreten.«[17] Entsprechend wurden als »Zweck dieser Konferenz« zwei Ziele formuliert:

»I. Auf Grund der biblisch-reformatorischen Grundanschauungen das Recht der gemeinschaftlichen Privaterbauung, der Gemeinschaftspflege, der Evangelisation, sowie der Laienthätigkeit überhaupt in ihrem Verhältnis zum geordneten Amt und den Organen der Kirche klarzustellen.

---

15 Einladungsschreiben, UAH Best. Best. R_6_D_II_a_8_f_1_3 .

16 Übersicht: Anhang.

17 Einladungsschreiben nach Gnadau 1888, im Anhang, dort S. 3. Hervorhebungen im Originaltext.

II. Durch brüderliche Gemeinschaft und Gebet sich neu zu stärken für die vielfachen Aufgaben, welche die Arbeit für das Reich Gottes uns in der Gegenwart vorlegt.«[18]

Die im Einladungsschreiben genannten Themenfelder (1) *Evangelisation* im Sinne der heimatlichen Mission an bereits Getauften, (2) Mitarbeit von *Laien* besonders in der evangelistischen Verkündigung an kirchenmüden und geistlich unterversorgten Kirchengliedern, (3) eigenständige örtliche *Organisation von Privaterbauungs-Versammlungen,* die unabhängig sind, aber nicht die Arbeit der parochialen Pfarrer unterlaufen sollen und (4) eine Vertiefung von christlicher Erkenntnis und Wachstum des inneren Lebens durch eine stärkere Aufnahme der *Lehre von der Heiligung:* Das waren alles Themenfelder, die nicht oder nur in geringem Maße auf der Agenda der pfarramtlichen Praxis und der akademischen Ausbildung zu finden waren, der aber von außen her als Impulse auf ganz unterschiedlichem Wege Einfluss gewonnen hatten.

1.1 Die erste Gnadauer Pfingstkonferenz 1888

Die erste Gnadauer Konferenz ist unauslöschlich in die Geschichte der Kirche eingegangen.[19] Innerhalb ihrer Tagung wurden die Grundlagen für die wenige Jahre später erfolgende Organisation der innerlandeskirchlichen *Deutschen Gemeinschaftsbewegung* gelegt. Dieses ist unumstritten das herausragende Verdienst des Bonner Praktischen Theologen Theodor Christlieb (1833–1889),[20] der nachhaltig weiterwirkende Impulse aus seiner Londoner Tätigkeit als Auslandspfarrer mitbrachte. Er erkannte, wie notwendig es war, die einzelnen Gemeinschaftskreise, die es in den verschiedenen Regionen gab, die aber der pietistischen Tradition folgend überregional wenig organisiert und darum untereinander kaum verknüpft waren, fester miteinander zu verbinden und ihnen eine gemeinsame zielorientierte Ausrichtung zu geben. Diese Kreise waren anfangs, wie schon die Bezeichnungen »Privaterbauungs-Versammlungen« und »Konventikel« sagen, in ihrem ursprünglich pietistischen Selbstverständnis nach innen orientiert und zielten weitgehend auf die Erbauung derer hin, die sich daran beteiligten. Nicht selten waren es Enttäuschte über die Predigtinhalte in ihren Gemeinden, wenn die biblische Heilsbotschaft durch die

---

18 Ebd.

19 Zuletzt: Jörg Ohlemacher, Gemeinschaftschristentum in Deutschland. In: GdP Bd.3, Göttingen 2000, 399–404.

20 Voigt, Theodor Christlieb (1833–1889). Die Methodisten, die Gemeinschaftsbewegung (wie Anm. 9).

damals übliche Kanzelrhetorik blutleer und durch aufklärerisch oder liberal ausgerichtete Prediger verkürzt oder umgedeutet wurde. Hinzu kam, dass die Frommen weitgehend von einem orthodox-fundamentalistischen Schriftverständnis her ganz bestimmte Erwartungen an ihre Pfarrer hatten, die diese aber nicht erfüllen konnten und wollten.

Vor reichlich 125 Jahren gingen von der Gnadauer Konferenz Impulse aus, die bis heute in einer lebendigen Gemeinschaftsbewegung wirksam geblieben sind. Die Auseinandersetzungen zwischen den Landeskirchen und ihren Evangelikalen im letzten Drittel des 20. Jahrhunderts wurden von ganz unterschiedlichen Personen aus dem Bereich der Gemeinschaftsbewegung mitgetragen. Ebenso haben die Vertreter der Gemeinschaftsbewegung im Rahmen der Evangelischen Allianz immer stärker eine führende Rolle übernommen. Man sollte auch nicht unterschätzen, wie viele kirchliche Mitarbeiter, Pfarrer, Diakone, Sozialpädagogen, Frauen und Männer in den diakonischen Einrichtungen und in den kirchlichen Verwaltungen ihre entscheidenden Impulse in Kreisen und Gruppen der Gemeinschafsbewegung empfangen haben.

Die Zeit ist reif, einen Anstoß zu einer Neubewertung ihrer Geschichte zu geben, um sie aus der Perspektive der heutigen ökumenischen, kirchlichen und gesellschaftlichen Entwicklung heraus zeitgemäß zu würdigen und aus ihr zu lernen.

I.2 Ansätze der traditionellen Bewertungen (Paul Fleisch u.a.)

Man kann den Theologen Paul Fleisch (1878–1962) mit seinen lebenslangen kirchenpolitischen, konfessionell bestimmten Ambitionen als einen der ersten Historiker der Gemeinschaftsbewegung bezeichnen. Jörg Ohlemacher ist der Meinung, dass der von Hermann Cremer (1834–1903) wesentlich beeinflusste konfessionsbewusste Lutheraner Fleisch sich in einer Weise positionierte, die »zusammen mit Adolf Schlatter, Martin Kähler und Wilhelm Lütgert versuchte, eine Brücke zwischen der wissenschaftlichen Theologie und den Frömmigkeitsbewegungen seiner Zeit zu bilden.«[21] Fleisch war bis zuletzt ein ständiger Beobachter der Literatur, die über die Gemeinschaftsbewegung und von ihr selbst herausgegeben wurde. Er besuchte auch deren Tagungen und

---

21 Paul Fleisch, Die Heiligungsbewegung. Von den Segenstagen in Oxford 1874 bis zur Oxford-Gruppenbewegung Frank Buchmans. Herausgegeben und eingeleitet von Jörg Ohlemacher, Gießen/Basel 2003, Einleitung XXII.

erspürte dadurch über die gedruckten Berichte und Aufsätze hinaus auch ihre spirituelle Praxis. Das ist gerade bei einer Frömmigkeitsbewegung, wie sie die Gemeinschaften darstellten, ein ganz zentraler Aspekt, wenn man sie in ihrer wirklichen Intention erfassen will.[22] Der lutherische Theologe und Kirchenpolitiker, welcher in der Gemeinschaftsbewegung einen starken Einfluss des angelsächsischen Methodismus ausgemacht hatte, befürchtete aber gleichzeitig, dass eine Verselbständigung und damit verbunden eine Trennung von den Landeskirchen auf Dauer nicht ausgeschlossen bleiben musste. Entsprechend verfolgte er zwei Ziele: Er wollte die aus der angelsächsischen Erweckung strukturell, spirituell und theologisch beeinflusste Bewegung einerseits im Raum des damaligen Staatskirchentums halten und sie zugleich theologisch zu den reformatorischen Grundpositionen, die der Lutheraner verlassen glaubte, zurückrufen.

In verhältnismäßig kurzen Abständen publizierte Paul Fleisch zeitnah den Weg und die Entwicklung dieses neuen Phänomens in der Geschichte des deutschen Gesamtprotestantismus.[23] Es ist nicht ausgeschlossen, dass seine Motivation dazu aus seiner konfessionell bestimmten Besorgnis heraus entstanden war. Inmitten einer von hohen nationalen Gefühlen bestimmten Gesellschaft und im Kontext einer national-protestantischen Theologie zeigte er die internationale Verflochtenheit der Gemeinschaftsbewegung auf. Für ihn hatte die »moderne Gemeinschaftsbewegung« eine dreifache Eigentümlichkeit »als *organisierte Gemeinschaftsbewegung,* als *Evangelisations-* und als *Heiligungsbewegung.*« Als Resultat seiner Untersuchung formulierte er erstens, »daß gerade diese dreifache Eigentümlichkeit aus dem Methodismus kommt und von dort aus in die alten pietistischen Gemeinschaften eingetragen ist.« Er befürchtete zweitens weiter, »daß diese Eigentümlichkeit mit Kardinal-

---

[22] Jörg Ohlemacher, Das Reich Gottes in Deutschland bauen. Ein Beitrag zur Vorgeschichte und Theologie der Deutschen Gemeinschaftsbewegung, AGP 23, Göttingen 1986, hatte noch diese Tendenz, die durchaus dem traditionellen Interpretationsmuster folgt.

[23] Die Werke von Paul Fleisch zur Gemeinschaftsbewegung und ihrem geschichtlichen Umfeld: (1) Die moderne Gemeinschaftsbewegung in Deutschland. Ein Versuch, dieselbe nach ihren Ursprüngen darzustellen und zu würdigen, Leipzig 1903 (159 S.), ^{2}1906, ^{3}1912 (602 S.), dritte, vermehrte und vollständig umgearbeitete Auflage; (2) Die gegenwärtige Krisis in der modernen Gemeinschaftsbewegung, Leipzig 1905 (48 S.); (3) Die innere Entwicklung der deutschen Gemeinschaftsbewegung, Leipzig 1908 (122 S.); (4) Zur Geschichte der Heiligungsbewegung, Leipzig 1910; (5) Die Zungenbewegung in Deutschland, Leipzig 1914; (6) Die Pfingstbewegung in Deutschland. Ihr Wesen und ihre Geschichte in fünfzig Jahren, Hannover 1957; (7) Die Heiligungsbewegung. Von den Segenstagen in Oxford 1874 bis zur Oxford-Gruppenbewegung Frank Buchmans, Manuskript von 1961, veröffentlicht durch Jörg Ohlemacher, Gießen/Basel 2003.

sätzen unserer Kirche streitet, ihre Heiligungslehre sogar mit dem *articulus stantis et cadentis ecclesiae.*«[24] Zwei Jahre nach dem Erscheinen seiner ersten Übersichtsdarstellung schrieb Paul Fleisch 1905 im Vorwort seiner Analyse zu einer »gegenwärtigen Krise«, dass sich »neben den beiden Faktoren des Methodismus und des Pietismus [man beachte die Reihenfolge!] als deren Produkt wir die Bewegung zu verstehen suchten, ein neuer Faktor gezeigt, der geradezu eine Krisis in derselben hervorgerufen hat.«[25]

Einflüsse der von John Wesley (1703–1791) und dem Methodisten John William Fletcher (1729–1785) ausgehenden Heiligungslehre, die sich in den USA seit dem ersten Drittels des 19. Jahrhunderts verselbständigte und die *Heiligungsbewegung* prägte, die wiederum einen großen Teil der angelsächsischen Kirchen erfasste, waren spürbar. Flankiert wurde sie durch die ebenfalls im wesleyanischen Methodismus beheimateten Ursprünge der *Evangelisationsbewegung.*[26] Zusammen mit der – wie Fleisch richtig erkannte – innerhalb des kirchlichen Methodismus üblichen *Organisationsfreudigkeit,* führte er die »*moderne* Gemeinschaftsbewegung« ausdrücklich auf diese methodistischen Elemente zurück. Er hätte durchaus diesen in Gnadau behandelten Themenfeldern ein Weiteres hinzufügen können: die innerhalb der methodistischen Kirchen aufgenommene Lehre vom allgemeinen Priestertum aller Gläubigen, die zur Offenheit für die

---

[24] Paul Fleisch, Die moderne Gemeinschaftsbewegung in Deutschland, Leipzig 1903, 153, Hervorhebungen übernommen. – Der von Fleisch konstatierte theologische Dissens ist jedoch auf die Dauer nicht tragbar geblieben. Zuletzt: Walter Klaiber, Biblische Grundlagen der Rechtfertigungslehre. Eine ökumenische Studie zur Gemeinsamen Erklärung zur Rechtfertigungslehre, Leipzig/Paderborn 2012, 115–117 u. 128f.

[25] Es ging in der Schrift um die 1902 entstandene »Eisenacher Konferenz« (ab 1905 »Eisenacher Bund«), deren Ziel es war, solche Kirchenvertreter und Theologen zu gewinnen, die den Anliegen der Gemeinschaftsbewegung offen gegenüberstanden, aber durch eine gewisse Enge besonders im Blick auf das Schriftverständnis und die Erforschung der biblischen Schriften davon abgehalten wurden, sich ihr anzuschließen. Zwischen den konservativen und den offeneren Vertretern innerhalb der Gemeinschaftsbewegung und der Blankenburger Allianz war es zu heftigen Auseinandersetzungen gekommen. Der lutherische Theologe Paul Fleisch sah den Schwerpunkt des Konflikts im unterschiedlichen Verständnis der »Wiedergeburt«.

[26] Die seit dem ersten Drittel des 19. Jahrhunderts in Deutschland wirkenden methodistischen Kirchen hatten inzwischen eine reiche Evangelisationstätigkeit entfaltet. Dazu: Paulus Scharpff, Geschichte der Evangelisation, Gießen 1964, der historisch richtig »freikirchliche Evangelisten als Schrittmacher der neuzeitlichen Evangelisation«, wie sie durch die Gemeinschaftsbewegung erfolgte, voranstellte. (221) – Vgl. auch: Karl Heinz Voigt, Methodistische Mission in Hamburg (1850–1900). Transatlantische Einwirkungen. Göttingen 2010.

Verkündigung durch autorisierte Laienprediger[27] oder Laienevangelisten führte.[28] Diese Linienführung vom Methodismus zur Gemeinschaftsbewegung hat auch Heinrich Hermelink bezeichnenderweise in seiner weitgefassten Studie »Das Christentum in der Menschheitsgeschichte« gesehen. Er schrieb 1955: »Die deutsche Evangelisations- und Gemeinschaftsbewegung entstammt in wesentlichen Stücken dem amerikanischen Methodismus.«[29]

Die durch Paul Fleischs Publikationen früh verbreitete Interpretation, die Deutsche Gemeinschaftsbewegung sei wenigstens in zentralen Fragen als Teilergebnis methodistischer Impulse[30] anzusehen, musste sich im damaligen

---

27 Theodor Runyon, Die neue Schöpfung. John Wesleys Theologie heute, Göttingen 2005, 140–143. Auch: Karl Heinz Voigt, Die Predigt durch Laien in der Evangelisch-methodistischen Kirche damals und heute, Stuttgart 1987. – Thomas Hahn-Bruckart, »Sie wollen nun« (wie Anm. 27), Heft 1, 28–49 u. 2, 5–28. Dennis M. Campell, Ministry and Itinerancy in Methodism. In: William J. Abraham/James E. Kirby, The Oxford Handbook of Methodist Studies, Oxford/New York 2009, 262–291.

28 Johann G. Pfleiderer, Gnadauer Pfingstkonferenz 1888. Verhandlungen der Gnadauer Pfingstkonferenz (wie Anm. 3). Die offizielle Niederschrift dieser Konferenz enthält folgende Themen, die in vier Schwerpunktbereichen auf dem Tagungsprogramm standen:

(1) Die Berechtigung, die Notwendigkeit und die Grenzen der Laientätigkeit. Referent: D. theol. Fabri, Godesberg;

(2) Die Notwendigkeit der organisierten Evangelisation neben dem pastoralen Amt und ihre Bedeutung für das kirchliche Leben. Referent: Baron von Oertzen, Hamburg.

(3) a. Was lehrte die Heilige Schrift über Heiligung? Referent: D. theol. Geß, Generalsuperintendent a. D., Wernigerode.
b. Die Gemeinschaft der Heiligen und die notwendige Organisation der christlichen Gemeinschaften in Stadt und Land. Referent: Superintendent Schmalenbach, Mennighüffen.

(4) a. Gebetsversammlungen und Gebetsgemeinschaften. Referent: Prediger Schrenk, Marburg.
b. Bibelstunden und Bibelbesprechungen. Referent: Pastor Coerper, Barmen.

29 Heinrich Hermelink, Das Christentum in der Menschheitsgeschichte – von den französischen Revolution bis zur Gegenwart, Bd. 3, Tübingen/Stuttgart 1955, 602. Hermelink fasst dabei den Begriff »Methodismus« für das 19. Jahrhundert historisch korrekt als eine überkonfessionelle Frömmigkeitsbewegung und beruft sich in seiner These auf Charles G. Finney, Dwight L. Moody, Robert Pearsall Smith und andere, die nicht der methodistischen Kirche angehörten, aber in ihrer Theologie und Frömmigkeit methodistische Praxis aufgenommen hatten. Es ist also für das 19. Jahrhundert im deutschen Sprachraum zwischen einer Frömmigkeitsbewegung »Methodismus« und der organisierten »methodistischen Kirche«, die nur einen geringen Teil des »Methodismus« umfasst, zu unterscheiden.

30 Karl Heinz Voigt, »Die Neuevangelisierung der längst Entchristlichten« – ein Ziel Christliebs von 1888. In: Voigt, Christlieb, Die Methodisten, die Gemeinschaftsbewegung (wie

gesellschaftlichen Kontext und unter den im landeskirchlichen Protestantismus vorherrschenden nationalkirchlichen Vorstellungen hemmend auf die Zielsetzung der Evangelisierung Deutschlands auswirken. Insofern bargen die Thesen von Paul Fleisch für die Entwicklung der Gemeinschaftsbewegung und für die Ausführung ihrer Zielsetzung bedrohliche Risiken.[31] Einerseits waren die Methodisten in der kirchlichen Öffentlichkeit als »Sekten« verunglimpft, und andererseits kamen die Impulse auch noch von der Britischen Insel ins Land der Reformation!

1.3 Bedrohung durch die Methodisten?

Die damalige Beurteilung der methodistischen Kirchen soll kurz an einigen Beispielen aus verschiedenen deutschen Regionen und unterschiedlichen Jahrzehnten um die Entstehung und Organisation der Gemeinschaftsbewegung herum ins Blickfeld kommen.

1.3.1 Dekan Gottlob Friedrich Nast

Dekan Gottlob Friedrich Nast aus dem württembergischen Neuhausen bemühte sich 1867, seinen Lesern »die Augen zu öffnen«, damit »der Heiligenschein und die Fluth der Begeisterung«, welche die Methodisten innerhalb seiner Pfarrei bei denen bewirkt haben sollte, die in ihre Versammlungen gingen, im Sande verlaufe.[32] Er stellte seinen Lesern im Vorfeld des Kulturkampfes vor Augen: die methodistische Seelsorge »erinnert stark an die katholische Priesterherrschaft. Bei den Katholiken hat der Einzelne in Glaubenssachen keinen eigenen Willen; er soll seinen geistlichen Oberen stummen Gehorsam leisten. Bei den Methodisten ist es auch so.« Wie unmündige Kinder leiten sie ihre Anhänger »am Gängelband« und eben daher habe »die Sekte« ihren Namen, »daß sie nach einer eigenthümlichen Methode die Seelen zur Frömmigkeit herrichtet und einübt.«[33] Auch in ihrer Lehre sind die Methodisten »in großem Irrthum« und handeln der biblischen Lehre »schnurstracks zuwider«. Es sei so: »Der Weg zur Fröm-

---

Anm. 9), 57–82 zeigt, wie durch Theodor Christlieb ganz gezielt methodistische Frömmigkeitspraxis und Theologie vermittelt worden waren.

[31] Innerhalb der Gemeinschaftsbewegung kursierte in der zweiten Hälfte des 20. Jahrhundert das Wort »Was von Fleisch kommt, ist Fleisch«.

[32] Gottlob Friedrich Nast, Neuhausen, Zur Abwehr der Methodisten. Ein Wort zur Belehrung, Stuttgart 1867, IV.

[33] Ebd., 10.

migkeit, den die Methodisten uns führen wollen, taugt nichts, und das Ziel taugt auch nichts.«[34]

Die boshafte Polemik fällt sofort ins Auge. Hatten nicht gerade die methodistischen Kirchen eine Verfassung und Ordnung, die im Kontext einer freien demokratischen Gesellschaft in den USA formuliert war? Und wurde nicht jedes ihrer Kirchenglieder bei der Aufnahme in die Kirche einzeln auf die Heilige Schrift als einzige Grundlage für Glaube und Leben verpflichtet? Über die Unmündigen in der eigenen Gemeinde sah der Dekan großzügig hinweg, und dass er als »Pfarrherr« im Dorf und im Dekanat eine herausragende Rolle spielte, übersah er völlig. Konnte die Unkenntnis größer sein, als sie in dieser polemischen Schrift mit dem Hinweis auf die Entstehung des Namens »Methodisten« und auf ihren Irrtum in der Lehre zum Ausdruck kam?

1.3.2 Pfarrer Johann Friedrich Eberhard Eberle

Pfarrer Johann Friedrich Eberhard Eberle sah in den Methodisten »eine Gefahr für die Kirche«, die ihren »Feind« erkennen müsse.[35] Die Methodisten »sind nicht von uns [...], vor allem in ihrer Lehre«.[36] Es bestehe ein Gegensatz »Der Geist unserer lutherischen Kirche ist der Geist der tiefsten Gottesfurcht und des tiefsten Glaubensgehorsams aus Gott, wie er in einem in Buße wirklich zerschlagenen und gedemüthigten Geiste wohnt; der Geist des Methodismus aber hat Theil an dem widerchristlichen Geist der Selbsterhebung und des Ungehorsams des Menschengeistes gegen Gottes Geist. Sollte es ungefährlich sein mit diesem Geist sich einzulassen oder sein Spiel zu haben?«[37] Nach der Ansicht Eberles will sich die methodistische »Sektenkirche an die Stelle unserer lutherischen Kirche des reinen Worts und Sakramentes [setzen], das ist das Ziel, dem sie zusteuern – durch Zerstörung unserer Kirche.«[38] Dass unsere lutherische Kirche mit ihrem festen Bekenntnis aus der Reformation »noch ein Tummelplatz des methodistischen Geistes sein sollte, ein Allerweltskirchenbaum, unter dessen Schatten auch noch der Methodismus (natürlich in bestem Einvernehmen mit der Kirche!) gedeihen sollte, davor behüt uns lieber Herr Gott in Gnaden.«[39] Nach den emotionalen Ausbrüchen im Zusam-

---

34 Ebd., 13.

35 Johann Eberle, Kann mit den Methodisten Friede sein? Ein Wort an alle Redlichen und die unsere Kirche lieb haben, zugleich als Entgegnung auf den Friedensvorschlag des Christenboten (1879, Nr. 16 u. 17), Stuttgart ^{3}1879, 3.

36 Ebd., 4.

37 Ebd., 13.

38 Ebd., 14.

39 Ebd., 20.

menhang der reformatorischen Lehre klingen dann schließlich auch nationale Töne an. Eberle schrieb weiter: »Sollte für die lutherische Kirche [mit ihrem lauteren Wort und Sakrament] ihre Zeit im deutschen Volke zu Ende gehen, so würde auch die Gnadenzeit für unser Volk selbst zu Ende gehen. Würde unser deutsches evangelisches Volk seine lutherische Lehre verwerfen, so würde es dem Sektengeist zur Beute fallen und durch ihn geistlich zu Grunde gehen. Denn wo ein Aas ist, da sammeln sich die Adler.«[40]

Pfarrer Eberle kannte weder die Methodisten noch die Literatur über sie, denn sonst hätte er gewusst, dass gerade die Buße zu einem Thema der Kritik an ihnen erhoben wurde und man sogar den hallesch-pietistischen »Bußkampf«[41] auf die Methodisten übertrug, und sogar vom »Bußkrampf« schrieb. Wie man den immer schon ökumenischen Methodisten sogar das Ziel der »Zerstörung« der Landeskirche nachsagen konnte, bleibt unerfindlich.[42] Man spürt den kurzen Anmerkungen an, wie es innerhalb der Landeskirchen große Sorgen gab. Vielleicht deuten Eberles Formulierungen bei ihm sogar Ängste an, die durch eine damalige schnelle Ausbreitung infolge der methodistischen missionarischen Aktivitäten ausgelöst wurden. Die gerade in diesen Jahren öffentliche Wirkung der Methodisten war um ein Vielfaches stärker, als man es sich heute vorstellen kann. Die Bildung der organisierten Gemeinschaftsbewegung war eine erfolgreiche Strategie Christliebs, diese Ausbreitung zu stoppen und methodistische Frömmigkeit innerhalb der Gemeinschaften anzusiedeln, in denen das Maß solcher Diskriminierung, wie sie durch Eberle erfolgte, für die beteiligten Personen erheblich geringer war als innerhalb autonomer methodistischer Gemeinden.[43] Theologische und nationale Argumente wechseln sich in der Schrift unsystematisch ab. Eberle hatte sich mit den Motiven, die zum Kommen der methodistischen Kirchen geführt hatten und die keineswegs antikirchlich waren, offensichtlich nicht befasst, sonst hätte er nicht so schreiben können, wie er es tat. Entstellter als Eberle es tat konnte man die methodistische Theologie und Praxis nicht karikieren! Allein die Sonntagsschule als eine »geistliche Abrichtung der Kinder« zu beschreiben, zu der auch der im Franckeschen Pietismus beheimatete »Bußkampf« wieder herangezogen wurde, zeigte die Absicht

---

[40] Ebd., 21.

[41] Markus Matthias, Bekehrung und Wiedergeburt. In: GdP 4, Göttingen 2004, 49–79. Auch: Hermann Wellenreuther, Missionstätigkeit des Halleschen und des Herrnhuter Pietismus, ebd., besonders 169–172.

[42] Karl Heinz Voigt, Warum kamen die Methodisten nach Deutschland? Eine Untersuchung über die Motive für ihre Mission in Deutschland, Stuttgart 1984[4].

[43] Voigt, Christlieb, Die Methodisten, die Gemeinschaftsbewegung (wie Anm. 9), 169–208 (187 ff.).

des Verfassers. Er wollte keinen »Friedensvorschlag«, wie ihn der vielgelesene »Christenbote« aus Großbottwar ins Gespräch gebracht hatte, und fragte dagegen in seiner Schrift: kann denn überhaupt mit den Methodisten Friede sein? Eberle schrieb lieber, wie das methodistische Kirchenblatt der Evangelischen Gemeinschaft seine Broschüre bezeichnete, eine »Schmähschrift«.

1.3.3 Professor Theodor Kolde

Einige Jahre später, aber gerade während der Vorbereitungen zur Einberufung der Gnadauer Konferenz[44] ließ *Theodor Kolde, Professor für Kirchengeschichte in Erlangen*, einen Vortrag drucken, den er über das Thema »Der Methodismus und seine Bekämpfung« vor bayrischen Pfarrern gehalten hatte.[45] Darin ging es um die Frage, wie man dem methodistischen Wirken »auf Grund der Kenntnis seiner Eigentümlichkeit und seiner Propaganda seinem Eindringen am wirkungskräftigsten entgegentreten kann und soll.«[46] Nationale Empfindungen spielen in seiner Kritik eine zentrale Rolle: »Ein anderes ist deutsches Christentum, ein anderes englisches. Nur auf englischem Boden konnte der Methodismus entstehen« und er sei durchweg englisch nach Lehre und Sitte und gleicht bei uns einer »importierten Waare«. Kolde schrieb über den Methodismus »ich nenne ihn ein ausländisches Gewächs und bekämpfe ihn, weil er in unser Christentum ein Neues, Fremdartiges, die Heilsgewissheit und den Trost der Sündenvergebung Untergrabendes einführt, weil er unser deutsches, auf die Gewissheit des Heils und der christlichen Freiheit fußendes, in Gottvertrauen fröhliches Christenleben, wie wir es durch Luther wieder aus der Schrift gelernt haben, in die unevangelischen Fesseln einer falschen Weltflucht und Weltverachtung schlagen will.«[47] Der Autor kannte die (sonst nicht selten als Heilssicherheit kritisierte) zentrale Rolle der Heilsgewissheit in der Wesleyanischen Theologie nicht. Dabei hätte er Gelegenheit gehabt, sich darüber durch die Lektüre von Wesleys Predigten zu Römer 8,16 über »Das Zeugnis der heiligen Geistes«[48] aus sicherer Quelle zu informieren.[49]

---

[44] Es gab verschiedene Planungen, bis es schließlich 1888 zur Einberufung kam.

[45] Theodor Kolde, Der Methodismus und seine Bekämpfung. Ein Vortrag auf der bayrischen Pastoralconferenz zu Erlangen am 23. Juni 1886, Erlangen 1886.

[46] Ebd., 4

[47] Ebd., 10f.

[48] John Wesley, Sammlung auserlesener Predigten. Aus dem Englischen übersetzt von Wilhelm Nast, Bd. 1, 212–221 u. 221–231. 3 Auflagen in Bremen 1850, 1861 u. 1884/85. Neue Übersetzungen mit einleitenden, Kommentaren: John Wesley, Die Lehrpredigten, 2 Bde, Stuttgart 1986, 177–183, 184–211 u. 213–227.

[49] So gründliche Studien wie Heimo Ertl, »Dignity in Simplicity«. Studien zur Prosalitera-

Aber welche Universitätsbibliothek erwarb damals schon »Sektenliteratur«? Nicht nur den Trost der Sündenergebung, sondern die Freude am erfahrenen Heil schuf eine befreiende Heilsfreude, so dass innerhalb der methodistischen Theologie vom »Optimismus der Gnade« gesprochen wird und die Lieder aus der methodistischen Tradition die Heilsfreude textlich und musikalisch ausdrücken. Der katholische Theologe Laurentius Klein formulierte sogar: »In d[ies]er Lehre von der Heiligung widerspricht der Methodismus dem anthropologischen Pessimismus des frühen Protestantismus und steht darin der katholischen Kirche besonders nahe.«[50] Schließlich ist »Weltflucht und Weltverachtung« überhaupt kein Thema der methodistischen Theologie und Praxis. Im Gegenteil waren im beginnenden Industriezeitalter die britischen Methodisten, wie keine andere Kirche, den Arbeitern zugewandt und das nicht nur in individueller, karitativer Fürsorge, sondern auch in der Entwicklung gewerkschaftlicher Aktivitäten und in der Gestaltung des Konsumwesens wie in der Bemühung um die Überwindung des Sklavenhandels. Methodisten scheuten nicht das Engagement in der Labour Party[51] und kümmerten sich schon früh um Bildungsangebote, anfangs in der Sonntagsschule mit elementarem Unterricht für Kinder, die wochentags arbeiten mussten.[52]

Kolde sprach vor den Teilnehmern der bayrischen Pastoralkonferenz über angebliche Praktiken, »die gewissen jesuitischen Institutionen« nicht unähnlich seien, und erntete gewiss Zustimmung, wenn er behauptete, »daß man es hier mit etwas Fremdartigem, Undeutschem, vor allem Unevangelischem zu thun habe, von dem wir kein Heil für unsere Kirche und unser Volk erwarten können.«[53] Gegen Schluss seiner Schrift kritisiert er – wie bereits an anderer Stelle erwähnt – seinen Bonner Kollegen Theodor Christlieb für die Aktivierung von Laienevangelisten durch sein Ausbildungsinstitut.[54]

---

tur des englischen Methodismus im 18. Jahrhundert (in deutsch), Tübingen 1988 oder eine mehr als 30-bändige wissenschaftliche Ausgabe der Works of John Wesley, die seit Jahren im Erscheinen begriffen ist, standen dem Erlanger Professor noch nicht zur Verfügung.

50 Laurentius Klein, Die Methodistenkirchen. In: Konrad Algermissen, Konfessionskunde, Paderborn 1969[8], 632, zit. n. Wilhelm Bartz, Freikirchen in Deutschland. Geschichte, Lehre, Ordnung, Trier 1973, 85.

51 Eric J. Hobsbawm, Sozialrebellen. Soziologische Texte. Darin: Kap. VIII., Die Arbeitersekten, 167–196.

52 Manfred Marquardt, Praxis und Prinzipien der Sozialethik John Wesleys, Göttingen 2008[3]. Martin Schmidt, Christentum und industrielle Revolution in England. In: Wilhelm Brauer (Hg.?), Evangelischer Glaube und soziale Verantwortung, o. O. (Berlin) und o. J. (1957), 33–47.

53 Kolde, Methodismus und seine Bekämpfung (wie Anm. 45), 17.

54 Es handelt sich um das »Johanneum«, das 1886 durch Christlieb in Bonn organisiert und 1893 nach Wuppertal verlegt wurde. Die Gründung erfolgte zusammen mit dem von

1.3.4 Professor Johann Peter Lange

Der *Bonner Professor Johann Peter Lange* war als Christliebs Kollege ursprünglich freundschaftlich mit ihm verbunden. Nachdem der London-Rückkehrer seine Schrift »Zur methodistischen Frage in Deutschland«,[55] die er zuerst im Organ für positive Union, der *Kirchlichen Monatsschrift*, veröffentlicht hatte, wendete sich Lange von ihm ab und kritisierte ihn wegen seiner positiven Äußerungen zum Methodismus scharf. Eine seiner Sorgen hatte Christlieb mit dem Hinweis auf »die Gefahr des Überflügeltwerdens« aufgrund des »Welteroberungsgedanken« im Methodismus ausgelöst.[56] Lange konnte es nicht ertragen, dass Christlieb die evangelistische Arbeit innerhalb der Landeskirchen Deutschlands »bedingt« anerkannte. Christlieb hatte geschrieben: »Soll denn nun der Zustand geistlicher Verwahrlosung von Tausenden noch Jahrzehnte lang fortdauern, bis vielleicht kräftigere Hilfe von Seiten der Kirche zu erwarten ist? Soll alle außerkirchliche Mithilfe zur Anfassung dieses Elends rundweg verschmäht werden und manche Seele lieber verschmachten, als daß sie von den ›Sektierern‹ gewonnen werde und der Kirche verloren gehe? Kein aufrichtiger Freund des Reiches Gottes wird so weit gehen wollen.« Für ein missionarisches Selbstverständnis, das »mehr Grund zur Freude über den Gewinn des Reiches Christi als zur Klage über den Verlust unserer Kirche«[57] sah, konnte Lange kein Verständnis aufbringen. Darum kritisierte er Christlieb neben den sonst auch üblichen Verwerfungen bis in den Titel seiner Schrift hinein über diesen Gedanken.

Damit traf er 1883 nicht nur seinen Kollegen, sondern verwarf auch die Mission der methodistischen Kirchen an jenen, die ohne Glauben und ohne lebendige Beziehung zur Kirche lebten. Diese doppelte Verurteilung traf gerade in der beginnenden Vorgeschichte[58] langfristig natürlich auch die Gemeinschaftsbewegung. »Der britische Protestantismus«, schrieb Lange,

---

Christlieb organisierten und geleiteten »Deutschen Evangelisationsverein«. Vgl.: Karl Heinz Voigt, Unterwegs nach Gnadau. In: Voigt, Christlieb, Die Methodisten, die Gemeinschaftsbewegung (wie Anm. 9), 113–167 (138–149).

[55] Theodor Christlieb, Zur methodistischen Frage in Deutschland, Bonn/Gernsbach 1882. Der Bruch wurde vorbereitet durch die von Anna Thekla von Weling unter dem Pseudonym Hans Tharau herausgegebene Persiflage, (J. P. Lange: ein »fanatischer Roman«) über die Bonner Theologische Fakultät unter dem Titel »Studiengenossen«, Bonn 1882, 1885[2].

[56] Johann Peter Lange, Gegen die Erklärung des Organs für positive Union zu Gunsten einer bedingten Anerkennung des Missionirens der Methodisten in der Evangelischen Kirche Deutschlands, Bonn 1883, 10.

[57] Christlieb, Zur methodistischen Frage, 38 (wie Anm. 55). – Auch: Theodor Christlieb, Reich Gottes, Gemeinde, Kirche nach biblischem Begriff, Mülheim a. d. Ruhr 1882.

[58] Vgl. Abschn. 1, 1.4.

»ein kränkliches Kind der deutschen Reformation, darf sich jetzt einbilden, die deutsche Kirche als ein gefallenes Heidenland, eine Domäne für seine Mission zu betrachten.«[59] Wie tief hatte Christlieb die deutsche Seele und die deutsche Kirche gekränkt.

1.3.5 Professor Otto Baumgarten

Der nicht unumstrittene Kieler *Professor Otto Baumgarten* gab der später im Zusammenhang der Gemeinschaftsbewegung immer wieder verwendeten Formulierung von der »Engländerei im kirchlichen Leben« durch einen Lexikonartikel eine gewisse Popularität.[60] Im Rahmen seiner Abwägungen, die nach kurzer positiver Würdigung einiger Briten dann umschlägt und zu dem Urteil kommt, nun »macht sich immer mehr auch ein unheilvoller Einfluß der Nachäfferei angelsächsischer, nicht bloß englischer, auch amerikanischer Erscheinungen geltend.« Baumgarten erwähnte Christian Carl Josias Bunsens Vermittlung[61] und die Bibelgesellschaften. Im Zusammenhang mit dem Liedgut »drang die kleinkirchliche, evangelikale und laienhafte Strömung, das Verlangen einer intensiveren Gemeinschaft mit gegenseitiger Erbauung in die unteren Kreise des deutschen Christentums, gerade auch in den vierten Stand ein. [...] Wie tief diese angelsächsischen Einflüsse auf die Entwicklung des Gemeinschaftschristentums eingewirkt haben, kann keinem ruhigen Beobachter verborgen sein.«[62] Solche Zuordnungen in einem respektablen Lexikon vom Jahre 1910 musste dazu führen, dass die Gemeinschaftsbewegung sich von dieser Einordnung distanziert hielt, um möglichst nicht durch diese Brille gesehen zu werden.

Für die entstehende Gemeinschaftsbewegung war die durch Paul Fleisch zuerst erfolgte Verortung auf dem Hintergrund der verwerfenden Darstellungen des Methodismus und der kritischen Betrachtung der »Engländerei« in jener Zeit eine schwere Bürde.[63] Die Distanz, welche die Gemeinschaftsbewegung suchte, war nicht nur verständlich, sondern notwendig, wenn sie ihr gesetztes Ziel der Evangelisierung Deutschlands erreichen wollte. Gleichzeitig wurde dadurch die historische Wurzel aus dem Geschichtsbewusstsein verdrängt.[64]

---

59 Lange, Gegen die Erklärung (wie Anm. 56), 33.

60 Otto Baumgarten, Engländerei im kirchlichen Leben. In: RGG^1(1910), Bd. 1, 337–339.

61 Erich Geldbach (Hg.), Der gelehrte Diplomat. Zum Wirken Christian Carl Josias Bunsens, Leiden 1980.

62 Baumgarten, Engländerei (wie Anm. 60), 337.

63 Ob die distanzierte Haltung des Gemeinschaftschristentums zu den angelsächsischen Kirchen in den »Feindesländern« während des Zweiten Weltkriegs wieder mehr ins Blickfeld rückte, ist eine bisher nicht untersuchte Frage.

64 Im zweiten Abschnitt dieser Studie wird aus diesem Grund der verdrängte historische

1.4 Das Vorspiel im Deutschen Evangelisationsverein

Die 1883 erfolgte Bildung des *Deutschen Evangelisationsvereins* ist ein zentraler Akt in der unmittelbaren Vorgeschichte von Gnadau 1888. Ohne die Kenntnis der mit der Entstehung verbundenen Probleme kann man die von Christlieb durch diesen Verein verfolgte Strategie und die kirchliche Anbindung der Gemeinschaftsbewegung nicht verstehen,[65] denn die Erfahrungen dieses Vereins haben die Entstehungsgeschichte der Gemeinschaftsbewegung, deren Frühgeschichte und deren Selbstverständnis mitbestimmt. Paul Fleisch hat mit seiner historisch richtigen Brücke zwischen den Methodisten und Organisation der Gemeinschaftsbewegung, für die junge, sich noch entwickelnde Organisation eine längst bestehende Situation verschärft.[66] In dem Zeitraum zwischen der Bildung des Deutschen Evangelisationsvereins und den Analysen von Paul Fleisch entwickelten sich charakteristische Akzente der Gemeinschaftstheologie und -frömmigkeit.

Schon die Bildung des Deutschen Evangelisationsvereins, der die Vorbereitungen für die Gnadauer Konferenz trug, musste sich dem öffentlichen kirchlichen Druck beugen. Er musste seine internationalen Kontakte – personell und konfessionell in der Person des methodistischen Evangelisten Friedrich von Schlümbach und finanziell von Geldgebern in Großbritannien – sowie Christliebs geradezu ökumenische Grundidee einer »undenominationellen« Evangelisierung Deutschlands zugunsten eines eben wirklich »*Deutschen* Evangelisationsvereins« aufgeben. Thomas Hahn-Bruckart fasste in seiner grundlegenden Studie über Schlümbach die Entwicklungen im Vorlauf von Gnadau 1888 zusammen und schrieb: Die von dem Methodisten Schlümbach im Auftrag des Evangelisationsvereins innerhalb der Landeskirchen durchgeführten Evangelisationen wurden als ein von ihm vollzogener »Übergriff in ein anderes Kirchentum« kritisch gesehen. »Dies blieb nicht ohne massiven Widerspruch,« folgert Hahn-Bruckart weiter, »wobei die gegen Schlümbach gerichteten Polemiken sowohl konfessionelle Ausrichtung – wie im Hinblick auf die Bewahrung der ›reinen Lehre‹ – als auch eine kulturelle Spitze in der Abwehr alles ›Fremdlän-

---

Strang aufgearbeitet, um daran zu zeigen, wie für die Gemeinschafts-Geschichte insgesamt durch eine vorurteilsfreie Untersuchung der Umstände ihrer Entstehung noch weitere neue Aspekte erschlossen werden können.

65 Karl Heinz Voigt, Schlümbach, Christlieb und die Evangelisation in Deutschland. In: Voigt, Christlieb, Die Methodisten, die Gemeinschaftsbewegung (wie Anm. 9), 85–110.

66 Karl Heinz Voigt, Schlümbach, Christlieb als Frühökumeniker. In: Voigt, Christlieb, Die Methodisten, die Gemeinschaftsbewegung (wie Anm. 9), 7–55 (darin 44–50).

dischen‹ haben konnten, da der Protestantismus ideologisch eng mit deutschen Konnotationen verwoben war. Aber auch die Männer, die Schlümbach beriefen, gingen bewusst über die Grenzen der eigenen Kirchen hinaus. Am weitesten ging sicher Christlieb, dem in seiner ökumenischen Offenheit eine vom Prinzip her ›undenominationelle‹ Form der Evangelisationsarbeit vorgeschwebt hatte, die er aber schließlich doch in expliziter Anbindung an die Landeskirchen in einen Deutschen Evangelisationsverein überführen musste.«[67]

Angesichts dieser Lage musste die Verbindung, welche Paul Fleisch zwischen den Methodisten und den Grundanliegen der Gemeinschaftsbewegung herstellte, den darin Verantwortlichen auch zwanzig Jahre nach Friedrich Schlümbach noch höchst ungelegen kommen. Es ergibt sich fast zwingend daraus, dass man auf jede nur mögliche Weise versuchte, sich von dem Makel, methodistisch geformt und auch inhaltlich bestimmt zu sein, zu befreien. Das wird in der Literatur durch apologetisch ausgerichtete Selbstdarstellung und in der Praxis durch die fast überall praktizierte organisatorische Trennung von ursprünglich gemeinsamen Aktivitäten in der *Blaukreuz-Arbeit* an Alkoholikern, in der Chorarbeit des *Christlichen Sängerbunds* und in der *Evangelischen Allianz* durch wieder getrennte Gebetsstunden in der traditionellen Januar-Gebetswoche markiert.[68]

Das waren weitreichende Konsequenzen, die nicht ohne öffentliche Wirkung blieben. Sie wurden aus der Tatsache gezogen, dass mit dem Beginn der Bildung der Gemeinschaftsbewegung jener gegen die Deutschland-Mission der methodistischen Kirchen aufgebaute Druck mit seiner ablehnenden Stimmungsmache auch auf die Gemeinschaftsbewegung übertragen wurde, die man als »methodistisch« charakterisierte. Unter diesen Bedingungen wird es immer deutlicher, warum die Bewegung im Prozess der Distanzierung formulierte: *In der Kirche* und *mit der Kirche* ihre Aufgabe erfüllen zu wollen. Das bestätigt Hahn-Bruckart, wenn er zu folgender weitreichender Bewertung kommt: »Den Weg der Gemeinschaftsbewegung zwischen Volkskirche und Freikirche haben die mit Schlümbach gemachten Erfahrungen entscheidend mitgeprägt.«[69]

---

67 Thomas Hahn-Bruckart, Friedrich von Schlümbach. Erweckungsprediger zwischen Deutschland und Amerika. Interkulturalität und Transkonfessionalität im 19. Jahrhundert, AGP 56, Göttingen 2011, 472.

68 Vgl. Abschn. 2, 5.1.

69 Thomas Hahn-Bruckart, Friedrich von Schlümbach (wie Anm. 67), 472. Neuerdings auch: ders., Friedrich von Schlümbach: Evangelisation, Jugendarbeit und Gemeinschaftsbildung zwischen den Kontinenten. In: Frank Lüdke/Norbert Schmidt (Hg.), Die neue Welt und der neue Pietismus. Angloamerikanische Einflüsse auf den deutschen Neupietismus, Berlin 2012, 35–47 (47).

1.5 Die apologetisch bestimmte Selbstsicht

Es kann, wie es sich gerade andeutete, erhellend sein, unter der Einbeziehung des gesamten Hintergrunds der Entstehungs- und Frühgeschichte der Gemeinschaftsbewegung im heutigen ökumenischen Kontext[70] zuerst die klassische Formel des ekklesiologischen Selbstverständnisses »In der Kirche, mit der Kirche, aber nicht unter der Kirche« neu zu bedenken. Sie wird seit ihrer Erstverwendung immer wieder zitiert, so dass sie fast als Ausdruck eines halboffiziellen ekklesiologischen Standorts angesehen werden kann. Joachim Drechsel ist vor fast dreißig Jahren der Bedeutung dieser Formel nachgegangen, die in ungezählten Fällen auf Theodor Christlieb zurückgeführt wird. Dazu bemerkte Drechsel: »Wenn es auch sehr wahrscheinlich ist, daß er [Christlieb] nicht als Autor dieses Satzes angesehen werden kann, so ist damit noch nicht ausgeschlossen, daß er durch sein Gedankengut zu dessen Entstehung beigetragen hat.«[71] Allein Drechsels Überlegung, ob diese ›Formel‹ erst im Zusammenhang um die kirchliche Neuorganisation nach dem Ende des Kaiserreichs, in der sie erstmals nachweisbar sei, entstanden sein kann, zeigt, wie wenig der Gesamtkontext in der Entstehungsphase in die Überlegungen bisher einbezogen wurde. Tatsächlich scheint der Anstoß zu dieser Formulierung aus dem Bereich der von Christlieb wenig geschätzten Inneren Mission zu kommen,[72] wo er in Hamburger Spannun-

---

[70] Ein unübersehbares Zeichen der Veränderung ist die Tatsache, dass die damals scharf kritisierten Vorläufer der heutigen Evangelisch-methodistischen Kirche (EmK) seit 1987 (in der BRD) 1988 (in der DDR) mit den Gliedkirchen der EKD in voller Kirchengemeinschaft stehen. In Deutschland hat außer der Herrnhuter Brüdergemeine und der EmK keine andere Kirche außerhalb der EKD diese hohe gegenseitige offizielle Anerkennung bisher vollzogen. Sie setzt die gegenseitige Anerkennung »als Teil der einen Kirche Jesu Christi« voraus und beinhaltet auch Kanzel- und Abendmahlsgemeinschaft sowie die gegenseitige Anerkennung der Ordinationen – (Vom Dialog zur Kanzel- und Abendmahlsgemeinschaft. Eine Dokumentation der Lehrgespräche und Beschlüsse der kirchenleitenden Gremien, Hannover/Stuttgart 1987). Darüber hinaus sind die europäischen Zweige der methodistischen Kirchen Mitglieder in der durch die Leuenberger Konkordie begründeten Kirchengemeinschaft, die innerhalb der Gemeinschaft Evangelischer Kirchen in Europa (GEKE) gilt.

[71] Joachim Drechsel, Das Gemeindeverständnis in der Deutschen Gemeinschaftsbewegung, Gießen 1984, 115.

[72] Theodor Christlieb hat auf internationalen Kongressen der Evangelischen Allianz in New York (1873), in Basel (1879) und in Kopenhagen (1884) Vorträge gehalten, auch auf Tagungen der Evangelischen Allianz in Westdeutschland, aber auf keinem Kirchentag oder Congress der Inneren Mission! Lediglich in Stuttgart hat er 1869 teilgenommen, als *sein* Thema auf der Tagesordnung stand und Hinrich Wichern über ›Die Aufgabe der evange-

gen zwischen »Positiven« und »Liberalen«, vertreten durch die Stadtmission und manche Kirchengemeinden, verortet wird. Der engagierte Hamburger Stadtmissionar P. Lindner war nicht bereit, seinen evangelistischen Einsatz in Verbindung mit jeder Kirchengemeinde unabhängig von deren theologischer Positionierung durchzuführen. In einem bereits 1889 veröffentlichten Aufsatz fasste Lindner seine Bedingungen zusammen und formulierte: »Die Stadtmission ist von einem freien Verein gegründet, der nach Kirchlichkeit strebt und dessen Grundsatz es ist: nichts *gegen* das Pfarramt zu tun, soviel als möglich *mit* dem Pfarramt zu gehen, aber wenn es sein muß auch *ohne* das Pfarramt zu arbeiten.«[73] In den Jahren von 1875 bis 1884 war Jasper

---

lischen Kirche, die ihr entfremdeten Angehörigen wiederzugewinnen‹ referierte. Christlieb hat dazu einen Diskussionsbeitrag eingebracht. (In: Verhandlungen des fünfzehnten deutschen evangelischen Kirchentags und Congresses für die innere Mission zu Stuttgart vom 1. August bis 3. September 1869, Stuttgart 1869, 125–128). Zwei Monate nach dem Kirchentag schrieb Christlieb einen seiner wenigen Briefe an Wichern. Er bemerkt aber nur einleitend vor seinem eigentlichen Anliegen, der Rezension seines gerade erschienenen Werkes über «Moderne Zweifel am christlichen Glauben« in Wicherns »Fliegenden Blättern«, dass er ihn zu einem Thema »unlängst in Stuttgart in so eindringlicher Weise habe sprechen hören, das mich schon seit einer Reihe von Jahren beschäftigt.« Eine inhaltliche Auseinandersetzung vermeidet der schreibfreudige Christlieb (Schreiben Theodor Christlieb an Johann Hinrich Wichern vom 29. Nov. 1869. ARH Best. 81 B 674). – Im Zusammenhang der nicht seltenen »Begriffsverwirrung« über die Formulierung »innere Mission« beantwortete Christlieb dem Hamburger Diakoniker Theodor Schäfer dessen Frage nach der Herkunft des Begriffs »Home Mission« und schrieb: »Die Frage nach dem Ursprung des Begriffs Home Mission ist nicht ganz leicht zu beantworten. Sicher ist aber, daß die Auffassung des Begriffs Home M.[ission] als identisch und *gleichwertigen* Umfangs mit innerer Mission ganz verkehrt ist, wo sie immer auftritt. Unsere ›innere Mission‹ deckt ein *unendlich weiteres* Feld ab, als es die Engländer oder Amerikaner unter Home M.[ission] verstehen.« (Theodor Christlieb in: Theodor Schäfer, Monatsschrift für Innere Mission, 2. Jg. (1882), 88). Auch hier klingt die Abgrenzung Christliebs zur Entwicklung der Inneren Mission von ihrem ursprünglichen Ansatz in einer Passage von Wicherns berühmter 1848er Wittenberger Stegreifrede durch. – Die Aufnahme des Deutschen Diakonie-Verbands (einem Organ innerhalb der Gemeinschaftsbewegung) in den Central-Ausschuss der Inneren Mission verlief dann auch nicht ohne Komplikationen, erfolgte aber dann doch 1922 (Vgl. Frank Lüdke, Diakonische Evangelisation. Die Anfänge des Deutschen Gemeinschafts-Diakonieverbandes 1899–1933, Stuttgart 2003, 187–193). Das Verhältnis zwischen Wichern und der Gemeinschaftsbewegung wird im Anschluss an Ludwig Thimme anders bewertet (Ohlemacher, Das Reich Gottes in Deutschland bauen (wie Anm. 22), 137 Anm. 536 mit Hinweis auf Ludwig Thimme, Kirche, Sekte und Gemeinschaftsbewegung vom Standpunkt einer christlichen Soziologie aus (wie Anm. 72), 180–187).

[73] P. Lindner, Pfarramt, Diakonie, Stadtmission. In: Monatsschrift für Innere Mission, Bd. 9 (1889), 27. Zit. nach Friedemann Green, Kirche in der werdenden Großstadt. Landeskirche und Stadtmission in Hamburg zwischen 1848 und 1914, Herzberg 1994, 209, Anm. 33.

von Oertzen erster Vorsteher der Hamburger Stadtmission. Anlässlich der Pfingstkonferenz in Gnadau wurde er 1888 von den Mitunterzeichnern des Einladungsschreibens zum Vorsitzenden der Tagung gewählt. Es ist nicht auszuschließen, dass er die Formel auf die Gemeinschaftsbewegung umgemünzt und klassisch formuliert von Hamburg herkommend in die Gemeinschaftsbewegung eingeführt hat. Neben der Jugendarbeit lag das Interesse des Leiters der Hamburger Stadtmission ganz bei der aktiven Ausgestaltung der Evangelisation.

Allerdings war der Hamburger Stadtmissionar nicht der Erste, der Probleme mit der verfassten Kirche hatte, wenn es um missionarische Dienste ging. Die in Wuppertal ansässige »Evangelische Gesellschaft für Deutschland«, deren Initiator Ludwig Feldner war, hatte in ihren Grundsätzen erklärt: sie wolle sich »[...] nicht innerhalb der Schranken irgend einer äußeren Partikular-Kirche« bewegen. »Gerade die Stellung zwischen freiwilliger Bindung an die Institution Kirche und der organisatorischen Unabhängigkeit ihr gegenüber war es, die Mission auch an solchen Bevölkerungsschichten erlaubte, die der offiziellen Kirche als staatlicher Institution mit zunehmender Distanz gegenübertraten.«[74] Das kann man gewiss auch für die Gemeinschaftsbewegung sagen. Allerdings ist auch eine andere Erwägung bedenkenswert. Auch wenn die oft erwähnte »Entfremdung« zwischen der Bevölkerung und ihrer Kirche nicht zu übersehen war, behielt die Kirche durch ihre traditionsreiche Institution zugleich eine stabilisierende Wirkung. Das zeigen Äußerungen von Sympathisanten aus dem Kreis der Gemeinschaftsbewegung für eine Freikirche, die aus Verpflichtung zur Treue gegenüber dem »Glauben der Väter« doch gleichzeitig vor einem Konfessionswechsel zurückschreckten, sogar davor warnten. Wie immer man die Entstehung dieses geflügelten »Gemeinschaftsbekenntnisses« einschätzen und interpretieren will, es ist nicht auszuschließen, dass die übertragene und weitergeführte Formel auch einen landeskirchentreuen Aspekt in der sich vollziehenden organisatorischen Abgrenzung gerade gegenüber den Methodisten zum Ausdruck brachte. Das Bekenntnis »*in* der Kirche und *mit* der Kirche« konnte gegenüber besorgten Landeskirchlern, die gerade die *organisierte* Gemeinschaftsbewegung[75] als separationsge-

74 Beide Zitate: Schmidtsiefer, Kirche und Gesellschaft im Wilhelminischen Kaiserreich (wie Anm. 14), 36.

75 Weder im Pietismus noch in den Erweckungsbewegungen der verschiedenen Regionen und Landeskirchen hatten die führenden Persönlichkeiten bisher zu einer überregional strukturierten Form der Zusammenarbeit gefunden. Ihnen hatte die individuelle »Privaterbauung« gereicht. Die durch die internationalen Erweckungen angestoßene und veränderte Gemeinschaftsbewegung hatte mit ihrem evangelistischen Anliegen nicht nur eine völlig

fährdet einstuften, eine klärende Stellungnahme sein. Durch die Festlegung ihres innerkirchlichen Standortes wollten sie auch sagen: Wir streben keinen autonomen freikirchlichen Methodismus an, auch wenn wir in Theologie und Praxis einige seiner wesentlichen Positionen übernommen haben. Angesichts der Kontroversen und zum Teil heftigen literarischen Auseinandersetzungen zwischen Vertretern der Gemeinschaftsbewegung und Pfarrern, aber auch mit Kirchenleitungen in der eigenen Kirche, war es ebenso wichtig festzustellen, dass besonders die evangelistische Arbeit »*mit* der Kirche« erfolgen solle. Wenn dies nicht möglich ist, dann soll die Arbeit, wie der Evangelisationsverein zeigte, immer noch »*in* der Kirche«, aber nicht »unter der Kirche« erfolgen.

Neben der Positionierung »in der Kirche« wird – was eigentlich das natürlichste von der Welt ist – die Verankerung in der Reformation für notwendig gehalten. Das erscheint dem heutigen Beobachter etwas eigentümlich, weil es im Grunde weder eine protestantische Kirchen- noch eine evangelische Gemeinschaftsbildung unabhängig von der Reformation geben kann. Diese ausdrückliche Erwähnung scheint mehr ein Hinweis auf die Tradition innerhalb des *deutschen* Protestantismus zu sein und apologetischen Zielen dienen zu sollen.

Paul Fleisch hat nicht nur methodistische Impulse aufgezeigt, sondern nacheinander die »organisierte Gemeinschaft« und die »Evangelisation« vom »lutherischen Standpunkt« beurteilt und davon auch die »Heiligungsbewegung« nicht ausgenommen. Damit hat er ins Gespräch bringen wollen, dass nach seinem Verständnis nicht alle theologischen Akzente der Bewegung sich im Einklang mit lutherischer und damit reformatorischer Theologie befänden. In seinen Urteilen ist er mit kritischen Formulierungen nicht zimperlich. Die einzelnen Positionen können hier nicht aufgezeigt werden, aber sie sind einer Untersuchung wert.[76]

Im Zusammenhang der Überlegungen dieser Studie ist wichtig, dass eine zweite von Fleisch ausgehende Verunsicherung auch die Argumentationskette ›Reformation – Pietismus – Erweckungsbewegung – angelsächsische Einflüsse‹ einen apologetischen Unterton zu vermitteln vermag, denn sie soll nach-

neue Blickrichtung, sondern um den Auftrag zu erfüllen, auch eine verbindende Organisation gebildet, die über das von der sog. Deutschen Christentumsgesellschaft aufgebaute schriftliche Netzwerk hinausging, das sich wesentlich auf die Kontakte der Basler Zentrale mit den einzelnen örtlichen personalen Trägern beschränkte.

76 Fleisch, Die moderne Gemeinschaftsbewegung (wie Anm. 24): organisierte Gemeinschaftsbewegung vom lutherischen Standpunkt aus 70–86; die Evangelisationsbewegung vom lutherischen Standpunkt aus 88–102 und Würdigung der Heiligungsbewegung 148–153.

weisen: Wir sind von Anfang an deutsch-reformatorisch![77] Diese bis heute verwendete »Kette« verlegt die fremden Einflüsse ins angelsächsische Ausland. Dabei wird übersehen, dass die Organisation der Gemeinschaftsbewegung von inländischen Problemen umgeben war, vorrangig den Evangelisationen des Methodisten Schlümbach *innerhalb der Landeskirchen* und den inzwischen eingetretenen, im unmittelbaren Umfeld mancher Gemeinschaften erfolgten methodistischen Gemeindegründungen.[78]

1.6 ZWISCHENBILANZ

Die Verantwortlichen innerhalb der frühen organisierten Gemeinschaftsbewegung hatten alle Hände voll zu tun, um neben ihren eigentlichen Tätigkeiten die Bewegung als eine deutsche, in der Reformation begründete und mit den Landeskirchen im Einklang stehende innerkirchliche Organisation darzustellen. Als eine mit dem methodistischen Makel behaftete und heimlich aus dem Ausland unterwanderte fremde Bewegung wäre sie noch massiver einer vom völkischen Denken her bestimmten Kritik verfallen, die das gesetzte Ziel, die Evangelisierung Deutschlands, schwer behindert haben würde.

Neben der zweifachen Herausforderung, der eigentlichen missionarischen Zielsetzung nachzueifern und der ständigen Selbstrechtfertigung über die gemeinschaftlich organisierte Sonderexistenz innerhalb der eigenen Kirche, war es in jener Zeit kaum möglich, die im Ansatz fortschrittlichen Elemente, die dieser Bewegung besonders durch die Vermittlung angelsächsischer Frömmigkeitsgestaltung innewohnten, zu formulieren oder gar öffentlich zu propagieren. Die Darstellung der progressiven Seite dieser im Grunde theologisch konservativen Bewegung wäre zweifellos als Kritik an der verfassten Kirche aufgefasst worden und hätte damit ebenfalls der Umsetzung des viel wichtigeren evangelistischen Zieles geschadet.

Die Vermeidung einer zukunftsorientierten Selbstdarstellung ist sicher neben den bereits genannten Faktoren auch der Polemik geschuldet, die aus Kirche und Gesellschaft kam. Dass die Gemeinschaftsbewegung in weit stärkerem Maße als andere landeskirchliche Zweige am Aufbruch in die Moderne

---

[77] Solche Traditionsketten sind schon früher in der Philosophie (das Verzeichnis über die Lehrer in den platonischen Akademie, die natürlich bis auf Platon zurückreichen) und in der Kirchengeschichte (die bis auf Petrus zurückreichende Liste von Päpsten) üblich gewesen.

[78] Karl Heinz Voigt, Theodor Christlieb als Frühökumeniker. In: Voigt, Christlieb, Die Methodisten, die Gemeinschaftsbewegung (wie Anm. 9), 44.

teilgenommen hat und sie im Grunde der Zeit voraus war, kann man erst in der Rückschau klar erkennen und bewerten. Eine Anzahl der bisher unbeachteten Phänomene sollen im Folgenden in aller Kürze ins Blickfeld gerückt werden. Sie möchten anregen, die bisherige Geschichte der Gemeinschaftsbewegung nicht allein aus den Wertungen der damaligen Zeit zu beurteilen und sie wie eine Fortsetzungsgeschichte weiterzuschreiben, sondern besonders die Frühgeschichte einer neuen Beurteilung zu unterziehen. Sie braucht sich heute nicht mehr zu scheuen, den durch sie auf nicht gerade revolutionäre Weise mit initiierten kirchlichen Fortschritt als Beitrag zum Brückenbau in die Moderne zu entfalten.

2. Die Gemeinschaftsbewegung als Vorbereiter einer offenen und zielorientierten kirchlichen Arbeit

In diesem Abschnitt soll in zehn Praxisfeldern versucht werden, die auf lange Sicht für die landeskirchliche Gemeindearbeit modellhafte Vorarbeit in den Gemeinschaften zu skizzieren. Als der *Lutherische Weltbund* 1952 seine Tagung in Hannover hielt, ging von dort erst zu dieser Zeit das Wort »*Stewardship*« wie eine neue Entdeckung durch das Land. Christliche Haushalterschaft, die das ganze Leben umfasst und zu einem Leben in der Nachfolge Christi und der Rechenschaft vor Gott aufruft. Der Begriff Stewardship wurde am Ende des 19. Jahrhunderts noch nicht verwendet, aber die Sache eines Lebens in der Nachfolge Christi in persönlicher Verantwortung stand in gewisser Weise damals schon auf der Tagesordnung der Gemeinschaften wie der Freikirchen. In der Mitte des 20. Jahrhunderts entwickelte sich gesamtkirchlich eine Offenheit zu Veränderungen für neue Formen des Gemeindelebens, wobei gerade dieser Begriff »Gemeindeleben« nun erst zu einer berechtigten Anwendung kommen darf. 1957 war es immer noch von Interesse, Erfahrungsberichte mit Beobachtungen und Erlebnissen aus Amerika zu publizieren,[79] um den Prozess der innerkirchlichen Erneuerung zu verstärken. Manches von dem, was sie aus dem kirchlichen Alltag in einer amerikanischen Gemeinde berichten, wie z. B. Erfahrungen mit dem allgemeinen Priestertum, dem von der Gemeinde mitgestalteten Gottesdienst, der Sonntagsschule für Jung und Alt, der staatsunabhängigen Gemeinde- und Kirchenfinanzierung und anderes mehr, hätte man auch schon in der Arbeit der selbst in den eigenen Kirchen im Windschatten wirkenden Gemeinschaften beobachten können. Um 1888 waren fremdländische Einflüsse noch verpönt, 1952 hat man sie in völlig anderer Weise wahrgenommen, so dass man aufgrund der Berichterstattung

---

79 Franz und Verena von Hammerstein, Verantwortliche Gemeinde in Amerika. Beobachtungen und Erlebnisse eines Austauschpfarrers 1954–1957, Berlin 1957.

von Amerikarückkehrern fragen durfte: »Warum ist das Leben in unseren Gemeinden so viel ärmer, freudloser, mühsamer und traditioneller...«.[80]

2.1 Landesherrliches Kirchenregiment und die Bildung einer freien kirchlichen Organisation

Während sich die Gemeinschaftsbewegung organisierte, lebte der landeskirchliche Protestantismus als Staatskirche. Kirchliche Rechtssetzungen waren durch das landesherrliche, obrigkeitlich bestimmte Kirchenregiment selbst im Falle einer vorhandenen synodalen Struktur mindestens eingeschränkt. Mitarbeiter der Kirchen waren Staatsbeamte, entsprechend erfolgten Ernennungen, Beauftragungen und Zuweisungen von Diensten auf den verschiedenen Ebenen der Arbeit durch staatliche Berufungen oder Anordnungen. Konsistorien wirkten, wenn es gut ging, zwischen den Innenministerien der Länder und den jeweils zuständigen kirchlichen Abteilungen und Ämtern. Auch andere Entwicklungen lagen in der Hand des Staates, nicht nur die theologische Ausbildung an staatlichen Universitäten, auch der Kirchenbau und die Herausgabe gottesdienstlicher Agenden.

Angesichts dieser kirchlichen Gesamtlage war die Bildung einer staatsunabhängigen kirchlichen Organisation dreißig Jahre vor der Ablösung der Monarchie durch eine Republik ein ungewöhnlich weitreichender Schritt. In den Gemeinschaftsbewegungen erfolgten Zusammenschlüsse freiwillig, die Voraussetzungen für die Mitgliedschaft wurden eigenständig definiert und publiziert, personelle und organisatorische Entscheidungen wurden in autonomer Freiheit und Verantwortung von den jeweils Betroffenen sowohl auf der Leitungsebene und wie in den örtlichen Gemeinschaften durch Wahlen getroffen. Die Gewählten waren rechenschaftspflichtig und konnten innerhalb ihres Bereichs in eigenem Vollzug abgewählt werden. Alle Gemeinschaftsordnungen wurden unabhängig von staatlichen oder kirchlichen Behörden formuliert und wirksam.

2.2 Territoriale Kirchen und überregionale Gemeinschaft

Zwar hatten einige Landeskirchen im Laufe des 19. Jahrhunderts erstmals Kirchenverfassungen erhalten und damit eine Teil-Ausgliederung aus der di-

80 Ebd., im Vorwort von Christian Berg, 10.

rekten Einbindung in die staatliche Gesetzgebung erreicht, wie sie noch 1815 in der Deutschen Bundesakte für die Kirchen- und Schulaufsicht festgeschrieben war. Dies änderte nichts daran, dass das landesherrliche Kirchenregiment die Kultusautonomie in seinem Machtbereich festhielt. Die nach der 1848er Revolution im Jahr 1852 eingerichtete *Eisenacher Konferenz* hatte durch die landesherrliche Kultushoheit keine eigenen kirchlich relevanten Rechte. Sie war lediglich ein Begegnungs- und Beratungsgremium.

Unter der preußischen Vormachtstellung hatten die Herrschenden in den Kleinstaaten ein Interesse daran, ihre eigene Macht zu festigen. Das führte auch zur Verfestigung des territorialen, abgrenzenden Kirchensystems, welches unausgesprochen politische Interessen mit dem Ziel des staatlichen autonomen Machterhalts in sich barg. Kirchlicherseits gab es zusätzlich insbesondere bei den Vertretern und Landeskirchen der lutherischen Bekenntnisse nach der Zwangsunion in Preußen von 1817 Befürchtungen vor ähnlichen unionistischen Schritten mit politischer Motivation, die kein kirchliches Veto zulassen würden und damit das seit der Reformation geltende lutherische oder reformierte Bekenntnis aus politischem Interesse unterliefen.

In einer Zeit politischer und konfessioneller Abgrenzung in kirchlichen Territorien, die durch staatliche Grenzen bestimmt waren, traf sich 1888 in dem von der Herrnhuter Brüdergemeine gegründeten Ort Gnadau in der Nähe von Magdeburg (Sachsen-Anhalt) erstmals eine »Konferenz«, für welche die Vorbereitungen von einem staatlich und kirchlich unabhängigen Evangelisationsverein getroffen worden waren, dessen Sitz in Bonn war. Weder eine staatliche noch eine kirchliche Behörde mussten dazu eine Genehmigung erteilen, noch nicht einmal ihre Zustimmung geben. Die 142 Teilnehmer waren Theologen, darunter Professoren, Superintendenten, Pastoren, Kandidaten der Theologie und eine große Zahl von höchst engagierten Laien aus verschiedenen beruflichen Positionen. Ohne dass es eine Bedeutung oder Auswirkung gehabt hätte, kamen sie aus lutherischen, reformierten und unierten Landeskirchen Deutschlands und der Schweiz. Im heimatlichen Gnadauer Gemeinhaus[81] waren natürlich auch Herrnhuter anwesend. Das Protokoll nennt als offiziellen Vertreter Conrad Beck, Direktor der Brüdergemeine, der aus Berthelsdorf kam.[82] Er nahm anders alle anderen Teilnehmer im offiziellen Auftrag des

---

81 Paul Peucker, Herrnhuter Wörterbuch (wie Anm. 81) erklärt: »Gemeinhaus« bezeichnet das »Gebäude mit Saal und Wohnung für den Prediger und andere Gemeinglieder, das meist als eines der ersten Häuser in einer Ortsgemeinde gebaut wurde.« (S. 27). »Im traditionellen Herrnhuter Saal fehlen ein Altar oder eine Kanzel, vielmehr ist die Gemeinde liturgischer Mittelpunkt.« (S. 46).

82 Conrad August Beck (1835–1908) wurde nur wenige Wochen nach der Gnadauer Kon-

«Direktoriums des deutschen Teils der evangelischen Brüderkirche«, wie er sehr korrekt formulierte, teil.[83] Schon ziemlich früh hatte der Neuwieder Brüdergemein Prediger Johannes Th. Geißler die Herrnhuter Zentrale »auf eine auf den 22.–24. Mai in Gnadau tagende Versammlung im Interesse der Inneren Mission (Evangelisationswerk)« durch die Übersendung einer Ausgabe der »Rheinisch-Westfälischen Correspondenz« aufmerksam gemacht. Geißler hatte eine Teilnahme der Brüdergemeine angeregt. Als Theodor Christlieb die Anmeldung des Delegierten der Unitäts-Aeltesten-Conferenz[84] freudig bestätigte, wies er ausdrücklich auf die formale Rechtsgrundlage der Konferenz hin, die »keinen amtlichen Charakter trage, sondern daß es sich bei derselben lediglich um einen brüderlichen Gesinnungsaustausch handele.«[85] Weder konfessionelle noch territoriale Grenzen deutscher Staaten, auch keine nationalen Landesgrenzen hatten eine Bedeutung. Seit der ersten Konferenz wurde von Gnadau aus ein Netz christlicher Gemeinschaftskreise über das deutsche Kaiserreich geknüpft, das die für das kirchliche Leben traditionsreichen Grenzen zwischen ganz unterschiedlichen Territorien und Konfessionen überwand. Geistliche Anliegen waren stärker als langlebige territoriale Grenzziehungen. Das bis in die Schweiz reichende Netz gewann Stabilität durch eine dauerhafte organisatorische Verbindung.[86] Der herrnhutische Gründungsort Gnadau blieb bis heute im Namen der Bewegung festgeschrieben.

2.3 Abgrenzung und Weite

Zur Zeit der entstehenden ökumenischen Bewegung war das deutsche Landeskirchentum nach innen ausgerichtet. Es war, abgesehen von seiner geis-

ferenz am 25. Juni 1888 als Bischof der Brüdergemeine eingesegnet.

[83] Pfleiderer, Pfingstkonferenz 1888. Verhandlungen (wie Anm. 3), 17. In der Zeitschrift »Herrnhut«, Sonntagsblatt der Brüdergemeine, Nr. 24, 21. Jg. (NF), erschienen in Niesky am 16. Juni 1888, befindet sich ein Bericht über die Gnadauer Tagung, 23–25.

[84] Bis 1899 war die Unitäts-Aeltesten-Conferenz die leitende Behörde der weltweiten Brüder-Unität. 1899 wurde eine neue Struktur eingeführt, welche sich aus der Missionsdirektion und den Provinzialbehörden der Abteilungen in anderen Ländern und Kontinenten zusammensetzt und heute die Bezeichnung Unitätsdirektion führt (Peucker, Herrnhuter Wörterbuch (wie Anm. 81), 54 f).

[85] Aus den Protokollen der Unitäts-Aeltesten-Conferenz mitgeteilt von der Stellv. Archivleiterin Inge Baldauf am 23. Juli 1999.

[86] 1891 wurde das »Deutsche Komitee für Gemeinschaftspflege« gegründet, das 1897 den Namen entsprechend dem inzwischen gefestigten Selbstverständnis in »Deutscher Verband für Evangelische Gemeinschaftspflege *und Evangelisation*« erweiterte.

tigen und geistlichen Bereitschaft, durch seine strukturellen Vorgaben kaum in der Lage, ökumenischen Ansätzen offen zu begegnen. Dagegen hat die Gemeinschaftsbewegung anfänglich von einer unkonfessionellen Offenheit, die durchaus einen ökumenischen Charakter hatte, gelebt.

Die *Evangelische Allianz*, 1846 in London gegründet, konnte in Deutschland beispielsweise erst einen begrenzten Einfluss gewinnen, nachdem die Frage der Religionsfreiheit, für die sie international kämpfte,[87] in Deutschland stillschweigend von ihrer Agenda verschwunden war.[88] Als dieser Prozess der Programm-Minderung längst vollzogen war, haben die örtlichen Gemeinschaften und auch die überregionalen Organe mit ihr in lebendiger Verbindung gestanden.

Die in der ganzen Welt sich ausbreitende überkonfessionelle *Sonntagsschulbewegung* wurde nach einer positiven Aufnahme in erwecklichen Kreisen innerhalb Deutschlands vom amtlichen Kindergottesdienst abgelöst, als die verfasste Kirche anfing, sich auch über den Konfirmandenunterricht hinaus der Kinder anzunehmen.[89] Auch andere von John Mott angeregte weltweite

---

[87] David Hilborn, »Einige gemeinsame Aktionen«: Die Bildung und Entwicklung einer Sozialen Agenda innerhalb der Evangelischen Allianz. In: Karl Heinz Voigt/Thomas Schirrmacher (Hg.), Menschenrechte für Minderheiten in Deutschland und Europa, Bonn 2004, 9–35. – Karl Heinz Voigt, Menschenrecht Religionsfreiheit: Thema der Internationalen Evangelischen Allianz und des Deutschen Kirchentags in der Mitte des 19. Jahrhunderts. In: Ebd., 37–73.– Ders., Die ›Homburg Conference‹ für Religionsfreiheit von 1853. Eine frühe Menschenrechtsinitiative [in Verbindung mit der Evangelical Alliance]. In: Lena Lybæk, Konrad Raiser, Stefanie Schardien (Hg.), Gemeinschaft der Kirchen und gesellschaftliche Verantwortung. Die Würde des Anderen und das Recht anders zu denken, FS für Erich Geldbach, Münster 2004, 492–503.

[88] Vgl. z. B. wurde die 1857er Allianz Weltkonferenz durch den Berliner Oberkirchenrat genauso wie durch den einflussreichen Friedrich Julius Stahl abgelehnt, der »Christliche Einigkeit nur zwischen Gliedern der staatlich anerkannten Bekenntniskirchen« und Toleranz nur gegenüber den Katholiken zulassen wollte. Ernst Wilhelm Hengstenberg und Leopold von Gerlach als Vertreter der »Hochkirchlichen Partei« arbeiteten in gleicher Weise gegen die Durchführung einer Allianzkonferenz in Berlin. Im Hintergrund ihrer kritischen Haltung stand hauptsächlich die Sorge, die durch die Forderung der Evangelischen Allianz nach Religionsfreiheit schon seit Jahren aufgeworfen und diskutiert wurde. Gerhard Lindemann, Für Frömmigkeit in Freiheit. Die Geschichte der Evangelischen Allianz im Zeitalter des Liberalismus (1846–1879), Berlin 2011, 374–379. Auch: Karl Heinz Voigt, Die Evangelische Allianz als ökumenische Bewegung, Stuttgart 1990, 30–38.

[89] Karl Heinz Voigt, Internationale Sonntagsschule und deutscher Kindergottesdienst. Eine ökumenische Herausforderung. Von den Anfängen bis zum Ende des Deutschen Kaiserreichs, Göttingen 2007.

Bewegungen[90] konnten durch die staatliche Bindung und die damit einhergehenden regional bestimmten Aktivitäten von den Kirchen nicht aufgegriffen werden.

Innerhalb der organisierten Gemeinschaftsbewegung blitzte eine später verlorengegangene ökumenische Weite schon in der Gründungsversammlung auf, die durch die Anwesenheit von Konsul Adolf Vischer-Sarasin, dem Vorsteher des Evangelischen Vereins aus Basel,[91] Inspektor Haarbeck von St. Chrischona in der Nähe von Basel[92] und das eingehende Grußtelegramm »des kranken Evangelisten Pastor von Schlümbach aus Amerika, derzeit Bad Wildungen«[93] dokumentiert ist. Bemerkenswert war die Ansprache des Herrnhuter Delegierten Conrad Beck 1888 in Gnadau. Er griff einige für die Tagung aktuelle Themen auf. Dabei erinnerte er an das inzwischen 100-jährige Diasporawerk der Brüdergemeine, welches ein ähnliches Ziel hatte wie die anwesenden Konferenzteilnehmer es verfolgten. Dieses in Deutschland so wichtige Werk mit den reisenden Diasporapredigern hat »eine Abhilfe für dieselben Schäden in den evangelischen Landeskirchen gesucht, die Ihnen bei der Einberufung dieser Konferenz vor Augen geschwebt haben, und wie sie ihr Recht zu dieser Tätigkeit von denselben Schriftwahrheiten hergeleitet hat, auf welche Sie Ihre Vorschläge und Anträge gründen.«[94] Beck erläuterte, »welches Recht wir zu glauben haben, unsere Boten in fremdes Kirchengebiet zu schicken«, nämlich in die »Evangelischen Landeskirchen Deutschlands, der Schweiz, Skandinaviens, Polens und der Ostseeprovinzen.« Unter Berufung auf Johannes 17, wo er »Grund und Zweck unserer Diasporatätigkeit ausgesprochen« sah, sagte er vor den Teilnehmern der Gnadauer Pfingstkonferenz: »Wir wünschen, aufgrund der unserer Gemeine besonders klar und wichtig gewordenen Schriftwahrheiten, in die evangelischen Landeskirchen hinein Zeugnis geben zu können von dem Wesen der wahren Union, von dem Einssein in Christus, von der Kraft der Bruderliebe, die, nur durch die Liebe Christi gebunden, sich nicht durch äußere Kirchenschranken einengen lässt, sondern die Bruderhand einem jeden darreicht, der auf demselben Weg, allein auf das teure Verdienst Christi,

---

[90] Z. B. im Christlichen Studentenweltbund mit dem deutschen Zweig der Deutschen Christlichen Studenten-Vereinigung (DCSV).

[91] Pfleiderer, Pfingstkonferenz 1888. Verhandlungen (wie Anm. 3), 18.

[92] Ebd., 95

[93] Ebd., 22. Schlümbach war 1883 u. a. aus der Methodistenkirche ausgetreten, um auch weiterhin mit dem *Deutschen Evangelisationsverein* innerhalb der deutschen Landeskirchen wirken zu können. Hahn-Bruckart, von Schlümbach (wie Anm. 67), 337 ff.

[94] Pfleiderer, Pfingstkonferenz 1888. Verhandlungen (wie Anm. 3), daraus auch die folgenden Zitate (88–95).

seine Seligkeit sucht.« Nach weiteren bemerkenswerten Ausführungen bat Beck: »So seien Sie denn, geliebte Brüder, herzlich gebeten, unsere Gemeine als Mitarbeiterin anzuerkennen an dem Werk, zu welchem sich zu vereinigen Sie hier zusammengekommen sind.«

Der in der Gemeinschaftsbewegung zentrale Gedanke des Reiches Gottes[95] verband sie mit der internationalen Evangelisations- und Missionsbewegung, die auch kein ausgeprägtes Kirchenverständnis hatte und dem Einheitsgedanken einen hohen Stellenwert beimaß, neben dem das konfessionelle Bewusstsein zeitweise zurücktrat. Insofern ist es kein Wunder, dass Hans von Sauberzweig in seiner Geschichte der Gnadauer Gemeinschaftsbewegung den Amerikanern Charles G. Finney und Dwight L. Moody, dessen Schriften Elias Schrenk[96] teilweise übersetzt hatte, einen Platz unter den Personen gab, die er zu den »unmittelbaren Wurzeln« der Gemeinschaftsbewegung zählte.[97] Theodor Christlieb, der selber weit über die Grenzen seiner Kirche hinaus ein hoch angesehener Frühökumeniker[98] war und auf internationalen Tagungen Vorträge gehalten hatte, schrieb 1879 für eine Übersetzung der Biographie Finneys[99] und 1880 für eine solche über den schottischen Erweckungsprediger Robert Murray McCheyne (1813–1843)[100] die Vorworte. Sauberzweig zählt auch die ökumenisch ausgerichtete *Deutsche Christliche Studentenvereinigung (DCSV)* zu solchen »Reichsgotteswerken, die in irgendeiner Verbindung oder inneren Gemeinschaft mit dem Gnadauer Verband stehen.«[101] Eduard Graf von

---

[95] Ohlemacher, Das Reich Gottes in bauen (wie Anm. 22).

[96] Elias Schrenk war der erste hauptamtliche Evangelist des *Deutschen Evangelisationsvereins*. Früher hielt man ihn für den »Bahnbrecher der Evangelisation in Deutschland«. Zu Schrenk: Hermann Klemm, Elias Schrenk. Der Weg eines Evangelisten, Wuppertal 1961, 1986^2. Darin wird Moodys Schrift »Kraft aus der Höhe« erwähnt, die Schrenk vor 1891 herausgegeben hatte.

[97] Hans von Sauberzweig, Er der Meister – Wir die Brüder, Geschichte der Gnadauer Gemeinschaftsbewegung 1888–1958, Denkendorf 1959, ^{2}1977, 60–67.

[98] Karl Heinz Voigt, Theodor Christlieb als Frühökumeniker. Im 19. Jahrhundert mit ökumenischem Weitblick denken und leben. In: Voigt, Theodor Christlieb (wie Anm. 9), 9–55. Allein ein Blick in die Bibliographie Christliebs gibt einen Einblick in die Weite seines Denkens und auch seiner persönlichen Beziehungen. In: Voigt, Christlieb, Die Methodisten, die Gemeinschaftsbewegung (wie Anm. 9), 283–291.

[99] Charles G. Finney (von A. H. F. bearbeitete Autobiografie), Leben und Wirken des Rev. Charles Finney, evangelischer Prediger und Professor zu Oberlin (Ohio) und die neuesten Erweckungen in den ›Vereinigten Staaten‹, Köln 1879.

[100] Murray McCheyne, Memoirs and Remains hgg. V. A. A. Bonar, übersetzt von Anna von Weling, 1880.

[101] Sauberzweig, Er der Meister (wie Anm. 97), 492–494 mit einem Bericht des DCSV-Sekretärs Niedermeyer.

Pückler,[102] engagiertes Mitglied im Gnadauer Verband,[103] war in Deutschland – wenn auch mit gewissen Vorbehalten – der erste Vorsitzende dieses ökumenischen Arbeitszweiges. Im Rückblick auf die erste Studentenkonferenz der späteren DCSV 1890 und die zwei Jahre frühere Gnadauer Konferenz schrieb Karl Kupisch: »Ein *innerer* Zusammenhang beider Veranstaltungen ist nicht zu leugnen.«[104] Allerdings konnte der mit einer glühenden Vaterslandsliebe erfüllte Pückler den Weg in die Weite nicht mitgehen. Es ist kein Zufall, dass der methodistische Prediger Theophil Mann eine Zeit lang die internationale Vertretung und die Mitgliedschaft im Vorstand des Christlichen Studentenweltbunds wahrgenommen hat, wie überhaupt der deutsche Zweig des Christlichen Studentenweltbunds keine *organisatorische* Beziehung zur Gemeinschaftsbewegung hatte und gerade die in internationalen Beziehungen wirkenden Freikirchen hier engagiert waren.[105] Auch der fast vergessene »Studentenbund für Mission«, der gleichsam ein Zweig der internationalen Studentenbewegung war, fand innerhalb der Gemeinschaftsbewegung Unterstützung. Der angelsächsischen Praxis entsprechend hatten, wie auch in Verbindung der nicht ganz einfachen Ablösung des alternden Grafen Pückler, zu dieser Zeit die Studenten selber die Leitung übernommen. Diese und ähnliche Unternehmungen, die überwiegend aus den USA und Großbritannien herüberwirkten, mussten sich zwangsläufig außerhalb der verfassten Landeskirchen organisieren, da vor der Bestellung eines Deutschen Evangelischen Kirchenausschusses, die erst 1903 erfolgte, innerhalb der evangelischen Landeskirchen gar kein Organ zur Verfügung stand, das dafür infrage gekommen wäre. Es ist allerdings zu fragen, ob der Kirchenausschuss wegen der landeskirchlichen Vorbehalte gegenüber einem zentralen Organ überhaupt zu einer solchen Aufgabe berechtigt gewesen wäre.

Wie sehr die Deutsche Gemeinschaftsbewegung sich internationalen Impulsen verdankt und durch frühökumenische Verbindungen beeinflusst wurde, zeigt die Untersuchung im zweiten Teil dieser Studie.[106]

---

102 Graf Pückler nahm 1885 in Atlanta/USA an einer dortigen Studentenkonferenz des YMCA teil. Karl Kupisch, Studenten entdecken die Bibel. Die Geschichte der Deutschen Christlichen Studenten-Vereinigung (DCSV), Hamburg 1964, 29–33.

103 Ebd., 134–143.

104 Kupisch, Studenten entdecken (wie Anm. 102), 32.

105 Zu Theophil Mann: BBKL 5 (1993), 684–688.

106 In jüngster Zeit findet die internationale und ökumenische Verflochtenheit der Gemeinschaftsbewegung mehr Interesse. Vgl. Lüdke/Schmidt, Die neue Welt (wie Anm. 69).

2.4 Männer und Frauen als verkündigende Laien

Innerhalb der verschiedenen konfessionellen Traditionen ist das Verständnis des Amtes unterschiedlich stark ausgeprägt. Aber der Widerstand gegen die Verkündigung durch Laien regte sich nicht nur in ausgesprochen lutherischen Kirchen. Gerade der heftige Widerspruch im Rheinland legt die Vermutung nahe, dass es darin nicht nur um theologische und kirchenrechtliche Fragen ging. Es waren auch Emotionen, die durch persönliche Kränkungen und durch ungewohnte »Konkurrenz« zu völlig ungewohnten Herausforderungen an jene Amtsträger geworden waren, die in ihrer Parochie zu jener Zeit eine Art Monopolstellung genossen, die teilweise auch durch theologische Positionierungen begründet wurde.

An den Gnadauer Vorarbeiten und der Durchführung waren Laien maßgeblich beteiligt. Im Vorfeld zum Beispiel spielten der Hamburger Baron Jasper von Oertzen und der Berliner Graf Eduard von Pückler eine zentrale Rolle.[107] Als die Vorbereitungen bis zur versandfertigen Einladung gediehen waren, unterschrieben, wie es damals nicht selten vorkam, 45 Männer das Einladungsschreiben, darunter die beachtliche Zahl von mindestens 21 Laien. In Gnadau war der Anteil der Nichttheologen unter den Teilnehmern noch höher. Unter ihnen befanden sich Adlige, Leiter von karitativen Einrichtungen, Hausväter, kolportierende Buchagenten, Kaufleute, Fabrikanten, Gutsbesitzer und Landwirte. Es ist kaum anzunehmen, dass zu jener Zeit eine kirchlichen Konferenz auf Reichsebene stattgefunden haben könnte, in der Laien eine so dominierende Rolle spielten. Eine ganze Reihe von ihnen waren nicht als unmündige Beobachter in Gnadau erschienen, sondern als höchst aktive Teilnehmer, ja sogar Mitgestalter. Baron Jasper von Oertzen hielt das zweite Referat dieser Konferenz. Sein Thema lautete: »Die Notwendigkeit der organisierten Evangelisation neben dem pastoralen Amt und ihre Bedeutung für das kirchliche Leben.«[108] Vor dem Hamburger Oertzen hatte bereits der langjährige Inspektor der Rheinischen Mission in Barmen Friedrich Fabri über »Die Berechtigung, die Notwendigkeit und die Grenzen der Laientätigkeit« gesprochen.[109] Nach den beiden ersten richtungweisenden Vorträgen nahm die Konferenz einige Thesen an, deren Letzte lautete: »Darum richtet die Pfingstkonferenz in Gnadau die herzliche und dring-

---

[107] Ohlemacher, Das Reich Gottes bauen (wie Anm. 22), 35 ff.

[108] Jasper von Oertzen, Die Notwendigkeit der organisierten Evangelisation neben dem pastoralen Amt und ihre Bedeutung für das kirchliche Leben. In: Pfleiderer, Pfingstkonferenz 1888. Verhandlungen (wie Anm. 3), 65–83 (mit ausgeteilten Thesen, 65f).

[109] Ohlemacher, Das Reich Gottes bauen (wie Anm. 22), 37–52.

liche Bitte an die Evangelische Landeskirche und ihre Organe, in Erwägung unserer kirchlichen Notstände die bereits bestehende Evangelisationstätigkeit mit allen Kräften zu unterstützen und ihre Ausbreitung in Berücksichtigung zu ziehen.«[110] Damit ist die missionarische Dimension ausgewiesen, die als Motiv hinter dem Wunsch, die Verkündigung durch Laien zu akzeptieren, stand. Noch im August 1888 hielt Theodor Christlieb während der Wuppertaler Festwoche, die damals nach Londoner Vorbild jährlich stattfand, einen Vortrag, in dem er die in Gnadau diskutierten Fragen weiterführte. Er sprach über das Thema »Die Bildung evangelistisch begabter Männer zum Gehilfendienst am Wort«.[111] Schon der Begriff »Gehilfendienst« zeigt einerseits die damalige beherrschende Rolle des Amtes und andererseits die Bereitschaft der Gemeinschaft zur Einordnung ihrer Aktivitäten gemäß der Losung ›in der Kirche‹ in den Rahmen des normalen Gemeindelebens. In Gnadau beteiligten sich die Laien ganz selbstverständlich gleichberechtigt an den Diskussionen der Referate und an den Abstimmungen zu Beschlussfassungen. Aus heutiger Sicht empfindet man den Mangel, dass keine Frauen an der Konferenz beteiligt waren, zumal es im Bereich der Gemeinschaftsbewegung und darüber hinaus eine größere Zahl aktiver Frauen gab, die sich auf ganz unterschiedliche Weise im Sinne dieser Tagung engagiert haben. Ruth Albrecht stellt zusammenfassend fest: »Im Kontext der Frömmigkeitsbewegungen des 19. Jahrhunderts engagierten sich Frauen in einer weitaus grösseren Rollenvielfalt als in den vorhergehenden Epochen.«[112] Die Einschränkung auf die Frömmigkeitsbewegungen drückt gleichzeitig die damalige Distanz der verfassten Landeskirchen zu dieser Frage aus, die sich von der Praxis in den Freikirchen deutlich unterschied.[113] Allerdings hat die Gemeinschaftsbewegung die anfangs lebendige Tradition, die aus der Heiligungsbewegung kam, nicht fortgesetzt. Soweit es bisher zu übersehen ist, kam es in den Leitungsgremien eher zu einer zurückhaltenden Bewertung der Verkündigung durch Frauen. Es

---

110 Ebd., 87.

111 Theodor Christlieb, Die Bildung evangelistisch begabter Männer zum Gehilfendienst am Wort und dessen Angliederung an den Organismus der Kirche. Separatdruck aus der kirchlichen Monatsschrift [Kirchliche Monatsschrift für Freunde der Positiven Union, ab 1881], Kassel o. J. (1888/9). Wiedergegeben auch bei Ohlemacher, Das Reich Gottes bauen (wie Anm. 22), 247–274. Christlieb arbeitet, um der Kritik entgegenzukommen, »Die Angliederung des Evangelistendienstes an den Organismus der Kirche« besonders heraus (260 ff.).

112 Ruth Albrecht, Frauen (Erweckungsbewegung). In: GdP IV Glaubenswelt und Lebenswelten, hg. von Hartmut Lehmann, Göttingen 2004, 522–555 (535).

113 Karl Heinz Voigt, Frauen in Freikirchen – Zwischen Charisma, Amt und kirchlicher Ordnung. In: FF Bd. 13, Münster 2003, 1–10. Einführend in einen Sammelband: ›Frauen in den Freikirchen‹ mit sieben weiteren Beiträgen aus unterschiedlichen Denominationen. Vgl. dazu auch: Stephan Holthaus, Heil – Heilung – Heiligung, Gießen/Basel 2005, 475–515.

gab sogar Vertreter, die im Neuen Testament ein »Lehrverbot« für Frauen sahen. Diese Tradition wirkt teilweise bis heute nach. Trotz aller Vorbehalte gab es spezielle Ausbildungsstätten für Frauen, z. B. die Malche bei Bad Freienwalde an der Oder, wo u. a. Frauen für die Mission unter Frauen ausgebildet wurden. Das war eines der bevorzugten Felder, in denen Frauen neben der Mitarbeit in Sonntagsschulen, Gebetsvereinigungen und natürlich den unterschiedlichsten Formen der Diakonie tätig wurden, was jedoch nicht ausschloss, dass es auch Frauen gab, die eine Kanzel bestiegen, um zu predigen.

Bei allen Einschränkungen ist es keine Frage, dass Gnadau den Weg zur Mitarbeit vieler Laienprediger in den örtlichen Gemeinschaften geebnet und zu einer entsprechenden Tätigkeit ermutigt hat und darin dem in der reformatorischen Theologie neu wieder ans Licht gekommenen allgemeinen Priestertum aller Glaubenden einen konkreten Ort und einen freien Raum eröffnete.

2.5 Gnadauer theologische Positionen

Es wäre vermessen, hier einen Überblick über die theologischen Akzente innerhalb der vielschichtigen Gemeinschaftsbewegung geben zu wollen. Aber es ist möglich, einige grundlegende theologische Gemeinsamkeiten hervorzuheben. Die zentrale Stellung der Christologie war bestimmt durch das Heilswerk Christi. Für einen »Heilsweg« waren Schuld, Sünde auch als Macht, Bekehrung, Wiedergeburt, Heilsgewissheit und Heiligung Themen, die das Leben und Denken bestimmten und die durchgehend in der evangelistischen Verkündigung präsent waren. Die eschatologische Erwartung des kommenden Reiches Gottes war im Sinne einer ganz bestimmten Sicht der Heilsgeschichte lebendig.[114] Die Hoffnung auf eine Beschleunigung der Wiederkunft durch die Erfüllung des Missionsauftrags war ein motivierender Gedanke für eine aktive, manchmal drängende Teilnahme an der Missionierung der Völker in der Fremde, aber auch in der Heimat.[115] Das Bild der Kirche war nach Theodor Haarbeck, einem der theologischen Lehrer innerhalb der Bewegung, geprägt von den Begriffen »Heilsgemeinschaft« und »Heilsanstalt«.[116] Seine kritische Haltung gegenüber der »mit vielen Mängeln behafteten Heilsanstalt« in der ihn

---

114 Julius Schneider, Das Neue Testament in der Frömmigkeit der Gemeinschaftsbewegung, Berlin 1959.

115 Matth. 24, 14 heißt es: »Und es wird gepredigt werden dies Evangelium vom Reich in der ganzen Welt zum Zeugnis für alle Völker, und dann wird das Ende kommen.«

116 Theodor Haarbeck, Das christliche Leben nach der Schrift. Kurzgefasste biblische Ethik. Gießen/Basel 1922, 111.

umgebenden Landeskirche kommt zum Ausdruck, wenn er schrieb: »Die Bibel kennt den Begriff Landeskirche mit ihrer Massentaufe und Massenkonfirmation nicht.«[117] Die Formulierungen »Heilsgemeinschaft« und »Heilsanstalt« drücken die soteriologische Ausrichtung der wenig ausgeprägten Ekklesiologie aus, die im eschatologischen Horizont des Reiches Gottes stand und in der die Mission als Evangelisation auch unter bereits Getauften eine, wenn nicht nach der Überwindung von Privaterbauung und Konventikelfrömmigkeit *die* zentrale Rolle spielte.

Dass die Frage nach der Gestalt der Kirche sich unter kirchengeschichtlich anders entwickelten Bedingungen als in Deutschland auch für die Gemeinschaftsbewegung neu stellte, zeigt eine Studie zur Geschichte der Marburger Brasilienmission, die ihre Heimat innerhalb des Gnadauer Verbands hat. Norbert Schmidt hat ihr den treffenden Titel gegeben »Von der Evangelisation zur Kirchengründung.«[118] Kirchengründung war dort möglich und nötig, wo es keine auf ihr alleiniges Recht pochende »Heilsanstalt« gab.

Wenn in der »Gnadauer Theologie« weder Taufe noch Abendmahlsgemeinschaft einen Platz hatten, ergab sich das aus der Positionierung »in der Kirche«. Allein der Gedanke, dass die in der Kirche Getauften noch evangelisiert werden sollen, widersprach gewissen theologischen Richtungen innerhalb der Landeskirchen, was nicht selten zur negativen Bewertung der Gemeinschaften führte, obwohl deren Mitglieder nicht selten zu den treuesten Gottesdienstbesuchern zählten.

Aber innerhalb der Gemeinschaftsbewegung ging es immer um die Rechtfertigung, welche dem Hörer der biblischen Botschaft »durch den Glauben«, aber eben nur durch den Glauben zugerechnet wird.[119] Dieser Glaube, der in der Wiedergeburt geschenkt und in der Bekehrung angenommen wird, führt zu einem »neuen Gehorsam«, der »gute Früchte und gute Werke hervorbringen soll«.[120] Das ist nicht katholisch, sondern biblisch. Die persönliche Erfahrung des Glaubens durch die Annahme der Botschaft vom Heil in Jesus Christus ist in der Gemeinschaftsbewegung jener Zeit als ein notwendiges christliches Grunderlebnis gepredigt worden, welches individuell so erfahren wird, dass es zu einem »neuen Leben« in der Nachfolge Christi führt und »den Eintritt

---

117 Ebd., 116.

118 Norbert Schmidt, Von der Evangelisation zur Kirchenbildung. Die Geschichte der Marburger Brasilienmission, Marburg o. J. (1991).

119 Das Augsburger Bekenntnis. Deutsch. Revidierter Text. Hgg. von Günther Gassmann u.a., Göttingen/Mainz ^{4}1980, Artikel 4: Über die Rechtfertigung, 25.

120 Ebd., Art. 6: Vom neuen Gehorsam, 26.

in die Heilsgemeinde« markiert.[121] Mit der Bereitschaft zum »Gehorsam« ist in der Sprache der Gemeinschaftsbewegung der Weg der Heiligung als eines immerwährenden Prozesses betreten. Das durch die Wirkung des Heiligen Geistes begründete »neue Leben« hat zwar in der frühen Gemeinschaftsbewegung durch den Einfluss von Theodor Jellinghaus,[122] einem ihrer führenden Theologen um die Wende vom 19. zum 20. Jahrhundert, zu der extremen Vorstellung von der Sündlosigkeit geführt. Aber anfangs war die Lehre von der Heiligung, wie 1888 in Gnadau, nicht von solchen überhöhten Inhalten, die Jellinghaus später selber verworfen hat, bestimmt.[123] Unter angelsächsischem Einfluss hat die Gemeinschaftsbewegung einem in der kontinentalen reformatorischen Theologie umstrittenen Randthema, das schon im Pietismus eine zentrale Rolle gespielt hatte, wieder ein Gewicht beigemessen, das sich aus einem soteriologisch orientierten Ansatz heraus fast automatisch ergeben musste. Der Glaube ist eben in der Liebe tätig.

Ekklesiologische Fragestellungen haben die Gemeinschaftsbewegung zu unterschiedlichen Zeiten immer wieder bewegt,[124] besonders durch solche Vertreter, die ihren Landeskirchen kritisch, teilweise ablehnend gegenüberstanden. Aber die im Denken fest verankerte Grundentscheidung, »in der Kirche und mit der Kirche« zu arbeiten, hat dieser Frage nur wenig Chancen gelassen. Man darf nicht übersehen, dass die freikirchliche Erfahrung zeigte, welchen Vorteil es in der öffentlichen Wahrnehmung gerade im Zusammenhang mit der Evangelisation bedeutete, als ›kirchlich‹ in Erscheinung treten zu können und damit in einer Gesellschaft, die nur zwischen ›katholisch‹ und ›evangelisch‹ unterschied, von dem kirchlicherseits erzeugten Bild einer »außerkirchlichen Sekte« frei zu sein. Diese Beobachtung hatte auch Friedrich von Schlümbach während seiner evangelistischen Wirksamkeit, die er innerhalb der Landeskirchen durchführen konnte, gemacht.

Die Gemeinschaftsbewegung war als innerlandeskirchliche Evangelisationsbewegung begründet und nicht als Gemeindebewegung, die an die Stelle

---

[121] Schneider, Frömmigkeit der Gemeinschaftsbewegung (wie Anm. 114), 116.

[122] Thorsten Dietz, Der Einfluss der angloamerikanischen Heiligungstheologie auf Theodor Jellingshaus. In: Lüdke/Schmidt, Die neue Welt (wie Anm. 69), 189–218.

[123] Wolfgang Geß, Was lehrt die Heilige Schrift über Heiligung? In: Pfleiderer, Pfingstkonferenz 1888. Verhandlungen (wie Anm. 3) 105–114.

[124] Eine Untersuchung, inwieweit die vernachlässigte Frage nach dem Verständnis und der Gestalt der Kirche die Spaltung der Pfingstgemeinden und der Gemeinschaftsbewegung beeinflusst/erleichtert haben kann, wäre wünschenswert, evtl. im Vergleich mit den Erfahrungen der ekklesiologisch ausgeprägteren Freikirchen.

der verfassten und kritisierten Institution Kirche treten wollte.[125] Aber gerade dieser Ansatz, ein die Kirche ergänzender missionarischer Aktionszweig zu sein, war für manche Verantwortliche in den verfassten Kirchen mit dem Bild frommer Überheblichkeit solcher verbunden, die sich selber für die besseren Christen hielten. Die Bürgergemeinde und die christliche Gemeinde waren nach dem alten Ideal deckungsgleich. Alle normalerweise protestantischen Bürger gehörten der einzigen anerkannten Kirche an, das hieß auch: alle waren getauft, manchmal zwangsweise. Was wollte man in einer solchen Lage eines seit dem Augsburger Religionsfrieden von 1555 gefestigten Bildes einer flächendeckenden, anerkannten und privilegierten Kirche evangelisieren? Die Differenz zwischen solchem kirchenamtlichen Denken, das davon ausging: »Wer getauft ist, gehört zur Kirche«, und dem Ansatz in der Gemeinschaftsbewegung »Wer glaubt, der gehört zur Kirche Christi« , spiegelt zwei grundverschiedene theologische, aber auch kirchenpolitische Positionen wider, und zwar die früher bereits erwähnte »Heilsgemeinschaft« und die »Heilsanstalt«.

Inzwischen gibt es in den unterschiedlichen Positionen konvergierende Entwicklungen, obwohl man die Auseinandersetzungen zwischen der Landeskirche und ihren Evangelikalen im letzten Drittel des 20. Jahrhunderts nicht unterschätzen darf. Die Theologie, die gesellschaftlichen Veränderungsprozesse und die Rolle der Kirche in der Gesellschaft haben sich so tiefgreifend verändert, dass die Landeskirchen die Gemeinschaftsbewegung nicht mehr ignorieren können. Die Frage nach der heimatlichen missionarischen Kompetenz trifft heute nicht mehr auf theologische Bedenken, vielmehr ist die Suche nach einer zeitgemäßen Praxis des bewusst missionarischen Lebensstils, der missionarischen Gestaltung des Gemeindelebens und der von einem missionarischen Grundton getragenen Predigt viel diskutiert. Das Selbstverständnis der Kirche hat sich vor dem Reformationsjubiläum 2017 tiefgreifend verändert.[126] Theologie und Kirchen sind dabei, in ihrer Gesamtheit die Mission nicht als eine zusätzliche Aufgabe zu entdecken, sondern in ihr einen Grundpfeiler aller kirchlichen Existenz zu sehen; nicht nur als Antwort auf die veränderte gesellschaftliche Stellung, sondern als theologische Einsicht, die auch aus der weltweiten Ökumene auf das traditionsreiche Landeskirchentum einwirkt.

---

[125] Auf die Behandlung der innergemeinschaftlich immer wieder aufgetauchten Frage einer autonomen Freikirchenbildung wird hier verzichtet, obwohl es notwendig ist, sie aufzuarbeiten.

[126] Die am Beginn der zweiten Hälfte des 20. Jahrhunderts durch die Ökumene aufgebrochene Diskussion um die »missionarische Gestalt der Kirche« hätte unter den neuen Entwicklungen und im Zuge der Zusammenlegung und Neuorientierung von regionalen Landeskirchen wieder Beachtung verdient.

Es ist eine Tatsache: In ihrem evangelistisch-missionarischen Ansatz war die Gemeinschaftsbewegung an dieser Stelle theologisch zusammen mit einigen Freikirchen »der Zeit voraus«.

2.6 Gnadauer Frömmigkeitspraxis

Über die Spiritualität im Leben der örtlichen Gemeinschaften ist erstaunlich wenig publiziert worden.[127] Darüber mehr zu wissen ist aber gerade für das Verständnis einer ausgeprägten Frömmigkeitsbewegung von größter Bedeutung. Einige Aspekte sollen kurz aufgegriffen werden.

Im Zentrum des Gemeinschaftslebens stand seit je die Gemeinschaftsstunde im Sinne einer *gottesdienstlichen Versammlung*. Sie fand in der Regel am Sonntag außerhalb der »kirchlichen« Gottesdienstzeit statt. In der Tradition der antipietistischen Staatsgesetzgebung, die es in fast allen deutschen Kleinstaaten gab, wurde es den Pietisten untersagt, sich während der parochialen Gottesdienstzeit zu treffen. Diese alten Vorschriften wurden im 19. Jahrhundert wieder hervorgeholt und zuerst auf die Freikirchen und danach auch auf die Gemeinschaften in Anwendung gebracht. Daher trafen sie sich meistens am Sonntagabend. In der Regel nahmen die Versammlungsbesucher auch am Hauptgottesdienst ihrer Kirchengemeinde teil, so dass der Besuch der »Stunde« am Abend den Charakter eines zweiten, aber für die Teilnehmenden oft wichtigeren Gottesdienstes erhielt. War der »kirchliche« Gottesdienst, der durch die teilweise gesungene Liturgie hochkirchlich wirkte und durch die Agenden einen ritualisierten Verlauf nahm, so fand der »Abendgottesdienst« eher in größter Einfachheit, aber mit Chören und Instrumenten ausgestaltet, statt. Er hatte einen volkstümlichen, einladenden Charakter. Die Predigt wurde nicht selten von charismatisch begabten Laien gehalten, zunehmend auch von Gemeinschaftspredigern, die in dem von Christlieb gegründeten »Johanneum«[128] oder in der von Carl Heinrich Rappard geleiteten Evangelistenschule auf St. Chrischona nahe Basel ausgebildet waren. In der Regel hatte die Verkündigung einen evangelistischen Akzent. Bei einem guten Verhältnis

---

[127] Beispiele finden sich bei Frank Lüdke, Diakonische Evangelisation (wie Anm. 72), z. B. 60 ff. Die Zeitschriften und Autobiographien von einflussreichen Personen würden hier viel Aufschluss geben können.

[128] Ein Vergleich der Teilnehmenden im Blick auf ihre soziale Herkunft und der Studienpläne mit den bereits 1858 (Methodistenkirche in Bremen) und 1877 (Evangelische Gemeinschaft in Reutlingen) organisierten Missions- und Predigerseminaren wäre im Blick auf die theologische Nähe und gemeinsame Zielsetzung wünschenswert.

zwischen dem Pfarrer und der Gemeinschaft wurden ihm auch Predigtdienste übertragen.

Die *Versammlungsräume* waren schlicht gehalten. An der Stirnseite stand eine bescheidene Kanzel und für die Besucher war an der Wand gut lesbar und dekorativ ein Bibelwort angebracht; selten beherrschte ein Bild den Raum. Die Kanzel war oft seitwärts von einem Harmonium flankiert. Einen Altar oder Abendmahlstisch gab es natürlich nicht. Der Raum selber war mit einfachen Bank- oder Stuhlreihen ausgefüllt. Nicht selten befanden sich im Saal an der Rückwand neben der Eingangstür Garderobenhaken, wo die Mäntel abgelegt werden konnten, denn in der Regel waren die Räume – anders als damals viele Kirchen – geheizt. Außerdem war im Eingangsbereich irgendwo ein Regal mit Liederbüchern, meistens die *Reichslieder*. Die offene Atmosphäre wurde dadurch bestimmt, dass man sich kannte, gegenseitig begrüßte, nach Kranken oder Kindern fragte und in einem von Vertrauen getragenen Verhältnis seinen Glauben miteinander teilte.

Außer der *Predigt gehörten Bibellesung, Gesang und Gebet* zur Gemeinschaftsstunde. Wie in der angelsächsischen Erweckungsbewegung spielte *das Singen* eine herausragende Rolle. Es unterschied sich deutlich vom Singen im »normalen« Gottesdienst, einerseits durch die Intensität und andererseits durch das Liedgut. »Die etablierte Hymnologie lehnte den Gebrauch ›englischer Lieder‹ in deutschen Kirchen ab, wobei sich Ästhetisches und Nationales verquickten«, urteilt der Hymnologe Christian Bunners.[129] In einer großen Zahl von Gemeinschaften wurde aus dem 1892 zuerst herausgegeben »Reichsliederbuch« gesungen. Bis heute 3,5 Millionen Exemplare verschiedener Ausgaben[130] zeigen trotz aller Vorbehalte gegenüber diesem volkstümlichen Liedgut die Singefreudigkeit in den Gemeinschaften und sie spiegeln zugleich den Frömmigkeitstyp. Der Inhalt der Reichslieder war nicht am Kirchenjahr orientiert und es bestand wenig Interesse, anspruchsvollen musikästhetischen Empfindungen zu genügen. Man sang Jesuslieder, in deren Mitte Fragen des Heils, der Einladung zur Bekehrung und der Annahme bei Gott, der Freude über die Heilserfahrung und der Einladung zur Mitarbeit im Reiche Gottes (»Zeugnislieder« und »Werklieder« als ein eigenständiger Liedertyp[131]) standen. Die Lieder des Methodistenpredigers Ernst Gebhardt machten in den

[129] Christian Bunners, Musik. In GdP Bd. 4, 451.

[130] www.reichslieder.de/geschichte.phpwww.reichslieder.de/geschichte.php – (Abruf: 30.08.2012).

[131] Walter Schulz, Die Bedeutung der vom angelsächsischen Methodismus beeinflußten Liederdichtung für unsere deutschen Kirchengesänge, illustriert an den Liedern von Ernst Gebhardt, Greifswald 1934, 139 141.

frühen Ausgaben der »Reichslieder« einen beachtlichen Teil aus. Walter Schulz schrieb in einer hymnologischen Studie: Diese Lieder »bringen das Evangelium in der denkbar schlichtesten Weise zu Gehör.«[132] Die zuerst in kurzer Folge immer wieder erfolgten Neuauflagen des Reichsliederbuchs zeigen, dass es unter den bekehrten Frommen keine Vorbehalte gegen die »englischen Lieder« gab, die von anderen auch wegen ihrer Melodien und Rhythmen sogar als »Teufelstakt« unangemessen scharf kritisiert wurden. Aber für die schlichten, emotionsbereiten Versammlungsbesucher jener Zeit waren diese Texte und Melodien, zusammen mit der volkstümlichen Predigt genau richtig. Sie integrierten gottesdienstentfremdete Menschen und ermöglichten ihnen, nach kurzer Zeit mit einzustimmen. Dabei waren die »Reichslieder« nicht die einzigen und ersten Lieder- und Singebücher dieses Stils. Ernst Gebhardt[133] hatte unter dem charakteristischen Titel »Frohe Botschaft in Liedern« neben seinen eigenen Lieddichtungen und Melodien eine größere Anzahl Übersetzungen aus Ira D. Sankeys »Sacred Songs and Solos« publiziert. Die »Frohe Botschaft in Liedern« erreichte zwischen 1875 und 1922 neben Gebhardts zahlreichen anderen Liedpublikationen sage und schreibe 86 Auflagen. Da Gebhardts Liederbücher, weil sie oft für Chöre bestimmt waren, von Anfang an mit Noten erschienen, war es möglich, die Erstausgaben der »Reichslieder« noch ohne Noten in die Gemeinschaftskreise zu geben.

Gerade die zeitgleichen Erfahrungen von Dwight L. Moody mit dem ihn begleitenden Sänger Ira D. Sankey in England wirkten als Vorbild für die Gestaltung von evangelistischen Veranstaltungen. Deren auf große Zahlen hinzielenden »Massenversammlungen« mit einschmeichelnden und das Gefühl ansprechenden Liedern und die emotionale Konstitution der Menschen jener Zeit korrespondierten miteinander. Nicht selten haben die Lieder die Zuhörer mehr berührt als die evangelistischen Ansprachen. In vielen Gemeinschaften entstanden *Chöre*, die von Laien geleitet wurden. Oft reichte es für die Leitung der Singgemeinschaft, wenn man ein Instrument zum Einüben spielen konnte. Nicht zufällig entstand im Raum Wuppertal nach dem Besuch von Robert Pearsall Smith 1879 auf Allianzbasis der *Christliche Sängerbund*, in dem bis 1898 auch die Chöre der Gemeinschaften Mitglied waren, dessen Noten sie

---

132 Ebd., 142.

133 Karl Heinz Voigt, Ernst Gebhardt (1832–1899) – Sein Liedschaffen als Brückenbauen zwischen Kirchen, Kontinenten und Kulturen. In: Hartmut Handt (Hg.), »... im Liede geboren.« Beiträge zur Hymnologie im deutschsprachigen Methodismus, Frankfurt/M., 2010, 190–215. Ders.: So kamen die Spirituals nach Deutschland. Ernst Gebhardt und die Fisk-Jubilee-Singers, ebd., 216–241.

verwendeten und an dessen Angebot zur Weiterbildungen sie teilnahmen.[134] Wenige Jahre nach der Bildung der Gemeinschaften kamen Gitarrenchöre, gelegentlich auch Bläserchöre hinzu. Fast könnte man geneigt sein, die Gemeinschaftsbewegung gleichzeitig als eine frühe Singbewegung zu bezeichnen. In vielen Häusern von Freikirchlern, und das wird in der Gemeinschaftsbewegung kaum anders gewesen sein, wurde gerne gesungen und musiziert. Das Harmonium bildete nicht selten den Mittelpunkt.

Wie prägend das *Gebet und das Bibelstudium* von Anfang an waren, zeigen zwei Vorträge, die 1888 in Gnadau den Abschluss der Pfingstkonferenz bildeten. Elias Schrenk sprach als ein bereits erfahrener Evangelist über *»Gebetsversammlungen und Gebetsgemeinschaften«*. Schrenk unterschied zwischen Gebetsversammlungen, »in denen verschiedene Leute sein mögen, auch solche, die vielleicht selber nicht beten können, während Gebetsgemeinschaften Christen voraussetzen, die in Geistesgemeinschaft stehen, also mehr oder weniger eines Sinnes sind.«[135] Diese Charakterisierung zeigt bereits, dass es in den verschiedenen Formen der Versammlungen die Glieder der Gemeinschaft waren, die ihre Gebete frei formulierten, manchmal auch einfach einen treffenden Gesangbuchvers zu ihrem persönlichen Gebet machten. Aber das war in der Anfangszeit die Ausnahme. Männer und Frauen aller sozialen Schichten beteten in der Gemeinschaft von Brüdern und Schwestern und breiteten ihre Anliegen vor Gott und den Mitbetern aus. Die im gemeinsamen Gebet erfahrene Gemeinschaft vermittelte vielen Teilnehmenden in einer unbeschreiblichen Weise geistliche Kräfte. Es gab Gemeinschaften, die trafen sich in regelmäßigen Abständen – manchmal wöchentlich – zu Gebetsversammlungen, in denen sie für ihre Gemeinde, für ihren Ort, für das Land Fürbitte hielten, aber auch ihre persönlichen Anliegen in Dank und Bitte äußerten. Zu Gebetsgemeinschaften trafen sich Mitglieder der Gemeinschaft in manchen Orten regelmäßig vor den Versammlungen, um besonders für die erwarteten eingeladenen Erstbesucher und für den Predigenden zu beten. Die Prediger waren in der Regel Männer, Frauen bildeten die absolute Ausnahme, und wenn es öffentlich predigende Frauen gab, dann hatte das den Charakter des Exzentrischen an sich.[136] Auch innerhalb des *Jugendbundes für »Entschiede-*

---

134 Martin Leuchtmann, Dem Volk ins Herz. 75 Jahre Evangelischer Sängerbund, Wuppertal o. J. (1973). W. Schmidt, Hundert Jahre Christlicher Sängerbund (CS) 1879–1979, Wuppertal 1979.

135 Pfleiderer, Pfingstkonferenz 1888. Verhandlungen (wie Anm. 3), 143.

136 Ruth Albrecht u. a., Adeline Gräfin von Schimmelmann – adlig, fromm, exzentrisch. Neumünster 2011.

nes Christentum (EC)«,[137] der sich schon früh den Gnadauern angeschlossen hatte, gab es regelmäßig Gebetsgemeinschaften. In den Grundsätzen der Jugendbundbewegung, die ihrer Verfassung vorangestellt sind, heißt es: »Die Hauptstücke eines Jugendbundes für Entschiedenes Christentum sind; Gelübde, Gebetsversammlung, Weihestunde und Mitarbeit.«[138] Es scheint, als sei das Gelübde wie eine individuelle Bestätigung des Konfirmationsgelübdes verstanden worden. Diese Art der Frömmigkeit war nicht unumstritten und bedurfte gegenüber den Kritikern der Rechtfertigung.[139] Es ist bezeichnend, dass Gebet und Bibelstudium die Mitte dieser Jugendarbeit bildeten.

An der ersten Gnadauer Konferenz von 1888 war das Thema *Bibelstunden und Bibelbesprechstunden* durch den Barmer Pastor Heinrich Coerper behandelt worden. Der spätere Gründer der Liebenzeller Mission, welcher vorher zeitweise Lehrer im Ausbildungsinstitut der Gemeinschaftsbewegung Johanneum war, sah »die Eigentümlichkeit der Bibelstunde [...] darin, daß in ihr die Bibel, das Wort Christi, seine Auslegung, Besprechung und Anwendung den ersten Platz einnehmen.«[140] In welcher Kirchengemeinde ist sonst das Erbe Philipp Jakob Speners darin noch lebendig, dass in den »Bibelbesprechstunden« sich die Gläubigen über das Wort der Bibel »unterhalten«, um durch »das gegenseitige Dienen und Sichdienenlassen« nicht ausschließlich zum »Objekt der Seelsorge« zu werden[141] und dass »Bibelstunden nicht bloß von berufenen Diakonen oder von Presbytern gehalten, sondern auch von Brüdern ohne besonderes kirchliches Amt« verantwortet werden? Es sei, bemängelte Coerper, »sonderbar, daß so viel über die Frage gestritten wird, ob auch Nichtstudierte oder Nichtordinierte das Wort auslegen und verkündigen sollen und dürfen.«[142] Die Tendenz des Vortrags zeigt erneut, wie stark die Gemeinschaftsbewegung ursprünglich eine weitgehend von Laien getragene Frömmigkeitsbewegung war, in der die Begegnung mit dem Wort der Schrift und das gemeinsame Beten im Zentrum standen.

---

137 Die Jugendbund für EC entstand 1881 in Portland/USA und kam von dort 1894 nach Deutschland. Die durch Francis D. Clark gegründete Organisation *Christian Endeavour (CE)* brachte er selber anlässlich eines Besuchs nach Deutschland, der ihm auch die Möglichkeit zu einem Vortrag vor der in Berlin tagenden Generalsynode eröffnete. Der erste Sekretär des Jugendbundes in Deutschland war der Hilfsprediger Friedrich Blecher, der zunächst von Bielefeld aus seine Aktivitäten entfaltete.

138 Verfassung des Jugend-Bundes für Entschiedenes Christentum (EC), Bielefeld, o. J. (um 1900), [3]1906.

139 Jugendbund für EC, Eine Antwort auf die Einwände gegen das Gelübde, Bielefeld, o. J. (um 1900), 9.

140 Pfleiderer, Pfingstkonferenz 1888. Verhandlungen (wie Anm. 3), 148.

141 Theodor Haarbeck, Die Bibelbesprechung, Barmen o. J. (nach 1913).

142 Pfleiderer, Pfingstkonferenz 1888. Verhandlungen (wie Anm. 3), 149.

Der volkstümlich-frommen Vereinfachung von theologischen Sachverhalten folgte die *sprachliche Einfachheit* in Formulierungen. Sie wurde von außerhalb der Bewegung nicht selten mit dem Hinweis auf die verpönte »Sprache Kanaans« verbunden, auch wenn sie längst nicht in ihrer verbohrtesten Form zum Ausdruck kam.[143] Eigenartigerweise wird dagegen der in der Gemeinschaftsbewegung infolge ihres Selbstverständnisses überwundene Kanzelton in jener Zeit selten einer entsprechenden Kritik unterzogen. In der Gemeinschaftsbewegung setzen sich Begriffe wie »Konferenz« oder »Brüdertag« – was heute auch nicht mehr aktuell ist – durch. Das geschah zu einer Zeit, als in den verfassten Kirchen ganz selbstverständlich von der »Kirchen*regierung*« oder dem »Kirchen*regiment*« gesprochen wurde, in manchen Landeskirchenverfassungen übrigens bis heute! Und während in den Gemeinschaften »die Brüder« die organisatorische Leitung fest in der Hand hatten, war in Landeskirchen »die bischöfliche Gewalt« auf die Landesherren übertragen, welche unter dem Territorialsystem mit dem rein staatlichen Recht nahezu verschmolzen war. Im persönlichen Schriftwechsel von Pastoren war die Anrede »Lieber Herr Bruder« keine Ausnahme. Also auch in der Kirchenkultur und ihrer Sprache war die Gemeinschaftsbewegung mindestens dreißig Jahre ein Fremdkörper in der Kirche, »unter« die man sich nicht stellen wollte, aber es im Grunde durch die oft als Argument herangezogene und selten definierte »Platzanweisung«, die wohl nur historisch gemeint sein kann, doch tat.

Die örtlichen Gemeinschaften entwickelten zunehmend ein *Eigenleben mit Predigtversammlung, Sonntagsschule, Jugendbund, Bibel- und Gebetsstunde, Blaukreuzvereinen zur Alkoholikerbetreuung und verschiedenartigen Chören.* Neben der Amtskirche, die zum Ort gehörte wie das Rathaus und die Feuerwehr, die man jeweils bei konkreten Anlässen in Anspruch nahm, aufsuchte oder brauchte, entstand mit der »Gemeinschaftsgemeinde« innerhalb der Landeskirchen etwas fundamental Neues. Es war die organisch gewachsene »Gemeinschaft von Gläubigen«, die dem Bild näherkommt, zu dem sich die Christenheit als eine heilige allgemeine christliche Kirche im traditionellen Credo bekennt. Historisch stellt sich die Frage, ob diese vitale Gemeinschaft, die theologisch zwar durch die Taufe konkret und erfahrbar, aber durch eine gemeinsame Urerfahrung in der Bekehrung, dem Streben nach einem geheiligten Leben und durch einen gemeinsamen Auftrag zu Evangelisation und Mission konstituiert würde, eine wegweisende Funktion für das heute vielfältige Leben in einer großen Zahl von Kirchengemeinden hatte. Das Modell

143 Hans-Jürgen Schrader, Die Sprache Canaans. Pietistische Sonderterminologie und Spezialsemantik als Auftrag der Forschung. In: GdP 4/404–427.

eines integrierten Gemeindelebens – »Gemeindeleben« bzw. Gemeinschaftsleben war wohl ein neuer Begriff – hat die damals in manchen Fällen am Rande der Ortsgemeinden lebenden eigenständigen Jünglingsvereine, die unabhängigen Sonntagsschulen in kirchenfremden Räumen und die nicht selten autonomen, an die Missionsgesellschaften gebundenen Kreise wie auch die mehr oder weniger seltenen Blau-Kreuz-Vereine abgelöst und zu einem integrierten Teil der örtlichen Gemeinschaftsarbeit gemacht. Das war ein wichtiger Beitrag zur Verwirklichung eines neues Bildes einer Gemeinde. Die Ähnlichkeiten zu methodistischen Gemeinden sind so frappierend, dass sich die Frage stellt, ob man die Gemeinschaftsgemeinde fast als eine innerlandeskirchliche Freikirche ansehen kann.

2.7 Beobachtungen zu Migration und Grossveranstaltungen

Die gesellschaftlichen Veränderungen, insbesondere die zunehmende Mobilität, aber auch die Verstädterung und damit verbunden die Brüche im sozialen Geflecht von Nachbarschaft und Dorfgemeinschaft wie auch im Übergang von handwerklicher zu industrieller Fertigung bildeten den gesellschaftlichen Hintergrund für die Entwicklung neuer Formen überschaubarer Vergemeinschaftung.

Die entstehenden örtlichen Gemeinschaften bildeten für Verunsicherte und Entwurzelte eine neue Art von christlicher Beheimatung, eine Art evangelische, kleinbürgerliche Großfamilie mit liebevoller Offenheit für Anpassungswillige, die einen Anschluss an gewohnte Lebensweisen und vielleicht sogar einen sozialen Aufstieg wollten. Aber sie halfen auch bei der Umsiedlung aus der dörflichen intakten Gemeinschaft mit ihrer agrarbestimmten Lebensweise in das unbekannte und verunsichernde Großstadtmilieu, Geborgenheit und Orientierung im Sinne einer sozialen Integration zu erfahren, die eine normale Kirchengemeinde in der Regel nicht zu vermitteln in der Lage gewesen wäre. Das Verhältnis dieser örtlichen, sehr verschieden organisierten Gemeinschaften zur »Welt« bedarf einer speziellen Untersuchung. Die damals durch die gesellschaftlichen Entwicklungen ungewohnte und zunehmende kritische Haltung gegenüber der Institution Kirche, die teilweise von politischen Parteien offen propagiert wurde, zeigte Wirkung. Die zu jener Zeit keineswegs christentumsfreundliche Sozialdemokratie wuchs parallel zur Gemeinschaftsbewegung zu einer Massenpartei, deren 1891 verabschiedetes »Erfurter Programm« sich partiell ausgesprochen antikirchlich positionierte.

Für die Mitglieder der Gemeinschaft haben angesichts dieser Lage die verschiedenartigen *überregionalen Treffen* eine mehrfache Bedeutung gewonnen. Nachdem Robert Pearsall Smith den Typ der amerikanischen Massenversammlungen,[144] der an die Erfahrungen der kirchlichen Convention-Kultur in den USA anschließt, in Deutschland eingeführt hatte, änderten sich die Missionsstrukturen und die Veranstaltungskalender. Die heimatliche Mission tat den Schritt von wandernden Kolporteuren, Bibelboten, die von den angelsächsischen Bibelgesellschaften finanziert wurden, und Schriftenverkäufern, die mit ihren Bücherkarren oder Rucksäcken von Haus zu Haus und von Hof zu Hof zogen und Hausbesuche machten, in einen Typ von »Massenveranstaltungen«, wie sie zunächst Finney, Moody und Smith in den USA, in England und teilweise Deutschland und der Schweiz einführten. Die wachsende Mobilität durch neue Bahn- und Busverbindungen machte es möglich, solche Treffen zu besuchen. Auf den Veranstaltungskalendern erschienen jetzt überregionale Sängerfeste, die Missionsfeste weiteten sich aus, Heiligungsversammlungen, Allianzkonferenzen und Glaubenskonferenzen gehörten zunehmend zum normalen Programm eines Gemeinschafts-Christen. Die diaspora-erfahrenen Mitglieder überschaubarer Gemeinschaften und Freikirchen trafen sich in Großveranstaltungen und erlebten Inspiration und geistliche Erbauung, Wiedersehen mit Gleichgesinnten, der mit dem Schritt aus der Diaspora in die Weite verbunden war, denn nicht selten waren – wie z. B. bei den Allianzkonferenzen in Blankenburg oder Düsseldorf – ausländische, durch eigene Schriften und durch Berichte in den Zeitschriften bekannte Redner dort persönlich zu treffen. Es kamen Missionare aus fernen Ländern, die durch ihre Erfahrungen den Horizont in einer noch nicht elektronisch vernetzten Welt weiteten und Informationen mitbrachten, die man sonst selten bekam.

Die Rolle solcher Tagungen und die Bedeutung der überschaubaren christlichen Gemeinschaften wie z. B. der Stadtmission in Berlin, der Gemeinschaften im Ruhrgebiet, der Christlichen Vereine Junger Männer und die freikirchlichen Gemeinden angesichts des Bevölkerungszustroms aus den östlichen Provinzen in diese Industrieregionen sind eine eigene Untersuchung wert. Hier bleibt lediglich zu bemerken, dass solche überregionalen und nicht selten überkonfessionellen, manchmal mehrtägigen Christentreffen keine Parallele in den verfassten Kirchen hatten. Die seit 1848 eingeführten früheren Kirchentage und die mit ihnen zunächst verbundenen, und danach alleine weitergeführten

---

144 Nicht nur der Begriff Bewegung (Arbeiterbewegung, Frauenbewegung, Heiligungsbewegung, usw.) spielte damals eine wichtige Rolle, sondern auch der Begriff der »Masse« war neu im kirchlichen Sprachschatz der außerlandeskirchlichen Kreise.

Congresse der inneren Mission wurden von kirchlichen »Profis« besucht; zu den Glaubens- und Allianzkonferenzen trafen sich die schlichten Gläubigen aus den Gemeinschaftskreisen und Freikirchen, die hier eine eigene Kultur entwickelt hatten. Die Anfänge des heutigen Typs der Evangelischen Kirchentage liegen in der frühen Zeit nach dem Zweiten Weltkrieg. Nicht zufällig sind sie von Anfang als eine Laienbewegung in Erscheinung getreten, die es darum auch leichter hatte, ökumenisch zu sein.[145] Wieder einmal stellt sich die Frage: »Der Zeit voraus«?

2.8 Zwischen internationalen Impulsen und nationaler Kritik

Zu jener Zeit waren die Landeskirchen in ihrer konfessionellen Bestimmung territorial fest abgegrenzte und ins jeweilige Landesinnere hinein ausgerichtete Institutionen. Wo es zu internationalen, konfessionell unabhängigen Entwicklungen kam wie z. B. bei der Bildung der zunächst regionalen Bibelgesellschaften, der Traktatgesellschaften, der judenmissionarischen Initiativen, geschah es außerhalb der verfassten Kirchen durch »Partikulargesellschaften«, die sich nicht selten an die Strukturen der Basler sog. »Deutschen Christentumsgesellschaft«[146] oder an mennonitische,[147] herrnhutische[148] und hallesch-pietistische Bildungen[149] anlehnten. Auch andere *Vereins*gründungen für die Häuser im Bereich der Inneren Mission, für die verschiedenen regionalen Missionsgesellschaften bis hin zu den verhältnismäßig wenigen Auswanderervereinen konnten zu jener Zeit kaum institutionell innerhalb der Kirchen verankert werden. Selbst die erst in der zweiten Hälfte des 20. Jahrhunderts erfolgte Öffnung für eine innerdeutsche Ökumene haben die Landeskirchen aus dem Ausland bekommen: nach 1945 zuerst durch die überwiegend aus westlichen Ländern kommende karitative Hilfe, die über das *Hilfswerk* zur Bildung des Diakonischen Werkes mit freikirchlichen Gründungsmitgliedern führte, fast zeitgleich 1946 die Einrichtung der *Ökumenische Centrale* (ÖC) als Genfer Gründung, der 1948 die Bildung der *Arbeitsgemeinschaft Christlicher Kirchen* (ACK), wieder auf Drängen aus Genf, folgte. Nach den frühen Genfer

---

[145] Karl Heinz Voigt, Kirchentage waren schon immer ökumenisch. In: ÖR 52. Jg. (2003), 75–88.

[146] Karl Friedrich Adolf Steinkopf, Reisebriefe. Europa 1812, Stuttgart 1987, 71.

[147] Wilhelm Gundert, Geschichte der deutschen Bibelgesellschaften im 19. Jahrhundert, Bielefeld 1987, 113.

[148] Steinkopf, Reisebriefe (wie Anm. 146), 97.

[149] Ebd., 105.

Impulsen trat in der innerdeutschen Ökumene ein deutlicher Wandel ein, als nach dem *Vaticanum II* die römisch-katholische Kirche der ACK als gleichrangiges Mitglied beitrat. Nicht zu übersehen ist die auf dem Schweizer *Leuenberg* abgeschlossene Konkordie, die nach Jahrhunderten der Trennung seit der Reformation erstmals Kirchengemeinschaft mit Kanzel- und Abendmahlsgemeinschaft unter den Gliedkirchen der EKD ermöglichte. In der Leuenberger Vorgeschichte der heutigen *Gemeinschaft Evangelischer Kirchen in Europa (GEKE)* sind die verschiedenen Anstöße aus Genf nicht zu übersehen.

Die frühe Gemeinschaftsbewegung war trotz nationaler Kritik, die sich zunehmend verschärfte, stärker international beeinflusst, als es Historiker in Selbstdarstellungen ihrer Organe lange Zeit vermittelt haben. Diesem Phänomen gilt der zweite Abschnitt dieser Studie. Trotz deutsch-protestantischer Kritik ist die Verbindung zur 1846 in London gebildeten internationalen *Evangelischen Allianz* nie abgebrochen. Sie war in landeskirchlichen Kreisen umstritten, obwohl ein unauffälliger Prozess anpassender »Eindeutschung« mit entsprechendem Profilverlust eingetreten war, der ihre Durchsetzung in den deutschen Kleinstaaten zu erleichtern schien.[150]

2.9 Väter der Gemeinschaftsbewegung mit weitem Horizont

Die Gemeinschaftsbewegung ist theologisch im großen Feld der international verbundenen Erweckungsbewegungen des ausgehenden 18. und des 19. Jahrhunderts zu verorten. Neben den von Ulrich Gäbler erfassten »Leistungen« auf »missionarischen, evangelisatorischen und karitativen Gebieten« sind zweifellos durch das zeitweilige Zurücktreten des Konfessionellen auch vorökumenische Aspekte, die – wie Gäbler richtig bemerkt – geradezu ein »besonderes Wesensmerkmal« der Erweckung sind, zu sehen.[151]

Die ganz selbstverständlichen unterschiedlichen personalen und institutionellen Beziehungen von leitenden Persönlichkeiten in der frühen Gemeinschaftsbewegung sind daher vielfältig, aber auch mit unterschiedlichen Akzenten versehen.[152] Als Beispiel ist *Theodor Christlieb* gewählt, der reiche

---

150 Lindemann, Für Frömmigkeit in Freiheit (wie 88).

151 Ulrich Gäbler, Auferstehungszeit. Erweckungsprediger des 19. Jahrhunderts, München 1991. Hier das Kapitel »Erweckung« – Historische Einordnung und theologische Charakterisierung, 161–178 (167).

152 Neben dem hier behandelten Theodor Christlieb zwei andere Beispiele: Andreas Graf von Bernstorff hatte zwar einen internationalen Erfahrungshorizont, war aber in konfessi-

England-Erfahrungen mit vielen Kontakten hatte, von denen nur einige genannt werden können. Besonders wichtig waren ihm die dortige *Evangelical Alliance,* die in London ansässigen Missionsgesellschaften,[153] die *Mildmay-Mission* mit ihrem einflussreichen Leiter William Pennefather und der Missionssekretär der *Wesleyan Methodist Missionary Society* William Arthur, aber auch die unmittelbaren Nachbargemeinden von Christliebs neuem Gemeindezentrum im Londoner Stadtteil Islington boten ihm und seiner Gemeinde hilfreiche Kontakte, besonders die Anglikaner und die Methodisten. Die Beziehungen der Londoner Evangelical Alliance zu Christlieb blieben auch nach dessen Berufung auf den Bonner Lehrstuhl für Praktische Theologie bestehen. Als z. B. in Hessen-Darmstadt 1874 eine neue Kirchenverfassung erlassen wurde, konnte eine Anzahl lutherischer Pfarrer dieser als »unionistisch« bezeichneten kirchlichen Grundordnung nicht zustimmen. Sie gingen in die Renitenz. In den eskalierenden Konflikt schaltete sich auch die Londoner Zentrale der Evangelical Alliance ein, um die Gewährung von Religionsfreiheit einzufordern. Aus London wurde der Sekretär James Davis nach Darmstadt entsandt, um mit den in Bedrängnis geratenen Pfarrern zu sprechen und danach auf hoher politischer und kirchlicher Ebene die Forderung des Menschenrechts Religionsfreiheit zur Sprache zu bringen. Auf dem Weg nach Darmstadt kehrte der Londoner Abgesandte Davis zuerst bei Christlieb in Bonn ein, um sich für seine nicht einfache Mission von dem alten Freund der Allianz beraten zu lassen. Zwei Beobachtungen zu diesem Vorgang sind so interessant, dass sie der Erwähnung wert sind: (1) Die Londoner *Evangelical* Alliance setzte sich für die Gruppe der konfessionell hartnäckigen Altlutheraner ein, die, weil sie durch die Folgen der Union in Preußen jeder interkonfessionellen Zusammenarbeit nicht nur misstrauisch, sondern auch ablehnend gegenüberstanden. Durch diese Positionierung gehörte sie zu den schärfsten Kritikern der »unionistischen Allianz«, die sich – auf lange Sicht übrigens erfolgreich – für die *Renitente Kirche ungeänderter Augsburger Konfession in Hessen* engagiert eingesetzt hat.[154] (2) Der Vorgang in Hessen bestätigte erneut, dass es in der Frage der Religionsfreiheit

oneller Hinsicht selbst als Allianzvorsitzender nicht an einer wirklich partnerschaftlichen Zusammenarbeit mit den Freikirchen interessiert. Eduard von Pückler war gegenüber internationalen Kontakten äußerst zurückhaltend.

153 Christliebs Frau Emilie Elisabeth Helene geb. Weitbrecht, die – wie die ganze Familie – in Christliebs vielseitigen Aktivitäten immer ganz im Hintergrund blieb, war die in Kalkutta geborene Tochter des aus Württemberg stammenden Missionars Johann Jakob (John James) Weitbrecht. Er war durch die in London ansässige anglikanische Church Missionary Society, die in der Frühzeit in Basel ausgebildete Missionare übernahm, nach Indien ausgesandt worden.

154 Lindemann, Für Frömmigkeit in Freiheit (wie Anm. 88), 905–911.

zwischen den vielfältigen, weltweiten Aktivitäten der Londoner Allianz und der Haltung des sich als Hauptvorstand verstehenden Berliner Allianzkomitees unterschiedliche Positionierungen gab, insofern die Deutschen Landeskirchler innerhalb der Allianz wenig Verständnis für den Einsatz um Religionsfreiheit zeigten. Christliebs Amerika-Beziehungen sind auch nur an einigen Persönlichkeiten zu zeigen. Da sind der Kongregationalist Rufus Anderson als Missionstheologe, der aus der Schweiz stammende Allianz-Organisator in den USA Philip Schaff[155] und die deutschsprachigen Methodisten Christian Golder[156] als Diakoniker und Wilhelm Nast als Publizist. Nach dem Deutsch-Französischen Krieg hatte Christlieb keine Probleme, auf den einflussreichen französischen George Fisch, Adolphe Monods Nachfolger in einer freikirchlichen Gemeinde in Lyon, zuzugehen und ihm die Hand entgegenzustrecken. In Deutschland traf er mit Robert P. Smith zu dessen Vortrag in Wuppertal zusammen, in Bonn hatte er zu dem dort tätigen irischen Judenmissionar William Graham natürlich Beziehungen. Eigenartigerweise scheint es in Deutschland zu keiner Begegnung mit hiesigen methodistischen Predigern gekommen zu sein, es sei denn innerhalb von Sitzungen der Westdeutschen Evangelischen Allianz. Aber auch zur damals noch jungen Blankenburger Allianz wie zur Hauptallianz in Berlin[157] hatte er ganz offensichtlich nicht so lebendige Kontakte wie zur internationalen. Die höchst aktiven Kontakte zu den Laien Jasper von Oertzen und Andreas Graf Bernstorff, dem Missionsinspektor der Rheinischen Mission Friedrich Fabri und auch zu dem umstrittenen Berliner Hofprediger und Stadtmissionar Adolf Stoecker sind ihrerseits zu erwähnen, weil sie, bis auf Stoecker, alle auch im Deutschen Evangelisationsverein aktiv waren.

Das institutionelle Beziehungsgeflecht ist zu ergänzen durch die Kontakte zum Rheinisch-Westfälischen Jünglingsbund in Elberfeld mit Karl Krummacher und zum entsprechenden »Nordbund« über Jasper von Oertzen, zur internationalen Evangelischen Allianz mit drei Vorträgen auf deren Konferenzen und zur ausschließlich regionalen Westdeutschen Evangelischen Allianz, in der Christlieb eine führende Rolle übernahm.[158] Die Beziehungen zur Rhei-

---

155 Gesine von Kloeden, Evangelische Katholizität. Philip Schaffs Beitrag zur Ökumene – eine reformierte Perspektive. Münster 1998.

156 Zu Christian Golder: BBKL 18 (2001), 520–525.

157 Im Jahr 1888 soll er eine Teilnahme an einer Versammlung von Allianz-Abgeordneten abgelehnt haben. Konrad Bussemer, Sechzig Jahre »Westdeutschen Allianz«. In: Der Gärtner 44. Jg. (1936), 609–794 (670).

158 Karl Heinz Voigt, Theodor Christlieb und die Evangelische Allianz. Die [Westdeutsche] Evangelische Allianz zur Disziplinierung der »Außerkirchlichen«? In: Voigt, Christlieb, Die Methodisten, die Gemeinschaftsbewegung (wie Anm. 9), 211–247.

nischen Mission waren durch die Verbindung mit Friedrich Fabri besonders lebendig.

Es war ursprünglich Christliebs Plan, die Evangelisierung Deutschlands frei von konfessionellen Vorbedingungen in die Wege zu leiten. Er bezeichnete diese Absicht zeitweise mit der damals in Deutschland noch nicht geläufigen Begrifflichkeit einer »undenominationellen« Wirksamkeit. Tatsächlich hatte er 1882 den offensichtlich durch Schlümbach angeregten Plan, ein »Internationales Komitee zur Evangelisierung Deutschlands« zu organisieren.[159] Ein wichtiger Aspekt dieser Organisation sollte die Einwerbung von finanzieller Unterstützung für die Arbeit werden, zunächst insbesondere für die Aktivitäten Schlümbachs, der vom YMCA in den USA keine weitere Finanzierung mehr erwarten konnte. Schon im Herbst 1882 hat der Bonner Pragmatiker Christlieb den ersten Schritt zur Organisierung eines »International Committee« getan, für das er Adolf Stoecker und Jasper von Oertzen gewinnen konnte, mit denen er seine weiteren Pläne besprochen hat. Es scheint, als wollten sie anlässlich der Berliner Versammlung der *Positiven Union,* bei der Christlieb und Schlümbach Ende September 1882 nacheinander ihr evangelistisch-missionarisches Konzept vorstellten, in einem größeren Rahmen dafür werben. Durch die inspirierenden Vorträge Christliebs und Schlümbachs, schrieb Thomas Hahn-Bruckart, »sollten einflussreiche Mitglieder für das Internationale Evangelisationskomitee in den einzelnen Provinzen gewonnen werden, vielleicht kristallisierte sich nach der viermonatigen Tätigkeit Schlümbachs auch ein größeres Internationales Evangelisationskomitee heraus.«[160]

Die Evangelisationstätigkeit des Methodisten Schlümbach innerhalb der Landeskirche und im Auftrag eines landeskirchlichen Komitees erregte aber unerwartet scharfen Widerspruch. Dieser führte schließlich dazu, dass von der »undenominationellen« Wirksamkeit und dem »Internationalen Komitee« lediglich ein »Deutscher Evangelisationsverein« übrig blieb, der nur noch Evangelisten berufen wollte, die neben anderen Bedingungen »für ihre Person einer der bestehenden Landeskirchen angehören und in deren Abendmahlsgemeinschaft stehen«. So steht es in dem Aufruf, der schon länger als »Circular« geplant war.[161] Dieser Aufruf kam aber mit Sicherheit wegen der eingetretenen Turbulenzen erst im April 1886 in Bonn zur abschließenden Beratung. Um die Wellen zu glätten und Vertrauen bei der Kirchenregierung zurückzugewinnen, hatte Christlieb auch Generalsuperintendent Wilhelm Baur aus Koblenz als

159 Hahn-Bruckart, von Schlümbach (wie Anm. 67), 251 f.

160 Ebd., 252.

161 Ebd., 251.

offiziellen Vertreter der kirchlichen Oberbehörde eingeladen, an der Bonner Besprechung teilzunehmen. Die Annahme des Aufrufs erfolgte allerdings einige Tage später in Berlin ohne die Mitwirkung einer kirchlichen Behörde.[162]

Nach dieser aus kirchenpolitischen Gründen notwendigen Abgrenzung blieb im Rahmen der Westdeutschen Evangelischen Allianz manches möglich, was Christlieb sich mit dem Evangelisationsverein nicht leisten konnte. Dazu gehörte, dass in ihrem Rahmen auch ausländische Evangelisten bedenkenlos wirken konnten, wie es dort schon immer geschehen war.[163] Die Westdeutsche Allianz erregte allerdings auch Aufsehen und Beunruhigung im Koblenzer Konsistorium.

2.10 Abschliessende Erwägungen

Zwischen den Zeiten von *Pietismus* und *Erweckungsbewegung* einerseits und dem Beginn der *organisierten Gemeinschaftsbewegung* andererseits haben sich Elemente der Moderne in den Vordergrund geschoben, in denen man durchaus einen Bruch in der Entwicklung zwischen den drei frömmigkeitsgeschichtlichen Epochen sehen kann, ja eigentlich sehen muss. Durch diesen Bruch legt es sich nahe, die bisher historisch linear gesehene Entwicklung dieser drei Gestaltungsformen protestantischer Frömmigkeitspraxis besonders im Hinblick auf die hier zur Debatte stehende Gemeinschaftsbewegung neu zu bedenken.

Die verschiedenen Brüche betreffen das kirchliche, das gesellschaftliche und das politische Leben teilweise in massiver Weise. Welche Auswirkungen haben die politischen Einschnitte vom Kaiserreich zur Republik und damit verbunden von der Staatskirche zur Volkskirche mit sich gebracht und wie haben sie sich in dieser ekklesiologisch ambivalenten Bewegung ausgewirkt?

---

162 Aufruf des Deutschen Evangelisationsvereins, Berlin – Bonn im April 1886. Unterzeichnet hatten den nicht als solchen bezeichneten »Aufruf« Andreas Graf von Bernstorff (Berlin), Theodor Christlieb (Bonn), Pastor Ferdinand F. Cuntz (Bremen), Julius Kraft (Zionskirche Berlin), Pastor Karl Krummacher (Elberfeld), Max Graf von Lüttichau (Ballenstedt), Gerhard von Niebuhr (Landrichter, Bonn), Jasper von Oertzen (Hamburg), Inspektor Johann G. Pfleiderer (Johanneum Bonn), Eduard Graf von Pückler (Berlin), Prediger Elias Schrenk (Marburg), Justizrat Stamm (Wiesbaden), Superintendent Franz A. W. Streetz (Marklissa, Schlesien), Oberförster Gustav Weth (Bonn), Theodor Ziemendorff (Wiesbaden).
Der Aufruf wurde mit einem Begleitschreiben von Generalsuperintendent W. Baur vom 2. Nov. 1886 an den Oberkirchenrat in Berlin gesandt. Beides: EZA Best. 7/8047.

163 Lindemann, Für Frömmigkeit in Freiheit (wie Anm. 88), 922.

Was bedeutete die Entwicklung zur hochindustriellen Arbeitswelt und den damit verbundenen innerdeutschen und zunehmend internationalen Wanderbewegungen für die betroffenen und die nicht direkt betroffenen Menschen und Gemeinschaften in Stadt und Land? Welche ethischen Fragen wurden durch einen andauernden Prozess immer liberaler werdender Lebensgestaltung und besonders durch die wachsenden internationalen und schließlich globalen Wirtschaftsbeziehungen aufgeworfen, und was bedeutete das für die Verkündigung zwischen agrar- und industriebestimmter Wirklichkeit? Wie wirkte sich die Pluralisierung des Freizeitangebots als Konkurrenz auf den Zusammenhalt der »Gemeinschaftsfamilie« und den jeweiligen Status ihrer Mitglieder aus? In welcher Weise hat die Internationalisierung des kirchlichen Lebens durch das Aufkommen der ökumenischen Bewegung den seit Jahrhunderten territorial in kleinstaatlichen Abgrenzungen lebenden Landeskirchen und den regional verankerten Gemeinschaften das Bild der in Wahrheit multikulturellen Gemeinde Jesu erneuert, das durch ein nationales Hochgefühl und durch eine national-protestantische Theologie geprägt war, und wie hat die neue Weite das Denken beeinflusst? Schließlich ist es unverkennbar, dass die gravierenden geistlichen Einschnitte durch Wiedergeburt, Bekehrung und daraus folgende Heiligung das soziale Verhalten und auf die Dauer in den folgenden Generationen das Bildungsniveau verändert haben.

Es scheint angebracht die Frage aufzuwerfen, wie der skizzierte, in einem Prozess sich vollziehende Bruch die Entwicklung der Bewegung beeinflusst hat und welche bisher kaum beachteten gesellschaftlichen Bedingungen sie in ihrem Selbstverständnis mit- oder umgeformt haben. Insofern kann es von Interesse sein, die personalen, theologischen und strukturellen Linien, die zu den Gemeinschaften führen und sie in ihrem Ursprung geprägt haben, kritisch zu überprüfen und vor allem das Spektrum der Wahrnehmung in den internationalen Bereich hinein zu erweitern. Es ist bedenkenswert, dass sich auch Theodor Christlieb im Rückblick auf eine spezielle Spielart des Pietismus gelegentlich schon kritisch geäußert hat, als er Unterschiede zwischen Pietismus und Methodismus erwähnte.[164]

Auch Ludwig Thimme arbeitete in seiner soziologisch angelegten und auf Ernst Troeltsch fußenden Studie heraus, dass es zwischen Pietismus und Gemeinschaftsbewegung unterschiedliche konstitutive »Besitze« gibt. Neu sei in der Gemeinschaftsbewegung »eine sieges- und angriffsfreudige Erfassung der Heilsgewissheit wie der Heiligung, womit ein Wiederaufleben des echt urchristlichen Gemeinschaftslebens wie des Evangelisationsgeistes verbun-

164 Vgl.: Theodor Christlieb, Zur methodistischen Frage (wie Anm. 57), 51f.

den war,«[165] womit sie hinter die Reformation zurück- und über sie hinaus greift. Der »sieges- und angriffsfreudige« Ansatz, den er über die bisherige traditionelle Linie von der Reformation über den Pietismus und die Erweckungsbewegung über die Reformation hinausweisen sieht, wenn es um die Formulierung des Selbstverständnisses der Gemeinschaftsbewegung geht, stellt eindeutig einen Rückgriff auf das Urchristentum[166] dar. Aber er nimmt auch den positiven anthropologischen Ansatz befreiender methodistischer Heilstheologie auf. Thimme wies an anderer Stelle ausdrücklich auf den Einfluss methodistischer Spiritualität hin.[167]

Alle diese Bereiche, dazu auch das Verhältnis insbesondere zu den methodistischen Freikirchen, sollten differenziert und vorurteilsfrei untersucht werden. Es wird sich herausstellen, wie stark die führenden Männer in der Gemeinschaftsbewegung Mut bewiesen und Kraft aufgewendet haben, um sich gegen alle Kritiken und Einwände »in der Kirche«, in der Gesellschaft und im Staat durchzusetzen. Es war eine Art von Standhaftigkeit, welche die damalige Kirche nicht gerade ausgezeichnet hat. Das Motto »Der Zeit voraus…« ist in mehrfacher Hinsicht bedenkenswert.

[165] Thimme, Kirche, Sekte und Gemeinschaftsbewegung (wie Anm. 72), 250, auch 204.

[166] Es ist auffallend, wie oft in der Literatur der Gemeinschaftsbewegung auf die Vorrede Luthers zur Deutschen Messe und die darin formulierten Sätze zur dritten Weise des Gottesdienstes hingewiesen wird und wie wenig die klassischen Texte aus dem Neuen Testament zur Darstellung des Selbstverständnisses der Gemeinschaft herangezogen werden.

[167] Ein Beispiel: Ludwig Thimmes »Blütenlese« zu: Gustav Warneck, Briefe über die Versammlung zu Brighton, Hamburg 1876. In: Auf der Warte 11. Jg. (1914), Nr. 18, 6.

TEIL II

Einführung

Der erste Abschnitt hatte zwei Perspektiven. Er sollte einerseits die geschichtlichen Hintergründe für die weitgehende Abkopplung von den internationalen Einflüssen auf die Theologie und Praxis der entstehenden Gemeinschaftsbewegung aufzeigen. Andererseits sollte ins Blickfeld gerückt werden, welche Innovationen in den Fragen der Gestaltung des Gemeinde- bzw. Gemeinschaftslebens durch die Vermittlung aus der angelsächsischen Erweckung fast unbemerkt aufgenommen worden sind. Beide Überlegungen wollen dazu anregen, frühere Vorbehalte zu hinterfragen und die Geschichte Gnadaus aus heutiger Perspektive neu zu lesen und zu interpretieren.

Der nun folgende zweite Abschnitt soll – wieder in einem historischen Diskurs – aufzeigen, zu welchen Konsequenzen in der historischen Verortung ein verändertes Selbstverständnis der Gemeinschaftsbewegung führen kann.[168]

In der gegenwärtigen Historiographie, in Selbstdarstellungen und in der kirchlichen Presse wird das Phänomen Gemeinschaftsbewegung gerne als *Neupietismus* charakterisiert.[169] Nach heftigen Diskussionen um die Rolle der Evangelikalen in ihrer Kirche wird in den letzten Jahrzehnten innerhalb der Gemeinschaftsbewegung zunehmend eben diesem Begriff »Neupietismus« für die eigene Positionierung der Vorzug vor dem Begriff »Evangelikale« gegeben. Ganz offensichtlich war das Wort »Evangelikale« oder gar »Evangelikalismus« infolge der teilweise aggressiv geführten Diskurse, der heftigen Pressefeh-

---

[168] Weil mit diesem zweiten Teil ein neues, in sich abgeschlossenes Kapitel mit einer völlig anderen Zielstellung als im ersten Abschnitt vorgelegt wird, sind in den Argumentationslinien gelegentliche Wiederholungen notwendig.

[169] An der Evangelischen Hochschule Tabor, einem Institut innerhalb der Deutschen Gemeinschaftsbewegung, ist vor einigen Jahren eine »Forschungsstelle Neupietismus« eingerichtet worden. (eh-tabor.de/t3/forschung).

den, wie zugleich der sich stellenweise zeigenden extremen theologischen Positionen zunehmend negativ besetzt,[170] so dass es geraten schien, sich auch sprachlich dagegen abzugrenzen.

Mit dem nun wieder stärker bevorzugten Begriff »Neupietismus« ist für die Gemeinschaftsbewegung automatisch eine Vertiefung der nationalen Verortung gegeben, weil sie sich damit erneut verengend in die Tradition von Pietismus und Erweckungsbewegung einreiht. Die nachfolgende Darstellung will diese weitgehend national bestimmte Entwicklung entsprechend der neueren kirchengeschichtlichen Forschung[171] in einen geographisch und kirchlich weiteren Horizont stellen. Dabei geht es um die Bemühung, angesichts einer sich immer mehr öffnenden Gesellschaft und weltweiter wirtschaftlicher Beziehungen auch frömmigkeitsgeschichtlich den Rahmen üblicher nationaler Binnenschau aufzubrechen. Die Entwicklung der Gesamtdiskussion zeigt, dass auch für ökumene-kritische Christen und Organisationen ein ökumenisches, also auch grenzüberschreitendes Denken angesagt ist, selbst wenn man der organisierten Ökumene gegenüber in einer kritischen Haltung verharrt. Die eine Kirche Christi bildet eben weltweit eine vielfältige Gemeinschaft in Verfassung, Struktur und Frömmigkeit.

Die erwähnte Aufnahme des Begriffs »Neupietismus« zur Charakterisierung der Gemeinschaftsbewegung unterstützt erneut die Vorstellung, diese Bewegung als den »neuen« oder »erneuerten« Pietismus zu verstehen, der über den Weg der Erweckungsbewegung aufgenommen wurde. Damit wird das neue Phänomen der übernationalen Wirkungen der Erweckungsbewegungen aus dem angelsächsischen Raum in seiner fundamentalen Rolle begrifflich wie sachlich weiter überdeckt. Aus der in der ersten Hälfte des 19. Jahrhunderts in den Traditionen der vorindustriellen Agrargesellschaft, der territorialen Abgrenzung, der kaum beachteten Migrationsbewegungen im eigenen Land zu den Industriestandorten und ins freie Amerika wie auch aus anderen Entwicklungen ergeben sich aber erhebliche Probleme, die alten Frömmigkeitstraditionen wieder aufleben zu lassen, um sie in der Gemeinschaftsbewegung fortzusetzen.

---

[170] Gisa Bauer, Evangelikale Bewegung und evangelische Kirche in der Bundesrepublik Deutschland. Geschichte eines Grundsatzkonflikts (1945–1989), AKZ/B 53, Göttingen 2012.

[171] Vgl. das Konzept von Hartmut Lehmann, Das Christentum im 20. Jahrhundert: Fragen, Probleme, Perspektiven. KGE IV/9, Leipzig 2012; – Auch: Katharina Kunter/Jens Holger Schøring, die ihrem Tagungsband sogar den Titel ›Europäisches und Globales Christentum/ European and Global Christianity‹, Göttingen 2011, gegeben haben. Darin auch: Klaus Koschorke, Changing maps of the history of global Christianity, 273–293. Auch: Hartmut Lehmann, Transatlantische Religionsgeschichte. 18. bis 20. Jahrhundert, Göttingen 2006. Ders., Religiöse Erweckung in gottferner Zeit. Studien zur Pietismusforschung, Göttingen 2010.

Das Jahr 1875 bedeutet einen signifikanten Einschnitt, denn von diesem Jahr an treten »fremde« Frömmigkeitsformen, die geradezu einen Bruch bedeuten, auffällig in den Vordergrund. Sie brachten neue theologische Akzente mit sich und waren von einem Menschenbild geprägt, das bisher weitgehend fremde emanzipatorische Elemente auch für den Bereich des kirchlichen Lebens aufnahm. Dadurch entstand eine kritischere Haltung gegenüber dem traditionellen, wie selbstverständlich alle umfassenden Staatskirchentum und führte hin zu einer individuell geprägten und auch eigenständig organisierten Frömmigkeitsgestaltung. Es trat auch soziologisch nach der Inneren Mission in der Gemeinschaftsbewegung ein neues Moment mit der Praxis eigenständiger Organisation in Erscheinung, das gesellschaftlich durch das inzwischen etablierte Vereinswesen gestützt wurde. Theologisch knüpft die Heiligungslehre seit 1875 weniger an den pietistischen Heiligungsbegriff an als an den, der sich innerhalb der amerikanischen Heiligungsbewegung entwickelt hatte. Weiter führte die in der Gemeinschaftsbewegung so zentrale Lehre vom Heil, verbunden mit der Sehnsucht, möglichst alle zu »retten«, zu einem evangelistischen Ansatz mit neuen Methoden der Verkündigung, die sich von der Tradition in Pietismus und Erweckung lösten. Solche, die sich von der Kirche entfernt hatten oder ihr in einem schleichenden Prozess verlorengegangen waren, wurden unter Verzicht auf die pietistische Konventikelpraxis und der damit verbundenen Gesetzgebung in die nun auch politisch möglichen öffentlichen Massenversammlungen eingeladen, die in kirchlichen und nichtkirchlichen Gebäuden, bald auch in Zelten stattfanden.

Es scheint, als bestünde die Kontinuität zwischen den früheren Frömmigkeitsbewegungen innerhalb Deutschlands und der neu aufkommenden organisierten Gemeinschaftsbewegung vorwiegend darin, dass die durch Pietismus und Erweckung geprägten Kreise und Personen[172] zuerst bereit und offen waren, sich den neuen Ansätzen in Form und Inhalt zu öffnen. Das geschah nicht aus Sympathie für das Neue, sondern aus einer inneren Berufung zu einem geistlichen Auftrag.

---

[172] Die Zahl führender Vertreter der Gemeinschaftsbewegung, die aus beruflichen Gründen, zur Ausbildung oder als Reisende im Ausland waren, ist beträchtlich. Nicht bei allen führten solche Erfahrungen zu einer Weite im theologischen Denken und zu einer Minderung eigener nationaler Gefühle, wie bei Theodor Christlieb, aber die Erfahrungsschätze folgender Mitunterzeichner der Einladung nach Gnadau sollte man nicht gering achten. Es waren dies Andreas Graf von Bernstorff, Missionsinspektor Friedrich Fabri, auch Theodor Jellinghaus, Carl de Neufville, Gottlob Pfleiderer, Elias Schrenk, Theodor Ziemendorff, die teilweise mehrere Jahre in anderen Ländern gelebt haben. Man kann davon ausgehen, dass es nur wenige amtskirchliche Tagungen und Gremientreffen gab, in der die Zahl der international erfahrenen Teilnehmer höher war als in Gnadau.

Natürlich erlebte man nicht ohne Sorge, dass auch politische Parteien in Erscheinung traten, die teilweise ihre wachsende Kirchenfeindlichkeit ebenfalls in Großveranstaltungen, Kongressen und programmatischen Aufrufen, man denke an die Rolle der christlichen Traktate, propagierten. Außerdem waren die politischen Organisationen durch ihre Mitgliederwerbung auf dem Weg zu neuen personalen Großvereinigungen, welche in gewisser Weise auch zu einer Konkurrenz der Institution Kirche werden konnten. Die Parteien traten für andere Werte und Normen als die Kirchen ein. Die für das Denken jener Zeit unstrittig von Gott eingesetzte und mit der Kirche verbundene Obrigkeit kritisierten sie nicht nur, sie wollten dieselbe durch eine Revolution beseitigen. Das kam einem Angriff auf Gott selber gleich. Derartige Entwicklungen, die dem Pietismus und der deutschen Erweckungsbewegung noch fremd waren, beunruhigten und verunsicherten jene, die mit Ernst Christen sein wollten. Vielleicht schwang bei einigen auch der Gedanke mit, dass die Christenheit den teilweise antichristlichen Bewegungen Paroli zu bieten hatte. Das scheint jedoch weniger innerhalb der Gemeinschaftsbewegung motivierend gewesen zu sein als in der Entwicklung der Inneren Mission.

Nach der Notwendigkeit, den internationalen erweckungsgeschichtlichen Kontext aufzuarbeiten, und nach dem verständlichen Bedürfnis, Probleme innerhalb der Gemeinschaftsbewegung zu klären sowie das Verhältnis zur Amtskirche durchgehend in eine gemeinsame Linie zu bringen, sollten für eine zukünftige Bewertung ihrer Frühgeschichte auch die begleitenden gesellschaftlichen Phänomene nachdrücklicher einbezogen werden.

Auf den folgenden Seiten geht es um die aus dem angelsächsischen Ausland auf ganz unterschiedliche Weise vermittelten Impulse in die deutsche Kirchenlandschaft hinein. Für den weiteren Diskurs könnte es sich für eine Klärung der Wurzeln, aus denen die Gemeinschaftsbewegung lebte, als hilfreich erweisen, eine Studie mit der konkreten Darstellung der Linien in Personen, Theologie und Praxis vorzulegen, die aus dem Pietismus zum Neupietismus führen. Sie könnte zeigen, ob die Gemeinschaftsbewegung rückwärtsgewandt ein Wiederaufleben des vielgestaltigen alten Pietismus wollte oder ob sie eine zukunftsgerichtete Integration der sich im Wandel befindlichen religiösen Kulturen einleitete, die in einem konservativen religiösen Umfeld und von deren Trägern bei der Berufung auf frühere Traditionen leichter durch- oder umzusetzen waren.

I. ›Neupietismus‹ – was ist damit gemeint?

Wie bei den Begriffsbildungen ›Neuluthertum‹ und ›Neuprotestantismus‹ verbinden sich auch mit der Bezeichnung ›Neupietismus‹ ganz unterschiedliche Vorstellungen. Eine allgemein akzeptierte Klärung ist bisher nicht gelungen. Den jüngsten Vorschlag hat Frank Lüdke vorgelegt. Er sieht den organisierten Kernbereich des Neupietismus in der *Gnadauer Gemeinschaftsbewegung*, die er dem weiteren ›inner[landes]kirchlichen Pietismus‹ von evangelikal ausgerichteten Kirchengemeinden differenziert vorordnet.[173] Daher ist es angemessen, die bisherige historische Selbstdarstellung der Gemeinschaftsbewegung zum Ausgangspunkt der Überlegungen zu wählen. Lüdke kommt in seiner Studie zu dem Ergebnis, »dass unter den Begriff des Neupietismus diejenigen Bewegungen in der Evangelischen Kirche zu fassen sind, die in der Tradition des Barockpietismus und der Erweckungsbewegung stehen und diese für die Gegenwart fruchtbar gemacht haben.«[174] Auf die von ihm aufgeworfene Frage: »Was war genau das Neue am Neupietismus?« antwortet er: Die Struktur der Konferenzen, das Anliegen der Heiligung, die Aufgabe der Evangelisation und – etwas überraschend – die internationale Öffnung mitsamt der interdenominationellen Kooperation.[175]

Jörg Ohlemacher nahm kritische Töne auf, die zur Verbindung der Begriffe Neupietismus und Gemeinschaftsbewegung aus dem freikirchlichen Bereich

---

173 Frank Lüdke, Neupietismus – Versuch einer Begriffsklärung. In: Frank Lüdke/Norbert Schmidt, Was ist neu am Pietismus? (wie Anm. 69), 14. Lüdke sieht in den »pietistisch geprägten Kirchengemeinden« ... »den größten Teil des heute existierenden Neupietismus«. Inwieweit diese Gemeinden und ihre Mitarbeiter von den Schulungen amerikanischer Mega-Gemeinden (was für ein Wort!) wiederum aus deren theologischen und strukturellen Impulsen leben, müsste nach meiner Meinung untersucht werden.

174 Ebd., 15.

175 Ebd., 10–12.

angeschlagen worden waren, als er bereits um die Jahrtausendwende nicht unkritisch über das »Gemeinschaftschristentum in Deutschland« schrieb: »Mit dem Begriff *Neupietismus* hat man ähnlich wie mit *Erweckung* versucht, Kontinuitäten mit vorauslaufenden Epochen der Frömmigkeitsgeschichte herzustellen. Dies hat auch durchaus gewichtigen Anhalt; zum einen, weil sich die Protagonisten der Gemeinschaftsbewegung selbst in eine Traditionslinie mit Pietismus und Erweckungsbewegung zu Anfang ihres Jahrhunderts stellten, zum anderen, weil sich auch in den Grundanliegen Entsprechungen zu zeigen scheinen. Aber die bisherigen Beiträge in dieser *Geschichte des Pietismus* haben die Vielgestaltigkeit der Bewegungen, Gruppen und Anschauungen vor Augen gestellt und so viele Forschungsdesiderate deutlich gemacht, daß mit solchen pauschalen Verweisen doch wieder nicht viel gewonnen ist.«[176] Mit dieser vorsichtigen Formulierung durchbrach Ohlemacher die traditionelle Selbstdarstellung der Gemeinschaftsbewegung, die sich in der zweiten Hälfte des 20. Jahrhunderts immer mehr verfestigt hatte. In fast allen ihren historischen Darstellungen wird eine Viererkette tradiert: Reformation – Pietismus – Erweckungsbewegung – angloamerikanische Einflüsse. Zuletzt haben 1984 Joachim Cochlovius[177] und im Jahr 2000 der damalige Präses des Gnadauer Verbands, Christoph Morgner, an dieser selbstdarstellenden Linie trotz aufkommender Fragen festgehalten.[178] In seiner einzigartigen Übersicht im vierten Band der *Geschichte des Pietismus* hat Hartmut Lehmann ganz auf den Begriff *Neupietismus* verzichtet. Er bleibt aber dabei, dass »die Erweckungsbewegung und die Gemeinschaftsbewegung [...] als genuine Fortsetzung des älteren Pietismus zu betrachten« sind.[179] Inzwischen war allerdings die Frage aufgeworfen worden, ob »die Bezeichnung *Neupietismus* für die Gnadauer haltbar« ist.[180] Sie zielte darauf hin, im heutigen ökumenischen Kontext neu zu bedenken, welche Rolle angelsächsische Einflüsse und hier besonders der *Methodismus* an der inhaltlichen Gestaltung von Frömmigkeit und Organisation des Gnadauer Verbands gespielt haben. Freilich setzt die Erörterung dieses Aspekts eine Klärung dessen voraus, wie gerade in Deutschland der Begriff *Methodismus* in der zweiten Hälfte des 19. Jahrhunderts gefüllt war.

---

176 Jörg Ohlemacher, Gemeinschaftschristentum in Deutschland (wie Amn.19), 393.

177 Joachim Cochlovius, Gemeinschaftsbewegung. In: TRE 12, 1984,356.

178 Christoph Morgner, Geistliche Leitung als theologische Aufgabe. Kirche – Pietismus – Gemeinschaftsbewegung, Stuttgart 2000, 5.

179 Hartmut Lehmann, Einführung, in: GdP 4, 2004, 1–18, hier 7.

180 Karl Heinz Voigt, Ist die Bezeichnung »Neupietismus« für die Gnadauer haltbar? In: Voigt, Christlieb, Die Methodisten, die Gemeinschaftsbewegung (wie Anm. 9), 169–208.

2. ›Methodismus‹ – mehr als die methodistische Kirche

Heute ist in Deutschland mit dem Begriff *Methodismus* ein bestimmter Typus von connexionaler Kirche beschrieben, der mit seinen 70 Millionen Zugehörigen im *Weltrat Methodistischer Kirchen* eine gemeinsame Repräsentation hat. Das war hierzulande im letzten Drittel des 19. Jahrhunderts anders. Damals wurden die Begriffe *Methodismus* und *Methodist* ähnlich wie die Begriffe *Pietismus* und *Pietist* für einen bestimmten Frömmigkeitstyp und deren Vertreter verwendet, ohne sie immer zugleich einer speziellen Konfessionskirche zuzuordnen. Auf den deutschsprachigen Raum begrenzt charakterisierte der Begriff *Methodismus* zugleich zwei Strömungen: eine im engeren Sinn, welche die Arbeit der methodistischen Kirchen umfasste, und eine andere im weiteren Sinn, die damit unabhängig von einer Denomination einen aus der angelsächsisch-methodistischen Erweckung hervorgegangenen Frömmigkeitstyp kennzeichnete, der von einer Theologie bestimmt war, die zu einer evangelistisch-missionarischen Grundanschauung führte und auf die individuelle Wiedergeburt und Bekehrung hinzielte. Man sprach im Kontext eines bestimmten Taufverständnisses, welches Taufe und Wiedergeburt als Einheit sah, kritisch von ›Methodisterei‹, die gleichzusetzen war mit jener ›Engländerei‹, die den Gemeinschaften nicht selten vorgeworfen wurde. Charakteristisch war, dass solche konfessionsfreien *Methodisten* sich in einer geistlichen Verantwortung sahen für solche, die nicht aufgrund eigener geistlicher Erfahrungen zu einem persönlichen Glaubensbekenntnis gekommen waren. Um einer solchen Verantwortung gerecht zu werden, wurden zuerst in den angelsächsischen Ländern *Evangelisationen* als Missionen an ungläubigen Getauften entwickelt, die sich bald in Großveranstaltungen und Kampagnen an die *Massen* zu wenden bemüht waren. Es gab keine Scheu, *Laien*, die sich als Evangelisten berufen wussten und das Charisma der öffentlichen Rede hatten, zur Verkündigung heranzuziehen und zu beauftragen. Das aus dem Englischen übersetzte *Liedgut* war ein wesentliches Element dieser überkonfessionellen Frömmigkeitsbewegung. Oberstes Ziel war es, im Zeitalter des Rationalismus und Liberalismus ungläubige Zeitgenossen in eine Lebensgemeinschaft mit Christus und damit in seine Nachfolge zu führen. Sie sollten zu einem geheiligten Leben eingeladen werden und gemeinsam die ›Welt‹ – möglichst in dieser Generation[181] – durch Evangelisation zu reformieren. Konfessionelle Grenzen wurden durchlässig, weil nicht die Auseinandersetzung über die eigene oder fremde Lehre im Vordergrund stand, sondern die Hinwendung zur unbekehrten ›Welt‹ führte zu einer neuen, nun gemeinsamen Stoßrichtung nach ›außen‹.

Ähnlich wie sich einhundert Jahre später der in Deutschland angekommene Begriff *evangelikal* nicht mit dem ursprünglich englischen *evangelical* vergleichen lässt, war in Deutschland im 19. Jahrhundert der Terminus *Methodismus* nicht mit dem angelsächsischen *Methodism* deckungsgleich.

Der von angelsächsischer Theologie und Frömmigkeit bestimmte Begriff *Methodismus* wurde im 19. Jahrhundert auf die zu dieser Zeit entstehende Gemeinschaftsbewegung angewandt, das geschah in der Regel mit polemischen Absichten.

Es ist für den deutschen Sprachraum nicht nur angemessen, sondern konsequent, wenn für die Zeit zwischen 1850 und 1918 zwischen der *Frömmigkeitsbewegung des Methodismus* und den organisierten *methodistischen Kirchen* sprachlich und sachlich unterschieden wird.[182]

---

[181] John R. Mott, Die Evangelisation der Welt in dieser Generation, deutsch Berlin 1901. Das Motto formulierte John R. Mott 1888.

[182] Zu den methodistischen Kirchen in Deutschland: Karl Heinz Voigt, Freikirchen in Deutschland, (19. und 20. Jahrhundert), Leipzig 2004, 70–85.

3. Gemeinschaftsbewegung und Methodismus in der Zeit der Anfänge

Die Debatte um die Gemeinschaftsbewegung hat die Hochschulebene nur am Rande gestreift. Das war zu jener Zeit bei einer ausgesprochenen Frömmigkeitsbewegung, die unter akademischer Kritik stand,[183] nicht anders zu erwarten. Aber zwei interessierte und kompetente Theologen legten keine zwanzig Jahre nach der ersten Gnadauer Pfingstkonferenz bemerkenswerte Studien vor. Schon 1895 wurde im Zentrum der damaligen Entwicklung ein analysierender Vortrag gehalten, der hier ebenfalls einbezogen wird.

3.1 Paul Fleisch – hannoverscher Lutheraner

Ab 1903 erschienen in fast regelmäßiger Folge Publikationen, in denen Paul Fleisch (1878–1962) die Entwicklungen in der Gemeinschaftsbewegung publizistisch begleitete. Bereits in seiner ersten Studie ordnete der konfessionsbewusste Lutheraner die Gemeinschaftsbewegung dem Methodismus zu.[184]

---

183 Siegfried Lodewigs behandelt in seiner Dissertation *Der Pietismus im Spiegel seiner theologischen Kritiker* nacheinander den Erlanger Hochschullehrer Heinrich Schmidt (1811–1885), den Bonner und später Göttinger Albrecht Ritschl (1822–1889) und danach den in Göttingen, Bonn und schließlich Basel lehrenden Karl Barth (1886–1968) und zeigt, wie der Streit um den Gegensatz Subjektivismus – Objektivismus »eine falsche Alternative« ist und wie die Pietismus-Diskussion zu einer Vertiefung der Kluft zwischen Theorie und Praxis, man könnte auch sagen zwischen akademischer theologischer Lehre und der Gemeindewirklichkeit führt. Allein die Herausgabe der vierbändigen *Geschichte des Pietismus* (GdP) zwischen 1993 und 2004 zeigt nicht nur einen neuen Stellenwert des Pietismus an, sondern hat mit der Ausdehnung dieses Begriffs bis in die jüngste Kirchengeschichte auch eine lebhafte Debatte ausgelöst.

184 Fleisch, Die moderne Gemeinschaftsbewegung (wie Anm. 24), 87–86.

Paul Fleisch (1878–1962)

Nachdem er die Berufung der Gemeinschaftsbewegung auf Luther infrage gestellt hatte, zeigte er den »Ursprung der heutigen Evangelisation« und später den »Ursprung der modernen Heiligungslehre« auf.[185] Es sei unübersehbar, »daß die moderne Evangelisation sich von der älteren pietistischen dadurch unterscheidet, daß sie sich an die Massen wendet.« Der Methodist George Whitefield (1714–1770) habe damit schon 1739 den Anfang gemacht. Fleisch zeichnete danach ein – historisch in Einzelheiten nicht genaues – Bild von der evangelistischen Arbeit und Wirkung John Wesleys und folgerte daraus: »Mit dieser Anschauung von der Evangelisation stimmt die der modernen Bewegung bis in die einzelnen Momente hinein« überein.[186] Zu einem ähnlichen Resultat kam Fleisch über die Heiligungslehre. »Die Heiligungslehre der ›Heilisten‹[187],« schrieb er, »entstammt dem Methodismus, sowohl was das Verhältnis zur Rechtfertigung als auch das Ziel der Heiligung anbelangt. Doch ist,« fügte er einschränkend hinzu, »in dem wichtigsten Punkte, in der Anschauung von dem Besitz solcher Heiligung [...] eine starke Umbiegung eingetreten.«[188] Fleisch fasste als »Abschließendes Resultat« seiner Untersuchung zur »dreifachen Eigentümlichkeit, als organisierte Gemeinschaftsbewegung, als Evangelisations- und als Heiligungsbewegung«, die in der ›modernen Ge-

---

185 Ebd., 87 f. und 143–148.

186 Ebd., 87 f.

187 Dabei muss er die Dogmatik von Theodor Jellinghaus, Das völlige, gegenwärtige Heil durch Christum, Berlin 1898[4], oder 1903[5], im Auge gehabt haben. Darin versuchte Jellinghaus, eine sprachlich differenzierende Klärung »zur Vermeidung von Verirrungen und Verwechslungen« herbeizuführen und schrieb in der fünften Auflage: »Der in allerneuster Zeit von den Gegnern gebrauchte Ausdruck ›Neupietismus‹ paßt deshalb nicht, weil schon die Erweckung um 1830 ›neupietistisch‹ genannt wird. Darum habe ich 1898, da in der Bewegung eine fröhliche Annahme des Heilandes und des freien, völligen, gegenwärtigen Heils, Heilbesitz und Heilsgewißheit und auch das Heil in dem wiederkommenden Heilande gepredigt wird, den deutschen Namen ›heilistisch‹ als den bezeichnendsten, verständlichsten, kürzesten und niemand verletzenden vorgeschlagen.« (Anm. S. 82).

188 Fleisch, Die moderne Gemeinschaftsbewegung (wie Anm. 24), 147.

meinschaftsbewegung‹ Raum gefunden haben, zusammen: »Das Resultat ist gewesen, daß gerade diese dreifache Eigentümlichkeit aus dem Methodismus kommt und von dort aus in die alten pietistischen Gemeinschaften eingetragen ist.«[189] Mit dieser Brücke verband der konfessionsbewusste Lutheraner ebenso deutlich, »daß diese drei Eigentümlichkeiten mit Kardinalsätzen unserer Kirche streitet, ihre Heilslehre sogar mit dem articulus stantis et cadentis ecclesiae.«[190] Er hielt eine Abweisung ohne Polemik, Verketzern und ohne Gewaltmaßregeln für notwendig, hoffte aber in der Gemeinschaftsbewegung auf eine Läuterung, die nicht eine Entwicklung nach einer separatistischen Seite hin befördert. Das drückt sein kirchenpolitisches Interesse aus.

Selbst wenn die Schriften des kritischen Lutheraners von der Sorge um eine Verselbständigung der Gemeinschaften zu einer autonomen Kirche bestimmt gewesen sein mögen, ist seine Analyse nicht zu übersehen. Es ist später erkennbar, wie sich die These der Verwurzelung der Bewegung als aus dem Methodismus kommend in apologetischen Selbstdarstellungen der Gemeinschaftsbewegung auswirkte. Über das Rechtfertigungsverständnis in der methodistischen Kirche und deren eigene reformatorische Verankerung in der Rechtfertigungslehre und dem Artikel, mit dem die Kirche steht und fällt, hatte er sich noch nicht gründlich genug informiert.

3.2 Johannes Jüngst – unierter Rheinländer[191]

Seit der Deutschland-Schweiz-Reise von Robert Pearsall Smith 1875 publizierte Johannes Jüngst (1846–1932) nacheinander drei jeweils neu verfasste Monografien zum Methodismus. Der unierte Pfarrer gab in seiner dritten Studie über den »Methodismus in Deutschland« einem Kapitel die bemerkenswerte Überschrift »Einwirkungen des Methodismus auf religiöse Erscheinungen in Deutschland, die nicht methodistisch-kirchlich sind.«[192] Nach der Zeltmission rechnet er auch die deutsche Gemeinschaftsbewegung dieser Kategorie zu. Das betreffende Kapitel begann Jüngst mit der grundlegenden Feststellung: »Ganz verschiedene Beobachter stimmen in dem Urteil überein, daß der Methodismus heute einen maßgebenden Einfluß hat auf den deutschen Protestantismus.« Von dieser Ausgangsposition her begründete er das eben erwähnte Kapitel in seiner Studie und schrieb: »Bei einer Darstellung des *gesamten* Methodismus

[189] Ebd., 153. Das trifft für Württemberg nur bedingt zu.

[190] Ebd.

[191] Zu Johannes Jüngst: BBKL 17 (2000), 718–724.

[192] Johannes Jüngst, Der Methodismus in Deutschland, Gießen 1906, 87–99 u. 105 f.

Der

Methodismus

in Deutschland.

Beitrag zur neuesten Kirchengeschichte

von

Johannes Jüngst,

Pfarrer in Siegen.

Zweite Auflage.

Gotha.

Friedrich Andreas Perthes.

1877.

in Deutschland müssen notwendig wenigstens diejenigen Gemeinschaften in Betracht gezogen werden, welche offenbar Gepräge oder Färbung ganz oder teilweise vom Methodismus empfangen haben.« Nach dem Hinweis auf den *Jugendbund für Entschiedenes Christentum (EC)*[193] heißt es: »Neben diesem noch jungen Unternehmen treten uns im religiösen Leben der Gegenwart noch mehrere Erscheinungen entgegen, innerhalb deren eine Einwirkung der methodistischen Anschauung von Welt und Heil offensichtlich zutage tritt.«[194] Es folgte die Darstellung der deutschen Gemeinschaftsbewegung.

---

193 Die Jugendbewegung Christian Endeavour (CE), in Deutschland Jugendbund für Entschiedenes Christentum (EC), war in den USA ähnlich wie der YMCA/CVJM überkonfessionell. Dies zeigt z. B. Terry M. Heisey, Evangelical from the Beginning, Myerstown/Pa. 2006, 75 f., 140–142 u. 324 f. an einem Zweig der methodistischen Evangelischen Gemeinschaft in den USA.

194 Johannes Jüngst, Der Methodismus in Deutschland (wie Anm. 192), 86 f.

Der mit dieser Bewegung sympathisierende Johannes Jüngst schloss 1906 das Kapitel mit der für ihn noch offenen, nicht ganz sorglosen Überlegung, »ob die in Gnadau noch beibehaltene, innerkirchlich-pietistische Richtung oder die freikirchlich-methodistische Richtung den Vorrang gewinnt.« Er schätzte es damals so ein, dass die freikirchlich-methodistische Richtung »inzwischen so erstarkt [ist], daß ich ihre Überwindung für ausgeschlossen halte.«[195] Für die künftige Positionierung sah er als ausschlaggebend an, wie sich das kirchliche Selbstverständnis innerhalb der Gemeinschaftsbewegung entwickeln werde. Er beobachtete mit einer gewissen Sorge die uneinheitliche Entwicklung innerhalb des Gnadauer Verbands. In einem Gutachten, das der berühmte Kirchengeschichtler Karl Holl über das Buch von Jüngst schrieb, sah er bei aller Anerkennung des Methodismus, über den »die Unkenntnis [...] auch bei den Berufenen groß« sei, die Tendenz, »das gute Recht der deutschen Landeskirchen auf ihre Eigenart zu verteidigen«. Dieses Gutachten war geschrieben, weil der Autor »Ew. Kaiserliche und Königliche Majestät [...] um huldreiche Entgegennahme eines Exemplars« gebeten hatte.[196] Vielleicht hatte das den Gutachter nicht ganz unbeeindruckt gelassen.

Auf andere Äußerungen zur Rolle des Methodismus in Deutschland ging Jüngst in seiner Einleitung ein.

3.3 Daniel L. Müller – Pastor in Rheydt[197]

Am 26. April 1894 hielt Pastor Daniel L. Müller auf der *Niederrheinischen Pastoralkonferenz* in Düsseldorf vor etwa 150 Teilnehmern einen Vortrag. Er erschien noch im gleichen Jahr unter dem Titel »Wie stellen wir uns zu den methodistischen Strömungen der freien Evangelistenarbeit und andern Evangelisationsbestrebungen in unsern Gemeinden?« im Druck. Das eröffnete ihm eine Beachtung, die weit über die Teilnehmer der Pastoralkonferenz hinausreichte. Der Vortragende hielt ausdrücklich fest, ihm sei »ganz besonders [...] seitens des Konferenzvorstandes der Auftrag geworden, in diesem Zusammenhang der in den letzten Jahren aufgekommenen *Evangelistenarbeit* zu gedenken, die sich in freundlicher Weise der Kirche als Hülfe darbietet zur

---

[195] Ebd., 91.

[196] Schriftwechsel Ev. Oberkirchenrat an Seine Majestät den Kaiser und König, Berlin 19. Aug. 1907. EZA 7/3787 und 7/Gen. XII/60.

[197] Daniel L. Müller, Methodistische Strömungen und Evangelistenarbeit in den evangelischen Gemeinden, Gütersloh 1894.

Erweckung und Pflege christlichen Lebens.«[198] Dass es dabei um die von Bonn und nun von Barmen[199] ausgehenden Aktivitäten des Johanneums ging, zeigt eine schon am Anfang eingeführte These. Darin sprach Müller von einer »Umbildung der Evangelistenschule zu einer Bildungsschule für Stadtmissionare und Gemeindediakone«. Dort wurden offensichtlich nach Übernahme der Leitung durch Theodor Haarbeck, der den Schwaben Johann Gottlob Pfleiderer abgelöst hatte, die Lehrinhalte so verändert, dass jetzt die »Brüder« »zur Abhaltung von Bibelstunden, Sonntagsschulen, Vereinspflege« ausgebildet wurden. Diese Tendenz wurde von Müller positiv bewertet, denn sie könne »ihr ein gesegnetes Arbeitsfeld öffnen und Konflikten mit den kirchlichen Organen vorbeugen.«[200]

Einige Schwerpunkte des später gedruckten Vortrags sind im Zusammenhang dieser Studie von besonderem Interesse.

(1) Müller verwendet den Begriff »Methodismus« in dem oben beschriebenen Sinn für einen bestimmten Frömmigkeitstyp, also nicht konfessionsbezogen. Nach der Darstellung von »drei charakteristische[n] Zügen des Methodismus hinsichtlich der Erweckung, der Entwicklung, der Vollendung des neuen Lebens« kam der Referent zu einer Bewertung der methodistischen Impulse. Er sagte: »Beachten wir nunmehr *den Eingang und Einfluß*, den der Methodismus *auf unsre deutsche evangelische Kirche*, speciell hier am Niederrhein gewonnen hat. Wir denken dabei nicht sowohl an einzelne Niederlassungen der Albrechtsbrüder[201] oder an verschiedene Besuche der Heilsarmee und einzelner aus dem methodistischen Lager hervorgegangener einflussreicher Männer, als vielmehr an die im Methodismus vertretene *geistige Strömung*, wie weit sie bei uns eingedrungen ist und das Leben in unseren Gemeinden beeinflusst. Ihr Eingang bei uns war *möglich*, da der Methodismus in seinen Grundsätzen von den Principien der Reformation nicht abweicht.« Nach weiteren Ausführungen,

---

198 Ebd., 27.

199 Das von Christlieb gegründete Johanneum zog bald nach dessen Tod (1889) im Jahre 1890 unter der nunmehrigen Leitung von Theodor Haarbeck nach Barmen um.

200 Müller, Methodistische Strömungen (wie Anm. 197), 7f. Die erwägenswerte Frage, ob sich durch (1) die Ablösung von Christliebs Vertrauten Pfleiderer in der Leitung – er blieb bis 1893 dort als Lehrer tätig –, (2) der tendenziellen Umstellung in dem Ausbildungsziel und vorher schon in (3) dem Ortswechsel von Bonn nach Barmen bereits ein deutlich »kirchenbezogener« Wandel innerhalb dieses Zentrums der Gemeinschaftsbewegung vollzog, kann hier nur am Rande aufgeworfen werden.

201 Als Albrechtsbrüder bezeichnete man zu jener Zeit oft die unter Jacob Albrecht in den USA gegründete »Evangelische Gemeinschaft«, die nach einer Kirchenunion Teil der heutigen Evangelisch-methodistischen Kirche ist.

in denen Müller »methodistische Färbung« in allen großen Erweckungen der Neuzeit sieht, griff er – was eigenartigerweise nicht so oft vorkommt – über das 16. Jahrhundert hinaus auf die »Erweckung in Jerusalem am Pfingstfest, die Bekehrung Pauli, die Bekehrung des Kerkermeisters« zurück, um auch dort »methodistische Färbung« zu konstatieren. Aber auch in der jüngeren Zeit fand er »überall methodistisch gefärbte Lebensäußerungen«, z. B. bei dem katholischen Pfarrer Martin Boos in Österreich, in den lutherischen Gegenden am Ostseestrand, bei den Vätern im bergischen und jülicher Lande, am Niederrhein und im Ravensburgischen. Selbst Ludwig Hofacker, dessen Predigten übrigens in vielen methodistischen Versammlungen der Frühzeit gelesen wurden, wird in diese »methodistisch gefärbte« Galerie eingereiht.

(2) Danach zog Müller eine Konsequenz und sagte: »Dieser Methodismus berührt uns nicht fremdartig, weil er den Verhältnissen entsprach.« Aber der neue Methodismus ist ein anderer als der, der auf »unseren Principien der evangelischen Heilsordnung« beruht. Er setzt nicht die aufgezeigte Tradition von Pietismus und Erweckungsbewegung fort. Der von Müller ausgemachte Unterschied war gravierend. Er schilderte ihn, indem er den Gegensatz scharf formulierte und beide Traditionen gegenüberstellte. Die frühere Erweckung erzog »bekehrte, ihres Gnadenstandes bewusste, der Heiligung nachstrebende Christen, Kinder Gottes im Sinne der Schrift, aber nicht nach der Schablone, nicht Treibhauspflanzen von schnellem Wachstum und schnellem Verblühen, nicht fertige, selbstzufriedene Christen.«[202] Diesen neuen Typ des Methodismus machte Müller bei prominenten Persönlichkeiten der Gemeinschaftsbewegung aus. Für ihn waren Christlieb und Fabri »in einer Weise verehrungswürdig, daß wir am liebsten an einem von ihnen hinterlassenen Werk keine Kritik üben möchten.«[203] Aber mindestens vier grundlegende Fragen werden doch in kritischer Sicht aufgeworfen. Sie beschreiben Bereiche, die charakteristisch sind für den Bruch zwischen der »methodistischen Färbung« in früheren Zeiten und dem »Methodismus«, um den es im Vortrag ging. Sie werden jetzt nacheinander aufgegriffen.

(3) Zuerst war neu, dass es »den besonderen Evangelistenberuf« als *eigenständiges kirchliches Amt* geben sollte. Dazu zitierte der Rheydter Pfarrer den 1888er Gnadauer Vortrag des führenden Jasper von Oertzen. Er habe zwar angestrebt, den »Evangelistenberuf« als einen neben dem »Lehr- und Hirtenamt« in einer solchen Weise zu positionieren, dass »diese beiden Ämter neben- und

202 Müller, Methodistische Strömungen (wie Anm. 197), 20.

203 Ebd., 28.

miteinander bestehen sollten.«[204] Und die Wirksamkeit von »Bruder Schrenk [...] der persönlich das Vertrauen auch unserer kirchlichen Kreise genießt,« wird durchaus positiv beurteilt. Aber daraus »folgt [...] noch lange nicht, daß es wohlgethan sei, daraufhin alsbald ein neues Amt zu schaffen und schulmäßig andere dafür auszubilden.«[205] Anders als in den früheren Bewegungen war also die spezielle Ausbildung und Beauftragung von Evangelisten und in Verbindung damit die Schaffung eines neues »Amtes«. Zu seiner Ablehnung verwies Müller auf die Zeit von Pietismus und Erweckungsbewegung, in der durch Gerhard Tersteegen innerhalb der dortigen Region, Blumhardt in Württemberg, Dr. Barth in Calw, Gustav Werner ebenfalls in Württemberg, Adolf Stoecker in Berlin, Theodor Fliedner in der Nähe von Düsseldorf, Johann Hinrich Wichern in Hamburg und Gustav Warneck in Halle »über den Rahmen gewohnter kirchlicher Arbeit hinaus«, also eine integrierte missionarische Arbeit, ohne ein besonderes Amt zu bekleiden, erfüllt worden sei. Neu erscheint dem Referenten »ein gefährliches Experiment, wenn man besondere Persönlichkeiten schablonisieren oder generalisieren will.«[206]

(4) Weiter wird die *Frage nach dem Stil* des Wirkens von Evangelisten aufgeworfen, die – wie der Referent ausführte – in »Evangelistenschulen« aus dem Laienstande zu Erweckungspredigern ausgebildet werden. Müller fragt kritisch, ob es die Aufgabe der Evangelisten sei, »für kurze Zeit, mindestens 14 Tage lang, in einzelnen Gemeinden erwecklich zu wirken, die großen Hauptwahrheiten von Buße und Glauben nachdrücklich zu verkündigen in einer Reihe von möglichst täglichen Gottesdiensten, mit den dadurch erweckten Seelen seelsorgerliche Verbindung anzuknüpfen, sie dann aber ihren ordnungsmäßigen Pastoren zur weiteren Pflege zuzuweisen«?[207] Das durch Elias Schrenk praktizierte Modell war auch in Düsseldorf bekannt und Pfarrer, die den Vortrag hörten, hatten genau wie der Referent ihre Erfahrungen gemacht oder sie hatten wenigstens als Beobachter Einblick in die Praxis genommen.[208]

---

[204] Ebd.

[205] Ebd., 29.

[206] Ebd., 30.

[207] Ebd., 27.

[208] Elias Schrenk hatte in den Jahren 1884 bis 1893, dem Zeitpunkt des Vortrags, in vielen deutschen Städten bereits knapp einhundert solcher »Evangelisationswochen« gehalten, darunter vom 31. Okt. bis zum 13. Nov. 1892 in Wesel in beiden Stadtkirchen mit Besuchern aus Wülfrath, Homberg, Ratingen, Gruiten und Erkrath, vom 19. Febr. bis zum 5. März in Düsseldorf, wo seit 1892 der spätere Evangelist Samuel Keller als Pfarrer wirkte, in der Johanneskirche, in Bonn war Schrenk stets nur kurzzeitig, aber in Wuppertal und Barmen führte er regelmäßig Evangelisationswochen durch. – Eine Übersicht über diese Aktivität

Trotz der Absicht, im Einverständnis mit den örtlichen Pfarrern zu arbeiten, gibt es Gegenden, in denen dazu keine Chance bestand. »Die kirchlichen Organe müssen sich dagegen verwahren,« sagte der Referent angesichts der unbesuchten Gegenden, die am meisten der erwecklichen Predigt bedürfen, »daß ein beliebiges Evangelisationskomitee nach eigenem Gutdünken seine Boten in die Gemeinden sende.«[209] Hier klingt kritisch die kirchenrechtliche Frage an, ob nach dem Beginn eigener Ausbildung und privater Finanzierung von einem kirchlich unabhängigen Organ nun auch die Autorität in Anspruch genommen werde, Personen zu beauftragen und auszusenden. Diese besorgten Fragen zeigen die Nähe zu einer gewissen Art von nichtautorisierter Ordination auf.

Es wird erkennbar, dass hier zwei neue Elemente durch den Methodismus in der Gemeinschaftsbewegung eingeführt worden sind. Waren die missionarischen Bemühungen in der Erweckungsbewegung in jeder Hinsicht in das pfarramtliche Wirken und dessen Arbeitsweise in Predigt, Katechisation und Krankenbesuch integriert, so werden nunmehr aus der angelsächsischen Tradition eigenständig organisierte Massenversammlungen übernommen, wie sie von Finney und Moody praktiziert und durch Robert P. Smith 1875 in Deutschland[210] in beachteter Öffentlichkeit eingeführt und 1884/85 durch den von Christlieb und dem Deutschen Evangelisationsverein gerufenen Friedrich von Schlümbach vertieft wurden.[211] Mit der Gnadauer Gemeinschaft organisierten Männer im Gnadauer Verband neben der verfassten Kirche eigenständige Strategien.

(5) Es ist nicht zu übersehen, dass auch *theologische Differenzen im Verständnis von »Kirche und Gemeinde«* in die von Müller ausgemachte Spannung einflossen. Zum Kirchenverständnis führte Müller aus: »Unsere Kirchenordnung kennt wohl einen Unterschied zwischen Gemeindegliedern von ehrbarem und von unehrbarem Lebenswandel, und schließt die letzteren von Ehrenämtern aus, aber sie macht keinen Unterschied zwischen Bekehrten und Unbekehrten.« Allein die Frage des Lebenswandels hatte Auswirkungen auf die Zulassung zu kirchlichen Ämtern, aber der wirkt sich nicht auf die Abendmahlsberechtigung aus. Die in dieser Gegend umherziehenden »Lehrbrüder« des Elberfelder »Evangelischen Brüdervereins« und der »Freien evangelischen

---

bietet Hermann Klemm. Elias Schrenk. Der Weg eines Evangelisten (wie Anm. 96), 626–631, 345 (Wesel betreffend).

209 Müller, Methodistische Strömungen (wie Anm. 197), 31. Damit zielte Müller auf den gerade aufgelösten »Deutschen Evangelisationsverein«, aus dem dann die »Gemeinschaftsbewegung« entstand.

210 Vgl. S. 103.

211 Vgl. S. 107.

Gemeinden«, die sich gerade wegen ihres Verständnisses der Abendmahlsfeier als Gemeinschaft ausschließlich Gläubiger von der Landeskirche getrennt hatten, geben hier den Anlass zur Abgrenzung.[212]

Auch in der Gemeinschaftsbewegung war das Thema Kirche stets virulent. Der spätere Superintendent Daniel L. Müller ging von der flächendeckenden, alle evangelischen Bürger eines Landes umfassenden Volkskirche aus. Dagegen lebte in der Gemeinschaftsbewegung ein Bild von Kirche, in welche man durch die Taufe aufgenommen wurde, die aber einer bewussten Bestätigung durch den Glauben in einer Form bedurfte, die über die traditionelle, oft formal empfundene Konfirmation hinausging und durch eine Bekehrung begründet wurde. Daher war der Ruf zum bewussten Glauben in der Nachfolge Christi ein zentrales Anliegen ihres Wirkens.

(6) *Stil und Inhalt der Predigten* werden durch das theologische Vorverständnis mitgeprägt, das der Prediger über die Hörer hatte. Der Praktische Theologe Christlieb setzte nicht einfach den gläubigen Christen unter seiner und seiner Schüler Kanzel voraus. Gerade für die missionarische Ausrichtung der Verkündigung hatte er einen eigenen homiletischen Ansatz entwickelt, der heute bezeichnenderweise mit dem Titel einer »Kultivierten Kulturdistanz«[213] charakterisiert wird.

Seine Homiletik-Vorlesungen wurden wenige Jahre nach seinem Tod von Theodor Haarbeck publiziert.[214] Wie intensiv Christlieb sich als Wissenschaftler mit der Predigt in der Geschichte und seiner Gegenwart beschäftig hatte, zeigt seine weit über die Grenzen der in Deutschland üblichen Verkündigung hinausreichende und viele verschiedene Konfessionen und Denominationen umfassende einmalig umfangreiche »Geschichte der Predigt«, die er – den Umfang eines Lexikonbeitrags mit knapp zweihundert Seiten weit überschreitend – für die klassische Realenzyklopädie erarbeitet hat.[215] In seinem

---

212 Verschiedene Synoden im Rheinland hatten sich schon früher mit dem »Verhalten der Kirche und ihrer Organe gegenüber den separatistischen und sectirerischen Bewegungen der Gegenwart« befasst. In: Prot. über die Verhandlungen der Kreissynode Moers am 31. Aug. 1881, 12ff. und ebenfalls am 20. Sept. 1882, 13–16; Prot. der XI. Rhein. Provinzial-Synode , 33–37.

213 Martin Weeber, Kultivierte Kulturdistanz. Die Homiletik Christliebs. In: Christian Albrecht/Martin Weeber, Klassiker der protestantischen Predigtlehre. Einführungen in homiletische Theorieentwürfe von Luther bis Lange, Tübingen 2002, 144–160.

214 Theodor Christlieb, Homiletik. Vorlesungen. Herausgegeben von Theodor Haarbeck, Basel 1893.

215 Theodor Christlieb, Geschichte der christlichen Predigt. In: Realenzyklopädie für protestantische Theologie und Kirche, Bd. VIII, Leipzig 1887, 466–653.

missionarischen, den glaubensfernen Hörer nicht aus dem Blick lassenden Verkündigungsstil knüpfte er an die angelsächsische Predigttradition an, die in George Whitefield und auch in John Wesley Vorbilder in der methodistischen Evangelisationsbewegung hat.

Müller kritisierte die Radikalisierung dieses Ansatzes, wie er ihn dem Methodismus außerhalb der Landeskirche zuordnete, ohne dass es ihm durchgehend gelungen wäre, den zeitgemäßen Klischees zu entkommen. Er schrieb: »Unsere Predigt faßt die Zuhörerschaft nicht in methodistischer Art auf als einen großen Haufen von gänzlich Unbekehrten mit einigen zerstreuten Gotteskindern darunter, sondern als eine Gemeinde der Berufenen, unter denen außer jenen beiden Klassen eine große Zahl solcher ist, die schon unter der Zucht der Gnade stehen, ohne zur vollen Gotteskindschaft durchgedrungen zu sein.«[216] Er sah die Notwendigkeit, sich mit dieser Strömung des innerkirchlichen Methodismus auseinanderzusetzen, weil in den Gemeinden solche sind, die »methodistisch oder separatistisch *angehaucht*« seien. Darum warf er über diese innerhalb der Landeskirche auftretenden »methodistischen Strömungen« die Frage auf, wie man sich zu ihnen stellen solle. Er vertrat die These, die Pfarrer sollten »das im Methodismus Berechtigte in ausgiebiger Weise selbst den Gemeinden bieten.« Damit meinte er, wie er weiter ausführte, »Anregung zur Buße und zum Glauben« zu geben und ernste, erweckliche Predigten zu halten, die »wieder die großen Hauptsachen so recht in den Vordergrund stellen.« Nichts schaffe dem Methodismus mehr Eingang, als wenn »die Predigt in den alten Rationalismus zurücksinkt, des christlichen Charakters sich entkleidet und die großen Heilsthatsachen verschweigt oder verhüllt. – Und wie in der Predigt, so können wir vom Methodismus auch die Pflege des christlichen Gemeinschaftslebens lernen.«

(7) Die »methodistischen Strömungen *in* den evangelischen Gemeinden«, *also die Wirkungen der Gemeinschaftsbewegung*, hatten im Rheinland bereits 1894 ein solches Ausmaß angenommen, dass eine Klärung innerhalb der Kirche

---

[216] Müller, Methodistische Strömungen (wie Anm. 197), mit den nachfolgenden Zitaten 20–23. Es scheint, als habe sich aus der Gnadenpredigt, die zu Buße und Bekehrung führen wollte, immer stärker eine Predigtweise entwickelt, die in einem Schwarz-Weiß-Denken einen massiven, angriffigen Charakter angenommen hat. Die Untersuchung von Predigten ist dringend erwünscht. Es ist nämlich der Eindruck vorhanden, dass gerade innerhalb des landeskirchlichen Methodismus, also in der Gemeinschaftsbewegung, durch dessen gesuchte und aufgezwungene Distanz zur eigenen kirchlichen Beheimatung, die Evangelisationspredigt einen stärker radikalen Charakter annahm, als dies in der methodistischen Evangelisation der Fall war. Vgl. dazu z. B. den Predigtband des Methodistenpredigers Johann Friedrich Franz Klüsner, Töne aus der Halljahrsposaune, Bremen 1878, ^{2}1879.

als notwendig erachtet wurde. Müller stellte einem Methodismus innerhalb der landeskirchlichen Gemeinden die Anschauung einer »evangelischen Heilsordnung« gegenüber, »die unserer kirchlichen Arbeit zugrunde liegt«. Es war die Zeit, in der Elias Schrenk auch in dieser Region von Zeit zu Zeit große Evangelisationen vor Gliedern der Landeskirche hielt und der Essener Pfarrer Julius Dammann (1840–1908) seit 1889 seine Zeitschrift »Licht und Leben« herausgab, die gerade in dieser Region unter den weiter zur Landeskirche gehörenden Gemeinschaftsleuten eine hohe Wertschätzung erreichte.

In der nicht immer konsequent angewendeten Begrifflichkeit des Referenten und Autors Müller hatte mit ihnen der »Methodismus« innerhalb der Kirche eine Wirkung erzielt, die zu maßvoller und kluger Auseinandersetzung mit ihm führen musste. Seine Strategie entsprach ziemlich genau der von Theodor Christlieb. Jedoch gab es einen markanten Unterschied: der Bonner Praktische Theologe wollte der autonomen methodistischen Kirchenbildung einen Riegel vorschieben, Daniel L. Müller zielte nur wenige Jahre später auf die Eindämmung methodistischer Strömungen und der Evangelistenarbeit *innerhalb* von evangelischen Gemeinden[217] hin.

Gerade dieser Vortrag vor 150 Pfarrern zeigt die weite Füllung des Begriffs »Methodismus« und vermittelt einen Eindruck von dessem Einfluss auf die landeskirchlichen Gemeinden.

Nachdem es in der zeitgenössischen Literatur der frühen Jahre unterschiedliche Stimmen gibt, die im *Methodismus* ein bestimmendes Element in der inhaltlichen Ausgestaltung und des Zwecks der Organisation der Gemeinschaftsbewegung sahen,[218] ist nun nach konkreten Einwirkungen zu fragen.

---

217 So ist der Titel eigentlich gemeint.

218 Klemm, Elias Schrenk (wie Anm. 96).

4. »Methodismus« – Einflüsse auf die entstehende Gemeinschaftsbewegung

Weder die Gemeinschaftsbewegung noch der Methodismus wurden durch einen akademischen theologischen Entwurf initiiert. Charismatische, teilweise theologisch hochgebildete Führergestalten, unterstützt durch aufkommende Bewegungen, die ihrerseits Laienverkündiger hervorbrachten, durch allgemeinverständliche Kleinschriften und eine besondere Liedkultur, hatten einen nachhaltigen Einfluss. In diesem Beitrag wird der Einfluss von lediglich drei markanten Persönlichkeiten herausgestellt.

4.1 Robert Pearsall Smith – Ein Umbruch wird eingeleitet

Das amerikanische Ehepaar Hannah Whitall (1832–1911) und Robert Pearsall Smith[219] (1827–1898) brachte die amerikanische Heiligungsbewegung nach Europa. Beide stammten aus der Tradition der Quäker und hatten unter dem Einfluss der überdenominationellen Heiligungsbewegung neue Glaubenserfahrungen gemacht. Sie waren keine Mitglieder der methodistischen Kirche, wurden aber in der deutschen Presse aufgrund ihres Frömmigkeitstyps permanent als *Methodisten* bezeichnet.

Vom 29. August bis zum 7. September 1874 waren im englischen Oxford unter 1.500 Besuchern dreißig Teilnehmer aus Deutschland anwesend, von denen unter dem Wirken von Hannah und Robert Pearsall Smith anlässlich der bekannten ›Segenstage von Oxford‹ einige von ihnen geistlich neu erfasst wurden. Es entstand der Wunsch, diesen geistesmächtigen Laienprediger

---

219 Markus Krause, Robert Pearsall Smith – Impulsgeber für die deutsche Gemeinschaftsbewegung. In: Lüdke/ Schmidt, Die neue Welt (wie Anm. 69), 135–150. Zu Hannah und Robert Pearsall Smith: BBKL 10 (1995), 690–692 u. BBKL 10 (1995), 696–704.

Robert Pearsall Smith (1827–1898)

Smith auch in deutschen Städten zu hören. Zu den Oxford-Besuchern zählten auch die für die kommende Gemeinschaftsbewegung wichtigen Friedrich Fabri (1824–1891), Theodor Jellinghaus (1841–1913), Otto Stockmayer (1838–1917) und Carl Heinrich Rappard (1837–1909). Zu Theodor Christlieb (1833–1889) hatte das amerikanische Ehepaar durch die Bonner Hildegard von Niebuhr (1851–1923)[220] bereits vorher Kontakte.

Im April 1875 kam es auf dem Kontinent zur folgenreichen ›Triumphreise‹ von Smith. Der Verlauf ist detailliert erforscht.[221] In fast jeder Geschichte der Gemeinschaftsbewegung wird die Reise von Smith als ein Grunddatum ihrer Entstehung hervorgehoben. Paul Fleisch ordnete »Ursprung und Entwicklung der modernen Gemeinschaftsbewegung« der ›Oxforder Bewegung‹ zu.[222] Schon früh schrieb er: Smith »vertritt gegenüber dem oft sauersehenden und ständig seufzenden Pietismus eine, ich möchte sagen, jauchzende Vollkommenheits-

---

220 Hildegard von Niebuhr, Sechzehn Tage in England. Ein Blick in das Werk des Herrn in unserer Zeit (R. P. Smith in England), Halle 1874. Zur Familie von Niebuhr: BBKL (2013) (bautz/index/de).

221 Karl Heinz Voigt, Die Heiligungsbewegung zwischen Methodistischer Kirche und Landeskirchlicher Gemeinschaft, Die ›Triumphreise‹ von Robert Pearsall Smith 1875 und ihre Auswirkungen auf die zwischenkirchlichen Beziehungen, Wuppertal 1996.

222 Fleisch, Die moderne Gemeinschaftsbewegung (wie Anm. 24), 8–20.

lehre«. Damit spielte er sowohl auf den methodistischen ›Optimismus der Gnade‹ wie auf die in der Heiligungsbewegung hervortretende Überhöhung der Lehre von der christlichen Vollkommenheit an.[223]

Auch Frank Lüdke hat in seinem Plädoyer für die Definition des Begriffs Neupietismus dieses Datum benannt, als er, ohne den Namen Robert Pearsall Smith zu erwähnen, schrieb, der Neupietismus umfasse »die Bewegung seit ca. 1875 [...], die in der Tradition des Barockpietismus und der Erweckungsbewegung« stehe.[224]

R. P. Smith predigte meistens mehrere Tage und unter großem Zulauf nacheinander in Berlin, Basel, Zürich, Karlsruhe, Korntal, Stuttgart, Frankfurt/M., Heidelberg und Wuppertal. Außer den beiden Schweizer Städten lagen alle anderen im westlichen Teil Deutschlands. Dass der methodistische Prediger Ernst Gebhardt (1832–1899) bei einem London-Besuch mit Pearsall Smith zusammengetroffen war, blieb nicht ohne Folgen. Gebhardt war damals Prediger in Zürich und organisierte dort die Versammlungen im großen Saal der Tonhalle. Ganz wie Ira D. Sankey (1840–1908) zu dieser Zeit in England bei den Evangelisationen von Dwight L. Moody (1837–1899) als Solist auftrat, sang Gebhardt mit seinem warmen Bariton in Zürich. Als Smith ihn bat, auf seiner Deutschlandtour als sein singender Begleiter mit ihm zu reisen, wusste der Amerikaner nicht, was er tat. Gebhardt war als Methodistenprediger nicht überall willkommen.

Eigentlich galt Pearsall Smith als Bote der Heiligungsbewegung. Aber er spürte schnell, dass die religiöse Lage in Deutschland mit seinen Erfahrungen in Amerika und England nicht vergleichbar war. Dort waren die frommen Massen ›überevangelisiert‹ und verlangten nach einem tieferen oder höheren ›Mehr‹. In Deutschland blieb er nicht bei dem ›Higher Life‹ der amerikanischen Heiligungsszene stehen, sondern er entwickelte eine Mischung aus Evangelisationsansprachen mit einem deutlichen Schuss Heiligungstheologie. Allein schon das Lied der europäischen Heiligungsbewegung, das bei Smith's Besuch in Karlsruhe von seinem dortigen Begleiter Ernst Gebhardt vorgestellt wurde, spiegelt diesen evangelistisch-missionarischen Akzent in Text und Liedstruktur wider.[225]

---

223 Ebd., 9.

224 Lüdke/Schmidt (Hg.), Was ist neu am Pietismus? (wie Anm. 69), 6.

225 Ernst Gebhardt, Hört es, ihr Lieben, und lernet ein Wort, das euch zum Segen gesetzt. Sprecht es mir nach und dann sagt's weiter fort: Jesus *errettet mich jetzt*. Es geht also darin um das Heil, nicht um ein zweites, »höheres« Heiligungserlebnis. – Text in: Reichs-Lieder. Deutsches Gemeinschafts-Liederbuch, 166–175. Tausend, Neumünster o. J., Nr. 139. Vgl. auch: Voigt, Heiligungsbewegung (wie Anm. 221), 101–105. Zu Ernst Gebhardt: BBKL 26

Der Glasfabrikant und Laienprediger Smith brachte bemerkenswerte Impulse aus der amerikanischen Frömmigkeitsbewegung nach Deutschland. Ich fasse die Auffälligsten kurz zusammen:

(1) Pearsall Smith war von Anfang an darum bemüht, *Massen* in Bewegung und zu einem geistlichen Neuanfang zu bringen.

(2) In den abendlichen Heiligungs-Evangelisationen wurde im Ansatz die amerikanische *Convention-Kultur* nach Deutschland übertragen: Verteilt über den ganzen Tag gab es Gebetsstunden, Bibelstunden, Frage-Gelegenheiten, spezielle Versammlungen für Frauen und an manchen Orten für Arbeiter. Der Veranstaltungszyklus glich fast einer Klausur. Die Teilnehmer wurden in einer konzentrierten Langzeitveranstaltung angesprochen, um gleichzeitig ihr Denken zu erneuern und ihre Herzen durch neue Glaubenserfahrungen erwärmen zu lassen.

(3) Smith gelang es an einigen Orten erstmals, für die Organisation und die Mitwirkung *Landeskirchler und Freikirchler zu gemeinsamer Aktion* zu mobilisieren. In Basel gab es ein gemeinsames Vorbereitungskomitee, auch freikirchliche Prediger hielten Bibel- und Gebetsstunden; in Karlruhe konnte Ernst Gebhardt in einer Landeskirche singen; im Wuppertal fand sich ein Chor mit Sängern unterschiedlicher beteiligter Gemeinschaften. Dagegen schloss man im frommen Stuttgart die Methodisten aus und versuchte auf die Verkündigung von Smith Einfluss zu nehmen.

(4) Smith legte Wert darauf, dass die Arbeit *›undenominationell‹* war. Ekklesiologischen Fragen wich er auch in Interviews aus, selbst wenn es um seine eigene kirchliche Beheimatung ging, und in der Verkündigung mied er sie konsequent. Die Kirchenfrage spielte – allerdings aus ganz anderen Gründen – auch in der Gemeinschaftsbewegung keine Rolle, gleichwohl wurde sie permanent in ihren Reihen erörtert.

(5) Smith führte das *angelsächsische Liedgut* ein, wie es Ira D. Sankey aus seinen ›Sacred Songs and Solos‹ (Erstausgabe 1873) bei den Massenevangelisationen Dwight L. Moody's in Amerika und in England sang. Nicht zufällig wurde Ernst Gebhardts Lied »Jesus errettet mich jetzt...«, das ganz in dieser Tradition stand, zum internationalen Lied der Heiligungsbewegung.

(6) Der Amerikaner wirkte öffentlich als *Laienverkündiger.*

(7) In Anknüpfung an die gleichzeitig in Großbritannien durchgeführten Evangelisationen von Moody und Sankey war die Reise von Smith eine

(2006), 362–431. Auch: Karl Heinz Voigt, Ernst Gebhardt (1832–1899) – Sein Liedschaffen als Brückenbauen zwischen Kirchen, Kontinenten und Kulturen. In: Handt, »... Im Lied geboren« (wie Anm. 133), 190–215. Ders., So kamen die Spirituals nach Deutschland. In: ebd. (wie Anm. 133), 216–240.

Kampagne, wie sie sich in den angelsächsischen Ländern als Methode, die Massen zu erreichen, herausgebildet hatte. Vermutlich schloss sie an die »Lagerversammlungen« (Campmeetings) an, zu denen die Neusiedler mit ihren Planwagen – in einer Zeit ohne Kirchengebäude – in der Prärie zu mehrtägigen Treffen zusammenkamen.

(8) Theologisch ist zu bemerken, dass der *Heiligungs*begriff von Smith gerade nicht an die Tradition des deutschen Pietismus anknüpfte. Er hat seine Vorgeschichte im früheren wesleyanischen Ansatz,[226] der sich im Rahmen der amerikanischen Heiligungsbewegung eigenständig weiterentwickelt hatte.

(9) Außer der Tatsache, dass Smith *spezielle Versammlungen für Arbeiter* anbot, lagen keine ausgesprochen sozialen Anliegen, wie sie eigentlich für den Methodismus typisch sind, im Blickfeld.

Fast alle diese Aspekte finden sich später modifiziert in der Struktur, Frömmigkeit und Theologie der Gemeinschaftsbewegung wieder. Der internationale spirituelle Transfer trug reichlich Früchte. Vergleicht man die von Smith übernommenen Frömmigkeitselemente mit denen der vorauslaufenden pietistischen Erweckungsbewegungen, dann ist der Vollzug eines tiefen Umbruchs – um den Begriff eines Neuanfangs zu vermeiden – nicht zu übersehen.

4.2 Friedrich von Schlümbach – der Umbruch wird vertieft

Mit Friedrich von Schlümbach[227] (1842–1901) ist eine neue Stufe des methodistischen Einflusses erreicht. Der württembergische Auswanderer wurde nach dem Amerikanischen Bürgerkrieg und nach Irrungen und Wirrungen in seinem Lebenslauf Prediger im deutschsprachigen Zweig der methodistischen Kirche in den USA. Nach einigen Jahren in verschiedenen Gemeinden stellte die Kirche ihn frei, damit er mit großer Tatkraft in den amerikanischen Bundesstaaten den Aufbau des überkonfessionellen YMCA unter deutschen Ju-

---

[226] Thomas Lessmann, Rolle und Bedeutung des Heiligen Geistes in der Theologie John Wesleys, Stuttgart 1987, 141–145. Zum heutigen Verständnis von Heiligung innerhalb der methodistischen Kirchen: Klaiber/Marquardt, Gelebte Gnade, 94–96, 325–353 u.a.. International: William J. Abraham, Christian Perfection. In: William J. Abraham/James E. Kirby (Ed.), The Oxford Handbook of Methodist Studies, Oxford 2009, 587–601 (dort Literatur aus dem weltweiten kirchlichen Methodismus).

[227] Thomas Hahn-Bruckhart, Friedrich von Schlümbach: Evangelisation, Jugendarbeit und Gemeinschaftsbildung zwischen den Kontinenten. In: Lüdke/ Schmidt, Die neue Welt (wie Anm. 69), 35–47. Zu Schlümbach: Friedrich von Schlümbach: BBKL 9 (1995), 306–314.

Friedrich von Schlümbach (1842–1901)

gendlichen aus eingewanderten Familien in Angriff nehmen konnte. Zeitweilig wirkte er gleichzeitig mit Dwight L. Moody als deutschsprachiger Evangelist parallel und koordiniert am selben Ort; aber natürlich in anderen Räumen.

Sieben Jahre nach Smith kam Schlümbach nach Deutschland. Vom 23. – 25. September 1882 half er den deutschen »Jünglingsvereinen« bei einem von ihm angeregten Treffen am Hermannsdenkmal den Weg zu einer nationalen Organisation mit einer neuen inhaltlichen Ausrichtung einzuschlagen. Er leitete damit die Bildung eines größeren Verbandes nach amerikanischem Muster ein. Danach reiste er mit Christlieb nach Berlin, um dort bei einer Zusammenkunft der »Positiven Union« vor ungefähr 200 landeskirchlichen Pfarrern ein Modell der Massenevangelisation vorzustellen. Anschließend evangelisierte er dort einige Monate in Verbindung mit landeskirchlichen Pastoren in deren Kirchen und öffentlichen Sälen. In Ermangelung eines Solisten sang er selber Gebhardts Lieder, die von Versammlungsbesuchern auf den Straßen weitergesungen wurden.

Die erweckliche Arbeit wurde von Christlieb, Jasper von Oertzen (1833–1893) sowie dem ortsansässigen Adolf Stoecker (1835–1909) verantwortet und von einer Gruppe Berliner Pastoren, die überwiegend schon 1875 beim Besuch von Pearsall Smith in ihrer Stadt mitgewirkt hatten, unterstützt. Am Ende seiner Berliner Tätigkeit organisierte der amerikanische Methodist dort den *ersten deutschen CVJM* nach dem aus den USA übertragenen Vorbild: nicht mehr pastorengeleitet, wie die *Jünglingsvereine*, nicht mehr binnenorientiert, nicht mehr an kirchliche Gebäude gebunden und – ebenfalls wie in Amerika –, überkonfessionell. Danach reiste er zu weiteren Evangelisationen in andere Städte. Auf die Bitten der verantwortlichen Landeskirchler nahm er in Deutschland keine öffentlichen Kontakte zu seinen methodistischen Kollegen und deren Gemeinden auf, obwohl es immer außerordentlich lebhafte Beziehungen zwischen den deutschsprachigen Methodisten diesseits und jenseits des Ozeans gegeben hatte.

Der Methodist predigte ohne vereinbarte Kanzelgemeinschaft von landeskirchlichen Kathedern. Das sorgte bis ins Berliner Konsistorium hinein für Handlungsbedarf. Es waren Verunsicherungen entstanden, die von konfessionellen Gruppierungen ausgelöst waren, aber es gab auch Protest von ausgesprochen frommen Kreisen. Der Methodismus in der Person Schlümbachs war in der Landeskirche angekommen. Partiell verwirklichte sich Christliebs später vorzustellendes Programm bereits in Schlümbachs Aktivitäten.

Nach den Presseberichten predigte Schlümbach natürlich nicht, wie es sonst die polemische Berichterstattung verbreitete, wie ein ›richtiger‹ Methodist. Seine Predigtweise sei, obwohl er wie immer wirkte, ›ganz anders‹, als man es sonst von methodistischen Predigern zu kennen glaubte. Die *Positive Union* war über die Teilakzeptanz glücklich. Der Methodist Schlümbach war dies in Berlin auch, denn seine eigene Kirche war mit seinem Dienst innerhalb landeskirchlicher Strukturen einverstanden. Sein amerikanischer Bischof und seine Kollegen in Deutschland billigten seinen Einsatz auf fremden Kanzeln. Seelenrettung war den kirchlichen Methodisten wichtiger als autonome Kirchenbildung.

Aber manche Reaktionen aus den Landeskirchen waren heftig. Christlieb und seine Freunde, die mit ihm zusammen Schlümbach eingeladen hatten, gerieten unter Druck. Die von ihnen diskutierte »undenominationelle Evangelisierung Deutschlands« war längerfristig unmöglich geworden. Man war gezwungen, sich abzugrenzen. Nach den Statuten des sich nun bildenden *Deutschen Evangelisationsvereins* sollten künftig nur noch solche Evangelisten mit ihm arbeiten können, die einer Landeskirche angehörten und dort das Abendmahl empfingen. Der Weg der Distanzierung von den methodistischen Kirchen war damit auch durch Christlieb beschritten. Schlümbach trat sogar aus der Methodistenkirche aus. Ihm wäre sonst keine Tätigkeit in den Landeskirchen mehr möglich gewesen. Daran lag ihm aber, denn er hatte gesehen, dass seine methodistische Kirche durch die permanente Diskreditierung als Sekte in ein missionarisches Ghetto abgedrängt war. Wenn der evangelistische Einsatz möglichst großen Erfolg haben sollte, war der Schritt der Lösung von der methodistischen Kirche notwendig. Im Hintergrund des Verlassens der methodistischen Kirche haben für Schlümbach allerdings auch andere Gründe mitgespielt, die mit seiner Freistellung und Finanzierung durch den amerikanischen YMCA und der Situation in seiner dortigen Familie zu tun hatten.

In Berlin wurden die im April 1883 von Schlümbach beendeten Evangelisationen weitergeführt. Adolf Stoecker und Pfarrer Karl Ludwig Diestelkamp (1833–1912) waren daran beteiligt. Ein anderer deutschsprachiger Methodist, Oscar von Barchwitz-Krauser (1821–1902), zeitweise Mitglied der amerikanischen East Maine Conference,[228] evangelisierte nun kurzzeitig im Norden Berlins. Auf den Einladungszetteln war zu lesen: »Fortsetzung der v. Schlümbach'schen Versammlungen«.[229]

Friedrich von Schlümbach hat durch den mit seiner denominationellen Zugehörigkeit hervorgerufenen innerlandeskirchlichen Protest einen weiteren Anstoß zur Bildung des *Deutschen Evangelisationsvereins* unter Christliebs Führung gegeben. Ursprünglich hat Schlümbach die Idee ins Gespräch gebracht, ein »*internationales* Komitee zur Evangelisation Deutschlands«[230] zu bilden. Diesen Gedanken hat Christlieb aufgegriffen und mit der Vorstellung einer von ihm ins Auge gefassten undenominationellen Evangelisation zu verwirklichen beabsichtigt. Das war nach der heftigen Protesten aus konfessionellen Kreisen jedoch nicht mehr durchführbar. Nun stand der national begrenzte *Deutsche Evangelisationsverein* vor der Aufgabe, Wege zu finden, amerikanische Methoden der Großstadt-Evangelisation wie in Berlin auch in anderen Städten umzusetzen und durchzuführen. Am Hermannsdenkmal hat Christlieb in der Zusammenführung von Jünglingsvereinen aus dem ganzen Reich ein Vorbild für eine die territorialen Landeskirchengrenzen überwindende, kirchenunabhängige Organisationsstruktur erlebt und mitgetragen. Die Gnadauer Pfingstkonferenz 1888 war der nächste Schritt, der nach den Jünglingsvereinen die überwiegend regionalen Gemeinschaftsverbände zu einem engeren organisatorischen Zusammenschluss führte. Gnadau und die Jünglingsvereine standen jetzt vor der Aufgabe, Frömmigkeit, die sich unter anderen gesellschaftlichen und kirchensoziologischen Bedingungen entwickelt hatte, zu transformieren und in hiesige, insbesondere kirchlich territoriale und konfessionelle Verhältnisse zu inkulturieren.

Besonders die für die Schlümbach-Evangelisationen Verantwortlichen Theodor Christlieb und Jasper von Oertzen aus Hamburg haben im Vorfeld

---

228 Die nicht ganz klar positionierte Person von Oscar Barchwitz-Krauser wirkte später, zusammen mit von ihm im Osten Deutschlands angeworbenen Auswanderern, im Süden von Chile. Dazu: Oscar von Barchwitz-Krauser, Six Years with William Taylor in South America, Boston 1885, Reprint o. J. – William Taylor war als erster methodistischer »Missionsbischof« »vielleicht der bedeutendste missionarische Denker, den der amerikanische Methodismus hervorgebracht hat.« In: Kenneth Cracknell und Susan J. White, Die Ausbreitung des Methodismus. In: Walter Klaiber (Hg.), Methodistische Kirchen, Göttingen 2011, 94.

229 Hahn-Bruckart, Friedrich von Schlümbach (wie Anm. 67), 315.

230 Ebd., 251.

der ersten Gnadauer Konferenz von 1888 die entscheidenden Impulse zur Organisierung der Gemeinschaftsbewegung gegeben. Christlieb hatte mit seinen missionstheologischen Vorstellungen größtes Interesse daran, den erwecklichen Teil der deutschen Christenheit mit der Dynamik des Methodismus zu durchdringen. Von Oertzen stand ihm nahe, sah aber vermutlich diesen Aspekt aufgrund seiner früheren Erfahrungen mit dem irischen Judenmissionar James Craig kritischer. Der Ire hatte in Hamburg und Schleswig-Holstein erfolgreich nach angelsächsischem Muster evangelisiert. Zuerst hatte es mit Wichern und später mit Oertzen Konflikte gegeben, die zu Auseinandersetzungen führten.[231] Oertzen hatte zwar Schlümbach nach seinen erfolgreichen Bemühungen in Berlin sofort nach Hamburg eingeladen, musste allerdings dort die Abweisung durch einheimische Pastoren erleben. Das geschah zwei Jahre bevor Elias Schrenk (1831–1913), der in der Gemeinschaftsbewegung den Beinamen ›Bahnbrecher der Evangelisation in [den Landeskirchen in] Deutschland‹ beigelegt bekam, in Hamburg seine erste Evangelisationskampagne durchführte.[232] Auch dieser Ansatz, durch die Konzentration des Blicks auf Schrenk, der Bewegung ein nationales Image zu geben, ist nicht durchzuhalten.

In den kommenden Jahren kehrte Schlümbach mehrfach nach Deutschland zurück, um hier in Verbindung mit Christliebs *Deutschem Evangelisationsverein* missionarisch tätig zu sein.[233] Der Einfluss auf die bestehende Gemeinschaftsbewegung ist beträchtlich. Nach Christliebs Vorstellungen sollten durch den aufzunehmenden Methodismus sogar pietistische Elemente zurückgedrängt werden.

4.3 Theodor Christlieb – der Umbruch verändert die Gemeinschaft

Der Bonner Praktische Theologe Theodor Christlieb ist einer der ›Väter der modernen Gemeinschaftsbewegung‹. In Elberfeld führte er 1875 Gespräche mit R. Pearsall Smith und am Einsatz Friedrichs von Schlümbach war er entscheidend beteiligt, wenn er nicht sogar der Initiator war. Unter Christliebs Regie wurde in Bonn der *Evangelisationsverein* gebildet. Dieser erwarb auf das Drängen des Professors hin das Bonner Missionshaus der irischen Pres-

---

[231] Nicholas M. Railton, James Craig (1818–1899), Judenmissionar – Evangelist – Gemeindegründer. Husum 2013, 187–191. Johann Hinrich Wichern, Sämtliche Werke, hg. v. Peter Meinhold, Hamburg/Berlin 1962, Bd. 1, 185 u. 388.

[232] Klemm, Elias Schrenk, 67 (wie Anm. 96) listet sie für den Januar 1887 auf.

[233] Hahn Bruckart, Friedrich von Schlümbach (wie Anm. 67), 359–394.

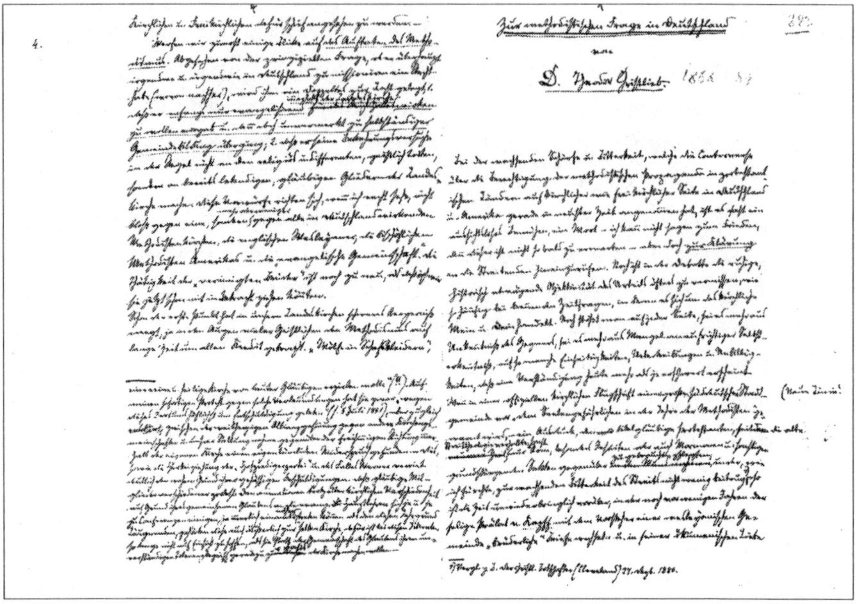

Manuskriptseite Theodor Christlieb, zur methodistischen Frage.

byterianer, um darin eine Stätte zur Ausbildung von Laien als Evangelisten und einen Ort der Sammlung für reisende Verkündiger, also für Evangelisten, zur Verfügung zu haben.

Christliebs Interesse war in England geweckt worden, wo er als junger württembergischer Theologe eine deutsche Gemeinde im freikirchlichem Stil aufbaute. In diesem Umfeld hatte ihn die Wirksamkeit der methodistischen Kirche überzeugt. Den Methodisten war eine Theologie der Evangelisation zugefallen, aus der heraus sich Strukturen evangelistischer Arbeit organisch entwickelt hatten. Christlieb schätzte den britischen Methodismus. Er hatte, wie vor ihm Johann Gottlieb Burckhardt (1756–1800), den Wunsch den Pietismus zu erneuern.

Allerdings schlug der Stratege Christlieb einen anderen Weg als sein Landsmann Burckhardt fast einhundert Jahre vor ihm ein. Hatte Burckhardt den Pietismus auf literarischem Weg erneuern wollen,[234] so stand Theodor Christlieb eine Neustrukturierung der bisher kaum organisierten Gemeinschaften durch die Übernahme methodistischer Theologie und Frömmigkeit in deren Praxis vor Augen. Auf eine, wie er behauptet, von Johannes Jüngst

234 Johann Gottlieb Burckhardt, Vollständige Geschichte der Methodisten in England, aus glaubwürdigen Quellen. Nebst den Lebensbeschreibungen ihrer beyden Stifter, des Herrn Johann Wesley und George Whitefield, Nürnberg 1795. Als Faksimile-Ausgabe 1995 in Stuttgart neu gedruckt und eingeleitet von Michel Weyer.

aufgeworfene Erwägung, ob nicht »die Mission des Methodismus bei uns im wesentlichen schon erfüllt von dem Pietismus« sei,[235] antwortete Christlieb:

»Der Gedanke liegt nahe genug. Aber welch ein Unterschied zwischen beiden! Dort ein energisches Hinaustreten in die Welt, ein Predigen und Anhalten mit Predigen, ›zu rechter Zeit oder zur Unzeit‹, ein furchtloses, aggressives Seelenwerben mit eiliger Ausnützung jeder Stunde; hier ein weltflüchtiges Stillleben, das, an vielen Orten schon zu lange auf der Hefe gelegen, sich abgesehen von der traditionellen Beteiligung an der äußeren und einigen Zweigen der inneren Mission selten zu rettenden Thaten inmitten der verweltlichten Christenheit aufschwingt und mit dem bescheidenen Fortbestande der ›Gemeinschaft‹ sich zufrieden gibt; dort – vor raschem Ausnützen der Gegenwart fast keine Zeit für längeres Nachsinnen über prophetische Zukunftsgemälde, hier – wenigstens im Süden – die stete Betrachtung der Zeitereignisse im Lichte der Weissagungen Daniels und der Offenbarung; dort – vielgegliedertes, organisirtes Arbeiten auf baldige Erfolge, zum Theil in treiberischer Hast, hier – beschauliche Ruhe, dabei man nur sporadisch da und dort nach einzelnen angefassten Seelen die Hand ausstreckt und dem Worte Gottes in ihnen gelassen Zeit lässt, damit die Glaubensknospe sich gesund entfalte.«[236]

Als der aus Württemberg stammende Christlieb seine strategischen Überlegungen niederschrieb, war er gerade dabei, den ersten Einsatz Schlümbachs am Hermannsdenkmal und in Berlin zu planen.

Bei aller mitschwingenden Kritik am Methodismus ist Christliebs Urteil über den Pietismus im Vergleich deutlich kritischer. Er möchte ihn erneuern und findet sein Vorbild dazu gerade nicht in der Erweckungsbewegung. Der damals missionarische, nach außen gewandte, ungeduldige Methodismus war trotz aller Vorbehalte sein Ideal, das er sogar als schwäbischer Pietist vor Augen hatte. Seine Londoner Jahre haben ihn missionstheologisch tief geprägt. Er hatte Bücher über die methodistischen Väter Wesley und Whitefield gelesen und vor allem hatte er die missionarische Kraft und Dynamik miterlebt und deren Wirkungen bei seinen Reisen auf der Insel zu einer Zeit gesehen, als diese Bewegung sich auf ihrem Höhepunkt befand und sichtbar über die Grenzen der methodistischen Kirche hinaus Societies und andere Konfessionen beeinflusst hat.[237]

---

235 Christlieb gibt als Quelle Johannes Jüngst, Der Methodismus in Deutschland, Seite 63 an. Diese Angabe hält jedoch Nachprüfungen weder in der ersten noch in der zweiten Auflage (1875 u. 1877), die Christlieb beide erwähnt, stand. Es scheint sich also nicht um ein Zitat, sondern um ein Resümee, das er aus der Lektüre gezogen hat, zu handeln.

236 Christlieb, Zur methodistischen Frage (wie Anm. 57), 51f.

237 Henry D. Rack, Wesleyan Methodism 1849–1902. In: Rupert Davies u.a. (Hg.), A History of the Methodist Church in Great Britain, Vol. 3, London 1983, 119–166.

Auf der Grundlage seiner England-Erfahrungen verfolgte er zwei Ziele: Er wollte den theologischen Ansatz mit der daraus entwickelten missionarischen Kraft innerlandeskirchlich verankern, und er wollte gleichzeitig die damals starke Ausbreitung der methodistischen Kirchen »überflüssig machen«, wie er selber schrieb.[238] Die Übertragung methodistischer heimatlicher Missionspraxis begann er mit dem Einsatz Schlümbachs zu vermitteln. Indem er die evangelistischen Aktivitäten des methodistischen Evangelisten in die Landeskirchen integrierte, war eine eigene methodistische Kirchenbildung zur Evangelisierung des Landes nicht mehr notwendig. Schlümbach war das erste prominente Beispiel zur Umsetzung seiner Theorie. Später holte Christlieb den Korntaler Kenner des deutschsprachigen Methodismus in Amerika, Johann Gottlob Pfleiderer (1825–1897),[239] als Leiter des *Johanneums* nach Bonn, damit er die Ausbildung von Laien zu Evangelisten unter Christliebs eigener Mitwirkung leite. Vorher hatte bereits der nicht gerade

---

238 Ebd., 49 fragt Christlieb: »Was ist in unseren kirchlichen Zuständen zu bessern, zu ergänzen, wo sind etwa neue oder kräftigere Hebel einzusetzen zur Weckung oder Stärkung des geistlichen Lebens, um die Evangelisationsarbeit des Methodismus mehr und mehr überflüssig zu machen und daher für die Zukunft eine Ausbreitung in möglichst bescheidenen Schranken zu halten?«. Der von Christlieb ursprünglich propagierte Plan eines »undenominationellen« Wirkens von Evangelisten scheiterte am Ende an national-protestantischen Einstellungen mit dem Ausschluss von allen außerlandeskirchlichen Verkündigern aus dem von ihm ursprünglich anders gedachten »Deutschen Evangelisationsverein«. Christlieb scheint 1882 noch offen gewesen zu sein, »ein nichtdenominationelles Wirken dieser [methodistischen] Sendboten [in Verbindung mit] einem innerkirchlichen deutschen Evangelisationskomitee« zu praktizieren, allerdings unter der Bedingung, dass sie sich aus »ihrem Verband mit den methodistischen Missionsbehörden lösten,« (ebd., 12 f.) was den »interdenominationellen« Charakter ja aufgehoben haben würde. Bei der Verwendung des englischsprachigen Begriffs »undenominational« bezog sich der Bonner Professor auf einen Artikel, in dem einer der Krummacher, wahrscheinlich Emil Wilhelm Krummacher (1798–1886) ihn in den USA verwendet hatte. (Christlieb, zur methodistischen Frage (wie Anm. 57), 11, (Fußnote).

239 Johann Gottlob Pfleiderer war ein Neffe von Henriette Louise geb. Nast (1795–1865), der Schwester des in Amerika führenden Theologen und Publizisten der deutschsprachigen Methodisten Wilhelm Nast. Sie war mit dem württembergischen Pfarrer Gottlob Christian Kern verheirat. Durch die innerhalb der Familien kreisenden Briefe von Wilhelm Nast waren Kerns über die Entwicklungen des deutschsprachigen Zweigs der Methodistenkirche in Amerika und auch in Deutschland stets gut informiert, zumal auch vertrauliche Informationen ausgetauscht wurden. Während seiner Amerikareise 1880 beobachtete Pfleiderer die Arbeit der deutschen Methodisten zwar kritisch, aber vorurteilsfrei. (Voigt, Pfleiderers Amerika-Reise 1880. In: Voigt, Christlieb (1833–1889) (wie Anm. 9), 249–281. – Es ist bezeichnend, dass mit der Ära Christlieb auch die Zeit Pfleiderers sich einem Ende zuneigte. Das kann in der Entwicklung der Johanneums-Ausbildung auch einen Kurswechsel andeuten.

typisch methodistische Theologieprofessor Ernst Ferdinand Ströter[240] (1846–1922) ihm – vielleicht zu Christliebs Glück – in dieser Sache einen Korb gegeben. Einer der ersten Teilnehmer an den Kursen im *Johanneum* war der vormalige Methodistenprediger Gustav Adam Kaiser (1862–1935). Bei ihm konnte sich Christlieb Insider-Informationen über die Ausbildung im Frankfurter Predigerseminar der Methodistenkirche holen.[241] Christlieb hat neben seinen persönlichen Kontakten zu prominenten methodistischen Theologen in England und Amerika, denen er von Zeit zu Zeit begegnete, reichlich methodistische Literatur studiert. Er gehörte auch zu den regelmäßigen Lesern methodistischer Zeitschriften. Methodistische Kirchenführer aus Amerika und England kehrten bei ihm ein.[242]

Ein zweiter Schritt zur Überwindung methodistischer Kirchenbildung war die Organisation der Gemeinschaftsbewegung, die er neu formierte, um sie so umzugestalten, dass in ihr missionarisch ausgerichtete methodistische Frömmigkeit angesiedelt werden konnte. Er folgte – bewusst oder unbewusst – dem Vorbild Schlümbachs,[243] der am Hermannsdenkmal eine Integration amerikanischer YMCA-Praktiken in die Jünglingsvereine durch deren Umorganisation eingeleitet und in Berlin mit der Bildung eines Modells eingeführt hatte. Nun schuf Christlieb mit dem Start durch die Gnadauer Pfingstkonferenz von 1888 eine entsprechende Struktur und damit die Voraussetzung für eine nach außen gerichtete missionarische Arbeit.

Im Anschluss an seinen früher bereits zitierten Vergleich zwischen Pietismus und Methodismus schrieb er: »Nicht unser zumeist lutherisch gearteter und zu mystischer Spekulation neigender Pietismus wie er war und ist, wohl aber der von reformirter Thatkraft lernende und sich zu neuer Energie aufraffende Pietismus, könnte viel dazu beitragen, die fernere Mission des Methodismus unter uns überflüssig zu machen.«[244]

---

240 Ekkehard Hirschfeld, Ernst Ferdinand Ströter – Endzeitspezialist zwischen den Kontinenten. In: Lüdke/ Schmidt, Die neue Welt (wie Anm. 69), 61–69.

241 Das methodistische Predigerseminar war 1858 zur Ausbildung von evangelistischen Predigern gegründet worden. Gustav Adam Kaiser steht unter dem Jahr 1883 (Studienbeginn in Frankfurt/M.) als der 153. Studierende in der Liste der Auszubildenden. Zu Gustav A. Kaiser: BBKL Bd. 17 (2000), 750–754.

242 Es kann sich nur entweder um Bischof Rudolf Dubs, der 1882 in Karlsruhe-Durlach die Jährliche Konferenztagung der Prediger der Evangelischen Gemeinschaft leitete oder aber Bischof Johann Jakob Escher, der 1883 die entsprechende Tagung in Mülheim beaufsichtigte, gehandelt haben. Zu Rudolf Dubs: BBKL 15 (1999), 480–482; zu Johann Jakob Escher: BBKL 15 (1999), 528–537.

243 Karl Heinz Voigt, Schlümbach, Christlieb und die Evangelisation in Deutschland. In: Voigt, Christlieb, Die Methodisten, die Gemeinschaftsbewegung (wie Anm. 9), 91 f.

244 Christlieb, Zur methodistischen Frage (wie Anm. 57), 52.

Was konnte – wie Christlieb es behauptete – vom Methodismus gelernt werden? Es waren sieben Aspekte, die Christlieb nacheinander hervorhob:[245]

(1) Als Praktischer Theologe nannte er zuerst die *Predigtweise.* Christlieb sah in der Hinführung zu Bekehrung und Wiedergeburt das höchstes Ziel pastoralen Wirkens. Er wollte sich nicht zufrieden geben mit einer Predigt, die sich an die Hörer als ausschließlich Gläubige richtete; er wollte erwecken und auf den Weg zum Glauben einladen.[246]

(2) Er wünschte »gesteigerte Anstrengungen der Kirche zur allgemeinen Durchführung der *speciellen Seelsorge*« und erinnerte an die methodistische Gemeindestruktur mit den regelmäßigen Begegnungen in Kleingruppen, den sog. *Klassen*, die von Laien geführt wurden.[247]

(3) Danach wies Christlieb auf die *Sonntagsschulen* hin. Jede methodistische Gemeinde hatte mehrere Sonntagsschulen, in denen durch Frauen wie durch Männer der biblische Unterricht nach einem Lehrplan der überkonfessionellen internationalen *Sunday School Union* erteilt wurde. Als Christlieb die Empfehlung für die Sonntagsschule formulierte, hatte die Innere Mission gerade den Umschwung von der internationalen Entwicklung der Sonntagsschule zum deutschen, liturgisch gestalteten Kindergottesdienst eingeleitet. Die aus den USA auch in die Landeskirchen unter engagierter Förderung von Andreas Graf von Bernstorff und Pfarrer Johann Dettloff Prochnow[248] eingeführte Sonntagsschule stand in der Kritik.[249] Christlieb steuerte der Abkoppelung von der internationalen Erweckung entgegen und blieb auch bei dem bis heute international üblichen Terminus *Sonntagsschule.*

---

[245] Ebd., alle folgenden Aspekte auf den Seiten 52–55, 59.

[246] Theodor Christlieb, Homiletik. Vorlesungen von D. Th. Christlieb (wie Anm. 214). Haarbeck sagt in der Einleitung: »Christlieb sagt sich mit Entschiedenheit los von dem idealen Standpunkt Schleiermachers, der die missionierende oder evangelisierende Tätigkeit von der Kanzel ausschließt und die Zuhörer als Gläubige Gemeinde betrachtet, die nur durch die gottesdienstliche Feier erbaut werden müsse.« Ebd., III f. Dazu auch Theodor Christlieb, Die heutige Predigt des evangelischen Deutschlands, ihre charakteristische Stärke und Schwäche. In: [Methodistische] Vierteljahresschrift für Wissenschaftliche und Praktische Theologie, hg. v. R. Jäckel, Cleveland, Ohio, 7. Jg. (1886), 273–28. Auch: Karl Heinz Voigt, »Die Neuevangelisierung der längst Entchristlichten« – ein Ziel Christliebs von 1888. In: Voigt, Christlieb, Die Methodisten, die Gemeinschaftsbewegung (wie Anm. 9), 71 f.

[247] Richard P. Heitzenrater, John Wesley und der frühe Methodismus, Göttingen 2007, 144–146. Michael Nausner, Kirchliches Leben in methodistischer Tradition. Perspektive aus drei Kontinenten. Göttingen 2010, s. Register.

[248] Zu Johann D. Prochnow: BBKL 19 (2001), 1095–1104.

[249] Karl Heinz Voigt, Internationale Sonntagsschule (wie Anm. 89), 109–121.

(4) Ein zukunftsorientierter Bereich war für Christlieb die *Jugendarbeit*. Er sah einen Unterschied zwischen »der warmen Teilnahme und Unterstützung der Jünglingsvereine seitens der Prediger in Amerika und der im allgemeinen so flauen in Deutschland.«[250] Christlieb war über die Arbeit in Amerika durch Friedrich von Schlümbach aus erster Hand informiert.[251]

Das war ein hartes Urteil Christliebs, denn obwohl die Jünglingsvereine bereits eine gute Ausbreitung und am Hermannsdenkmal auch eine zukunftsorientierte überregionale Gestalt gefunden hatten, wünschte er sich eine stärkere Einbindung in die ortskirchliche Arbeit. In manchen Städten, wo die Arbeit unter jungen Männern florierte, hatten sich Pastoren für sie eingesetzt. Man denke an Friedrich Mallet und Georg Gottfried Treviranus in Bremen oder an den Rheinisch-Westfälischen Jünglingsbund mit den aktiven Pastoren Karl Krummacher und Gerhard Dürselen. Letztere hatten mit Christlieb und Schlümbach zusammen am Hermannsdenkmal das Treffen der Jünglingsbünde erlebt. Aber zu einem großen Teil waren die Leiter der Jünglingsvereine Lehrer, Handwerker oder kamen aus anderen weltlichen Berufen. Das musste man begrüßen, aber wenn sich dahinter eine Interesselosigkeit der Pfarrer verbarg, dann konnte man kaum an eine volle Integration dieser oft am Rande oder außerhalb der Gemeinden lebenden Jünglingsgruppen hoffen. Christlieb sah in ihnen dagegen das Potential für die Gewinnung von »Zöglingen« für sein Johanneum und von Laienevangelisten für die Evangelisierung Deutschlands.

(5) Weiter trat der Praktische Theologe für eine *Teilung der Großgemeinden* und für die Einrichtung weiterer »geistliche[r] Stellen« ein. Eine von der Mission her bestimmte Arbeit setze überschaubare Gemeinden voraus, in denen viele auch durch ihr *finanzielles Engagement* die Arbeit mittragen. Auch dies sei »ein Punkt, darin unsere Gemeinden namentlich im Osten viel lernen könnten vom Methodismus, von dem auch die anglikanische Kirche

---

250 Christlieb, Zur methodistischen Frage, (wie Anm. 57), 56.

251 Seit 1894 gab es in Deutschland einen Zweig der 1881 in den USA gegründeten Jugendarbeit *Christian Endeavour Union*, die hier den Namen *»Jugendbund für Entschiedenes Christentum« (EC)* annahm. Der Jugendbund wurde Mitglied im Evangelischen Gnadauer Gemeinschaftsverband. Damit wurden Elemente angloamerikanischer Frömmigkeit in die Gemeinschaftsbewegung direkt integriert. Wie eng dieser Jugendbund von Anfang an personell mit der Gemeinschaftsbewegung verknüpft war, zeigt eine Broschüre mit vielen Namen, die Friedrich Blecher (1866–1936) als Sekretär des deutschen Zweiges 1906 herausgegeben hat. – Friedrich Blecher, Zeugnisse und Urteile von Pastoren über den Jugendbund für Entschiedenes Christentum (EC), Kassel ^{3}1906 mit einem Anhang von Urteilen und Zeugnissen aus Deutschland, 23–62.

das reichliche Geben für kirchliche Zwecke großenteils erst lernen musste.«[252] Bei den staatlichen Behörden hatte er wenig Hoffnung auf eine Erhöhung der finanziellen Leistungen für die kirchliche Arbeit.

(6) Natürlich wies Christlieb auf die Notwendigkeit eines ›innerkirchlichen *Evangelisteninstituts*‹ hin, in dem er ein »von Jahr zu Jahr dringenderes Bedürfnis« sah.[253] Die Freikirchen hätten längst »Missionshäuser« zur Ausbildung von Berufenen, die sich, auch ohne einen entsprechenden Schulabschluss, in den Missionsdienst stellen wollten.[254] Für die weitere Entwicklung der Gemeinschaftsbewegung sei die Ausbildung von Evangelisten mit theologischen Grundkenntnissen von fundamentaler Bedeutung. Christlieb wusste um die sensible Beobachtung der Kirchenleitungen im Hinblick auf das von ihm geplante Ausbildungsinstitut *Johanneum* und die Frage der geistlichen Laientätigkeit. In einem Vortrag fügte er schon im Titel erklärende und um Verständnis werbende Zusätze hinzu und sprach von einem »Gehilfendienst am Wort« und dessen »Angliederung an den Organismus der Kirche«.[255]

Der auch finanziell riskante Erwerb eines Bonners Anwesens zur Einrichtung eines Evangelisteninstituts wurde aus dem Freundeskreis, insbesondere durch Gerhard von Niebuhr (1845–1903) unterstützt.[256] Der Bonner Stadtbaumeister hatte den Wert der Immobilie auf 100.000 Mark geschätzt. Ein Beschluss der Generalversammlung der Belfaster irischen Synode, in derem Eigentum das Haus stand, ermöglichte den Erwerb für 80.000 Mark. Mit dem durch die irischen Presbyterianer gewährten Nachlass wurde die Hoffnung verbunden, das ansehnliche Gebäude werde auch zukünftig für eine »Förderung der evangelischen Wahrheit« (evangelical truth) genutzt.[257]

Das konsequente Vorgehen Christliebs zeigt dessen Zielstrebigkeit, die Voraussetzungen dafür zu schaffen, die in England erlebte und inzwischen auch in Deutschland von den Methodisten praktizierte Verkündigung durch Laien möglichst bald im landeskirchlichen Bereich anzusiedeln.

---

[252] Christlieb, Zur methodistischen Frage (wie Anm. 57), 56.

[253] Ebd.

[254] Die Bildung freikirchlicher Seminare erfolgt in folgenden Jahren: 1858 Methodistenkirche in Bremen, 1877 methodistische Evangelische Gemeinschaft in Reutlingen; 1880 Bund Deutscher Baptisten in Hamburg, 1912 Bund Freier evangelischer Gemeinden in Vohwinkel.

[255] Christlieb, Die Bildung evangelistisch begabter Männer (wie Anm. 111).

[256] Zum Erwerb des *Johanneums* hatte Gerhard von Niebuhr Christlieb oder dem Evangelisationsverein ein Darlehen über 37.000 Mark gewährt.

[257] Minutes of the General Assembly of the Presbyterian Church in Ireland, Belfast 1883, 549 u. 582.

(7) Wir müssen »in Gottes Namen *mehr Laienkräfte* zum Gehülfendienst am Wort verwenden lernen. Und wer gibt darin ein beachtenswerteres Exempel als der Methodismus?«[258] Und er fügt zur Abwehr regelmäßiger Vorwürfe hinzu: »Man mag von der Menge seiner nach unserem Maßstabe oft nur halb theologisch gebildeten Prediger und ihren Leistungen so bescheiden halten, als man will, Thatsache ist, daß er durch dies schlagfertige Heer an hundert Orten das Terrain schon besetzt und Gemeinden gesammelt hat, ehe andere Kirchen auch nur daran denken, ihre zerstreuten Glieder daselbst kirchlich zu versorgen (vgl. den Westen Amerikas), daß ohne jene der Methodismus nicht die Hälfte seines heutigen Umfangs hätte, noch denselben, besonders in den größeren Städten, ohne sie aufrecht erhalten könnte!«[259] Für Christlieb war klar: für eine zeitgemäße heimatliche Mission kann ein zur Evangelisation Berufener mit einem entsprechenden Charisma oft hilfreicher sein als ein Pfarrer, der ein ausgeprägtes Berufsbild verinnerlicht hatte.

Ein *Evangelist* im Zeitalter der *Massenevangelisation,* auch wenn er in Zelten oder Sälen in Kleinstädten und Dörfern nur überschaubare Hörerzahlen erreichte, war nicht mit den aus der Erweckungsbewegung kommenden *Kolporteuren* und *Bibelboten* vergleichbar. Sie hatten ein individuelles Besuchsprogramm von Haus zu Haus, die Evangelisten hatten ihr Vorbild in den *Kampagnen,* die nach den großen angelsächsischen Vorbildern möglichst viele Hörer erreichen und zur Umkehr rufen wollten.

Alle sieben Bereiche, die Christlieb in seiner Schrift als übernehmenswerte Aktivitäten aufgezählt hatte, zeigen eine Verbindung zwischen der sich formierenden Gemeinschaftsbewegung und seinen Erfahrungen mit dem britischen Methodismus. Seine Strategie, in Deutschland eine Art in-

---

258 Siehe dazu: Theophil Funk, Die Anfänge der Laienmitarbeit im Methodismus, Bremen 1941.

259 Christlieb, Zur methodistischen Frage (wie Anm. 57), 57. – Hier spielt Christlieb auf die methodistische Mission unter deutschen Einwanderern in den USA an, die im 19. Jahrhundert zu einer deutschsprachigen methodistischen Kirchenbildung in Amerika führte. Sie setzte dazu am Anfang aus den Einwanderern gewonnene evangelistisch-missionarische Laienprediger – später ausgebildete Prediger – ein, zu derem theologischen Grundwissen der heimatliche lutherische oder reformierte Konfirmandenunterricht die Grundlage gelegt hatte. Dagegen haben sich die deutschen Landeskirchen nicht um ihre verlorenen Kirchenglieder gekümmert. Nach dem an das heimatliche Territorium ausgerichteten Staatskirchenrecht waren sie mit dem Überschreiten der Landesgrenze aus ihrer Kirche unbemerkt und oft ohne es zu wissen ausgetreten. Es gab für die Menge der Auswanderer nur eine sehr begrenzte Zahl von Auswandererervereinen, die würden jedoch nicht von den damaligen Staatskirchen, sondern von unabhängigen Vereinen getragen und z. T. mit der Inneren Mission in Verbindung standen

nerlandeskirchlichen Methodismus kontra methodistische Kirchenbildung zu gestalten, drückte er unmissverständlich aus, als er nach der Darlegung der sieben Bereiche schrieb: »Wenn auf diese Weise den Seelen innerhalb der Kirche im wesentlichen das geboten wird, was sie so oft in den kleinen außerkirchlichen Gemeinschaften suchen und [...] wenn die Kirche ihre pastorale Aufgabe versteht und allseitig erfüllt, dann wird sie das Wachstum der außerkirchlichen Parteien und so auch des Methodismus in bescheidenen Grenzen erhalten können; denn dann wird seine Missionsarbeit unter uns immer klarer als unnöthig erscheinen müssen.«[260] Am Schluss seiner Schrift brachte Christlieb seine Grundidee mit einer Erinnerung zum Ausdruck, die sowohl seine Position charakterisierte wie auch die Stimmung innerhalb der Wesleyanischen methodistischen Predigerschaft in Süddeutschland zusammenfasste. Er schrieb 1882: »Vor etlichen Jahren besuchte mich ein englischer wesleyanischer Theologe auf der Durchreise, der Stand und Aussicht der süddeutschen Methodistengemeinden genau kannte. Er gestand offen, daß wenn unsere Landesgeistlichkeit bei ihrer jetzt überwiegend evangelischen Predigt mehr specielle und systematische Seelsorge vom Methodismus lernen wollte, die Mission desselben in Deutschland wesentlich erfüllt sein würde und er somit nicht nötig hätte, weiter seine Sonderkirche in die Landeskirchen hineinzubauen. Er hatte«, fasste Christlieb zusammen, »ohne es zu ahnen, damit meine innerste Meinung über die methodistische Frage in Deutschland ausgesprochen. Ich konnte nur Ja und Amen dazu sagen.«[261]

Als Christlieb sechs Jahre später anlässlich der Wuppertaler Festwoche einen Vortrag über »Die Bildung evangelistisch begabter Männer zum Gehilfendienst am Wort und dessen Angliederung an den Organismus der Kirche« hielt, erzählte er den Zuhörern: »Vor Jahren als ich in einer Broschüre über die methodistische Frage [erschienen 1882] auf den nötigen Selbstschutz der

---

[260] Ebd., 59.

[261] Ebd., 60. Diese Sicht Christliebs lag durchaus in der ursprünglichen Absicht besonders der von England gekommenen wesleyanischen Methodisten, die erst nach 30-jähriger Tätigkeit zu einer festeren Organisation schritten, während sie sich selber vorher als innerlandeskirchliche methodistische Gemeinschaftsbewegung verstanden hatten, natürlich aber dort nicht als solche akzeptiert wurden. (Dazu: Friedemann Burkhardt, Christoph Gottlob Müller und die Anfänge des Methodismus in Deutschland, Göttingen 2003.) Die aus Amerika herüberwirkende Bischöfliche Methodistenkirche kam auch, um »mitzuhelfen« beim Aufbau des Reiches Gottes. Aber die deutsche Erweckungsbewegung war auf ein ökumenisch-integriertes Wirken nicht vorbereitet. Dazu auch: Karl Heinz Voigt, Warum kamen die Methodisten nach Deutschland, Stuttgart ^{4}1975. Auch: ders., Methodistische Sichten auf Staaten und Landeskirchen. In: FF 17 (2008), 53–76, hier 70 f.

Kirche durch Evangelisation hinwies, da kam einiger Schrecken in manche freikirchliche Kreise. Und bald darauf erschien ein durchreisender auswärtiger Bischof bei mir,[262] und der bekannte mir Folgendes: ›Ich habe Ihre Schrift mit meinen Geistlichen gelesen und wieder gelesen und ihnen erklärt: merkt auf, Brüder, ob die deutsche Kirche das ins Werk setzt, wozu sie hier aufgefordert wird,– kirchliche Evangelisation. Tut sie es, *dann könnt ihr eure Koffer packen,* dann ist für eure Mission in Deutschland kein Bedürfnis mehr.‹ – Eine bessere Rechtfertigung meiner Vorschläge als aus diesem Munde kann ich mir nicht denken. Der Mann hat mich und meine Absichten verstanden! Und meine eigene Kirche sollte ihre Augen verschließen? Sollten denn auch ihr erst ernste Verluste die Augen öffnen können? [Christlieb hatte an anderer Stelle an die Anglikaner erinnert, die nach Christliebs Meinung auf der Britischen Insel zu spät angefangen hatten, die methodistische Denk- und Arbeitsweise in ihre eigene kirchliche Arbeit zu integrieren.] Nun, dann soll sie wenigstens dereinst nicht klagen können, sie sei nicht gewarnt worden!«[263]

Es war für die Entwicklung der sich organisierenden Gemeinschaftsbewegung ein folgenreicher Verlust, dass Theodor Christlieb am 15. August 1889 im Alter von 56 Jahren an Krebs starb. Er hatte noch im Mai 1888 an der ersten Gnadauer Pfingstkonferenz teilgenommen. Wenn die Gnadauer 1897 den erst sieben Jahre früher gewählten Namen *›Deutsches Komitee für evangelische Gemeinschaftspflege‹* in die Selbstbezeichnung ›Deutscher Verband

---

[262] Für internationale Deutschlandbesucher besonders aus dem erwecklichen Umfeld der angelsächsischen Länder war Bonn eine erste Adresse. Insbesondere Christliebs Vorträge auf den Allianzkonferenzen in New York und Kopenhagen, aber auch von Basel waren Höhepunkte dieser überkonfessionellen Christentreffen. Die oft überlangen Vorträge wurden in vielen Sprachen gedruckt. Leider ist der Nachlass Christliebs nicht erhalten. Er hat international einen enormen Schriftverkehr geführt, wie sich besonders aus seinen umfangreichen Lexikonbeiträgen und seinen Besuchen in den USA im Zusammenhang der Allianzkonferenz von New York 1873 schließen lässt. (Vgl.: Karl Heinz Voigt, Allianz als ökumenische Bewegung (wie Anm. 88), 56–66.) – Selbst als die Fisk-Jubilee-Singers als afro-amerikanische Sängergruppe mit ihren Spirituals 1878 erstmals nach Deutschland kamen, ließen sie es sich nicht nehmen, auch bei Christlieb in Bonn vorzusingen. Zu der Reise insgesamt: Karl Heinz Voigt, So kamen die Spirituals (wie Anm. 133).

[263] Christlieb, Bildung evangelistisch begabter Männer (wie Anm. 111). Hervorhebungen übernommen. – Beide geschilderten Begebenheiten, die Christlieb über Begegnungen mit führenden Methodisten in Bonn berichtete, müssen unterschieden werden: Zuerst kam ein britischer Methodist, der die damalige nicht bischöflich verfasste *Wesleyanische Methodisten-Gemeinschaft* mit dem Schwerpunkt in Württemberg besucht hatte, danach ein amerikanischer Bischof, der einen der beiden Zweige der methodistischen Kirchen visitiert und deren »Konferenz« geleitet hatte.

für Gemeinschaftspflege *und Evangelisation*‹ entscheidend veränderten, kann man darin die wachsende Zustimmung zu einer inneren Umgestaltung der Gemeinschaftsbewegung sehen, zu welcher Christlieb mit seinen Londoner Impulsen den entscheidenden Anstoß gegeben hatte.

Es bleibt in diesem Zusammenhang zu bemerken, dass neben Christlieb der Hamburger Laie Jasper von Oertzen (1833–1893) großen Anteil an der Organisation und Gestaltung der Gemeinschaftsbewegung hat.[264] Er hatte nach seinen persönlichen Erfahrungen mit dem bereits genannten irischen Missionsarbeiter James Craig (1818–1899)[265] Grund genug, Christliebs Strategie der Überwindung angelsächsischer kirchenbildender Aktivitäten in Deutschland zu unterstützen.

4.4 Der Deutsche Evangelisationsverein

Der Organisation des Deutschen Evangelisationsvereins ist in dieser Phase der Entwicklung missionarischer Aktivitäten besonderes Gewicht beizumessen. Er bildete das personale Zentrum der Evangelisationsbewegung und wurde zur Keimzelle der Gemeinschaftsbewegung. Seine Funktion war die eines Katalysators, der die praktischen Impulse der internationalen Bewegungen, die von Smith und Schlümbach vermittelt wurden, und ebenso die von Christlieb in seiner Schrift »Zur methodistischen Frage in Deutschland« publizierten Überlegungen für die Weiterführung innerhalb der deutschen Kirchentümer ausgestaltet und für deren Anwendung sorgt.[266]

Seit sich unter dem Vorsitz von Theodor Christlieb vom 18. bis 20. März 1884 im Bonner Johanneum die Initiatoren getroffen haben, ging die überregionale Organisation der Evangelisation in Deutschland Schritt für Schritt

---

[264] Es fehlt eine die verschiedenen Arbeitsbereiche umfassende Biographie über Jasper von Oertzen, die seine Tätigkeit für die Gemeinschaftsbewegung, die Jugendarbeit, die Innere Mission in Hamburg/Schleswig-Holstein und in der Evangelischen Allianz untersucht. Bisher liegt nur eine Veröffentlichung von Jürgen Wehrs, Jasper von Oertzen. Ein Baron der Inneren Mission, Hamburg 1993 vor. Außerdem hat Jörg Ohlemacher in seiner Studie Das Reich Gottes bauen (wie Anm. 22) biographische Aspekte und seine Mitwirkung in der frühen Gemeinschaftsbewegung berücksichtigt (48–55 u.a.).

[265] Zu James Craig: BBKL, 15 (1999), 435–443.

[266] Voigt, Schlümbach, Christlieb und die Evangelisation in Deutschland. Zur Bildung des Deutschen Evangelisationsvereins. In: Voigt, Christlieb, Die Methodisten, die Gemeinschaftsbewegung (wie Anm. 9). Dort steht die Organisation des Vereins im Vordergrund, hier sind es die internationalen Beziehungen.

Evangelisten-Schule Johanneum, Bonn, Lennestraße

voran. Teilnehmer waren: Jasper von Oertzen (Hamburg), Eduard Graf Pückler (Berlin), der Arzt Dr. Peter Ziemann (London), Elias Schrenk (Bern), Oskar Erdmann (1866–1870 in London, danach Evangelische Gesellschaft Elberfeld), Gerhard von Niebuhr (Jurist, Bonn), Johann (Jan) Wildemann (nach Verlassen des Pfarrdienstes freier Evangelist, zu dieser Zeit Vertreter der Heilungsbewegung in Bonn), der Theologiestudent Alfred Christlieb (Bonn); am 19. März war Andreas Graf von Bernstorff (Berlin) eingetroffen, am 20. auch Otto Stockmayer (Hauptwyl, Schweiz). Vier von den elf Teilnehmern waren Adlige, sieben lebten zeitweise oder zu dieser Zeit im Ausland, fünf waren kirchlich engagierte Laien. Die Zusammensetzung war in sozialer Hinsicht keineswegs repräsentativ für die kommende Gemeinschaftsbewegung. Auffallend ist, dass keine Vertreter aus dem württembergischen Pietismus und keine aus den jüngeren Bewegungen im östlichen Deutschland anwesend waren.

Es war Christlieb gelungen, diese illustre Runde an einen Tisch zu bekommen. Er selber führte den Vorsitz und formulierte einführend in einer Bemerkung die diese Tagung bestimmende Aufgabe: »unser Ziel [ist], Evangelisation der unchristlichen Massen, des unkirchlichen Volkes, das ja nominell aus lauter Gliedern der Landeskirche besteht.«[267] Schon in dieser Bemerkung

[267] Protokoll des entstehenden Deutschen Evangelisationsvereins vom 18. März 1884 im Bonner Johanneum, 1. Daraus auch das folgende Zitat. – Kopie des Protokolls im Besitz

wird die Anknüpfung an die angelsächsisch beeinflusste Entwicklung zur Massenevangelisation erkennbar. Der Vorsitzende wusste, dass dieses Ziel ohne die Mitwirkung der Ortsgeistlichen nicht zu erreichen war. Wenn sie sich jedoch gegen das evangelistische Engagement der Mitarbeiter des zu bildenden Vereins stellen werden, biete dieser Verein den Evangelisierenden einen gewissen Rückhalt. Sollten Pastoren der Ortsgemeinden »gleichgültig oder gar feindselig« sein, dann solle in solchen Fällen durch den Verein auf sie moralisch eingewirkt werden, »durch Hinweisung auch auf die Gefahr seitens sectiererischer Evangelisten«. Hier klingt der zweite interessierende Gesichtspunkt, nämlich die Abgrenzung zu den freikirchlichen Evangelisationen, an. Christlieb stellte schon nach seiner Einführung den Antrag, »zunächst die Arbeit [dort] zu beginnen, wo durch freundliche Stellung der Pastoren die Thüren geöffnet sind, u. für das Weitere auf des Herrn Winke zu achten, wie Er weitere Thore erschließen wird.«

Oertzen bestätigte die Möglichkeit einer positiven Entwicklung. Er zeigte aufgrund seiner Erfahrungen in Schleswig-Holstein und Hamburg, wie Pfarrer sich für die Evangelisation öffneten, was ein »Beweis« sei, »daß man auch innerhalb der Landeskirche im Frieden u[nd] förderlich wirken kann.«[268]

Elias Schrenk hielt ein längeres Referat. In achtzehn thesenartigen Schritten griff er sehr unterschiedliche Themenfelder auf. Er erinnerte u. a. an die 150-jährige Geschichte der Evangelisation in England und Amerika. In dem Zusammenhang stellte er den Unterschied heraus zwischen der evangelistischen Arbeit in einer Gemeinde und der »Evangelisation, wie Moody sie treibt – Arbeit unter der Masse«. Überblickt man die Thesen von Schrenk, dann treten insbesondere zwei Zuströme zu seinen Ausführungen hervor. Es ist einerseits die Erfahrung, die er als Evangelist im Auftrag der Berner Evangelischen Gesellschaft gemacht hat, als er sie »auf einen neuen Kurs« brachte.[269] Andererseits übernahm er nach einem Englandaufenthalt 1882 Moodys Methode der Evangelisation. Ulrich Gäbler fasste Moodys Weg unter der präzisen Formel »Die organisierte Botschaft« zusammen.[270] Im Grunde entfaltete Schrenk in

---

des Verfassers. Es ist eine Quelle mit höchst authentischen Formulierungen, denn es ist ersichtlich, dass fast alle Referenten die Zusammenfassungen ihrer Darlegungen selber ins Protokollbuch eingeschrieben haben.

268 Ebd., Protokoll, 2.

269 Markus Nägeli, Die Evangelische Gesellschaft des Kantons Bern in der Auseinandersetzung mit der Heiligungsbewegung, in: Rudolf Dellsperger, Markus Nägeli, Hansueli Ramser, Auf dein Wort, Bern 1981, hier besonders: Elias Schrenks Berner Zeit 1879–1886, 266–281.

270 Ulrich Gäbler, Auferstehungszeit. Erweckungsprediger des 19. Jahrhunderts, München 1991, 161–159.

seinen vorgetragenen Thesen die Methode Moodys und gab ihr, durch seine eigenen Berner Erfahrungen ergänzt, eine persönliche, seelsorgerlich bestimmte Note. Der unverwechselbare angelsächsische Impuls kann hier nur an einem hervorstechenden Beispiel aus den Thesen von Schrenk erörtert werden, zu dem er verhältnismäßig ausführliche Erläuterungen vortrug: die sog. »Nachversammlungen«.[271] Er problematisierte diesen speziellen Versammlungstyp nicht, sondern legte mehr im Interesse der Seelsorge den Ablauf, die besonderen inhaltlichen Akzente und manche Fehler, die zu vermeiden sind, dar.

Dieser Typ der Nachversammlungen hat seine eigene Geschichte. Charles G. Finney hat die sog. Oberlin-Theologie entwickelt. Sie baute auf folgender rationalen Idee auf: »Wenn der Glaube vernünftigen Menschen nur in entsprechender Weise präsentiert werde, könne sich niemand dessen überzeugender Logik entziehen.«[272] Mit derartigen Vorstellungen wurde Finney zum »Theoretiker des Revival«, der seine juristische Herkunft in der Anwendung überzeugend vorgetragener Argumente in seinen Theorien und in der Praxis nicht verbergen konnte. Finney führte mit seinen Bekehrungsversammlungen (Protracted Meetings) praktisch die Evangelisationswochen ein. Die Entwicklung führte weiter zur Einführung der Nachversammlungen (Anxious Meetings), in denen er den in den großen Versammlungen Erweckten Hilfe auf dem Weg zu einer bewussten Bekehrung bot. Diese Form der Nachversammlung war eine Konsequenz der zunehmenden Massenversammlungen, in denen es doch trotz der »Masse« immer um die Bekehrung des Einzelnen ging. Ihn suchten die Evangelisten in den Nachversammlungen, die sich fast organisch aus den Großveranstaltung aussonderten, auf diese Weise individuell zu erreichen. In den früheren überschaubaren Versammlungen der Gemeinden hatte es noch die »Bußbank«, von den Kritikern »Angstbank« genannt, gegeben. Sie waren praktisch die gemeindliche Vorstufe zur Nachversammlung bei großen Zusammenkünften.

Fünf Jahre bevor Schrenk seine evangelistischen Methoden in der Bonner Gründungsversammlung des Evangelisationsvereins vorstellte, die unzweideutig an Finneys Oberlin-Theologie und an die Praxis von Moody, der den Oberlin-Ansatz kampagnenfähig gemacht hatte, anknüpfte, hatte Christlieb schon eine Autobiographie Finneys ins Deutsche übersetzen lassen. Die Veröffentlichung erfolgte 1879 noch im Verlag des Kölner Baptisten Eduard Scheve.[273] Christlieb schrieb dafür, nachdem er sich durch Rückfragen zum

---

271 Prot. 8f.

272 Ulrich Gäbler, Auferstehungszeit, 15.

273 Leben und Wirken des Rev. Charles G. Finney, evangel. Prediger und Professor zu Oberlin (Ohio) und die neuesten Erweckungen in den »2 Vereinigten Staaten«. Nach einer Selbstbiographie bearbeitet von A. H. F., Cöln 1879. – Der Christlieb nahestehende

Inhalt in den USA Bestätigungen zur Glaubwürdigkeit dieser ihn beeindruckenden Darstellung eingeholt hatte, ein engagiertes Vorwort. Er führt darin u. a. aus, dass er froh sei, einen nicht-methodistischen Zeugen für Erweckungen unter allen Klassen, darunter »Kaufleute, Lehrer, Aerzte, besonders Advokaten und Richter« gefunden zu haben.[274] Die öffentliche Abneigung gegen den Methodismus und die pastorale gegen die Verkündigung durch Laien spürt der Leser, wenn Christlieb ausdrücklich betonen musste: »hier erzählt, was ja vielen deutschen Lesern zur Beruhigung dienen mag, kein Methodist, kein Laienevangelist, der es etwa auf rasche Aufregung der Massen abgesehen hätte, sondern ein Professor [...] der ein vollständiges Lehrsystem gebildet, Verfasser einer zweibändigen Glaubenslehre« ist, seine Erfahrungen.

Dass Schrenk in seiner Darstellung der Evangelisation und der Anknüpfung an amerikanische Vorbilder nicht alleine stand, zeigt eine fast zur gleichen Zeit in Basel herausgegebene Übersetzung von Passagen aus Finneys »Reden über Erweckungen«.[275] Ähnlich wurde selbst in der Bonner Sitzung der Eindruck eines Einflusses von Finney wahrgenommen, als in ihrem weiteren Verlauf Oskar Erdmann auf die »Winke für Nachversammlungen« hinwies, die in der von ihm vertretenen Elberfelder Evangelischen Gesellschaft bereits herausgegeben waren. Es gab also bereits ein Netz von derartigen Impulsen aus dem Ausland.

Der letzte von Schrenks achtzehn Punkten der Darstellung seiner »Organisierten Botschaft« betraf die Frage des »Gesangs bei den Evangelisationsversammlungen«.[276] Das Protokoll notierte: es »wird bedauert, daß hier

---

Johannes Schergens war zunächst Mitarbeiter in der von dem Kölner Baptistenprediger 1878 gegründeten Buchhandlung, die gleichzeitig verlegerisch tätig war und die Zeitschrift »Rheinische Traube« herausgab. (Eduard Scheve, Dem Herrn vertrauen, Blüten und Früchte eines Lebens für Gemeinde, Mission und Diakonie. Zusammengetragen von Günter Balders, Wuppertal/Kassel 1979, 135.) Dieser Verlag wurde auf Veranlassung von Christlieb nach Bonn verlegt und dadurch hat er der Gemeinschaftsbewegung in ihren Anfängen wichtige Dienste getan. Man muss sich die Frage stellen, ob es auch ein Motiv Christliebs war, die baptistische publizistische Tätigkeit einzuschränken und den Verlag, ähnlich wie die Westdeutsche Evangelische Allianz, unter seine Kontrolle zu bekommen.

274 Vorwort, Leben und Wirken Finneys, IV und folgend V.

275 F. Hahn, Über geistliche Erweckungen. Aus Rev. Charles G. Finneys Reden nebst einem kurzen Abriß seines Lebens von F. Hahn, Pfarrer, Basel 1885, 1903 zweite durch Anmerkungen vermehrte Auflage, in welcher der Herausgeber Finneys Argumente durch 112 ausführlich zitierte Hinweise (S. 160–194!) auf überwiegend deutsche Publikationen zu untermauern versucht. – Außerdem war 1880 in Basel ›Chs. Finneys Leben und Wirken‹ erschienen.

276 Prot. 9. Daraus auch das folgende Zitat.

durch Einführung verschiedener Methodistenlieder [...] ohne Rücksicht auf das kirchliche Bewusstsein unseres Volkes von vornherein der Abneigung gegen solche Versammlungen viel Vorschub geleistet wurde. – Es wird demgegenüber hingewiesen a. auf die Evangelisations-Lieder (evang. Gesellschaft), die theils kirchlich, theils volksliedermäßig (10 Pfg.), b. Volkenings Die Missionsharfe; in Norddeutschland weit verbreitet (15–20 Pfg).«

Das Protokoll vermittelt an keiner Stelle den Eindruck einer längeren Diskussion. Das gilt für die von Schrenk vorgetragene »Richtige Methode der Evangelisationsversammlungen«, aber auch für die dahinterstehende Theologie. Der Vordenker Finney benannte als »Die Faktoren einer Erweckung« folgende drei Aspekte: »Das Wirken Gottes bei einer Erweckung, das Wirken des Menschen bei einer Erweckung und das Wirken des Sünders bei einer Erweckung.«[277] Das ist eine Ausgangsposition, die nicht unumstritten war, was mit zur Kritik an der Evangelisation beitrug, weil gerade dieser Synergismus methodistisch sei.

Es verrät eine eigenartige Doppelgleisigkeit, wenn die von Finney entwickelten Ansätze und die Praktiken Moodys ohne zu hinterfragen aufgegriffen werden, aber das aus dem gleichen Umfeld stammende, ins Deutsche übersetzte und längst reichlich benutzte Liedgut der »Sacred Songs and Solos« mit dem Hinweis »auf das kirchliche Bewusstsein unseres Volkes« zurückgewiesen wird. Evangelistischer Aufruf zur Entscheidung und Betreuung in einer Nachversammlung waren mindestens ebenso fremde Gestaltungsformen der Frömmigkeit, die unter die gleiche Kategorie der Kritik hätten fallen können. Man kann das Bedauern über das sicher bereits vielfach erfolgte Einbeziehen des angelsächsischen Liedguts nur als eine Reaktion auf die freikirchlichen Aktivitäten deuten. Darin zeigt sich erneut, dass man bereit war, sich dem angelsächsischen Einfluss auszusetzen, aber es gleichzeitig für notwendig hielt, sich von den nicht nur inhaltlich, sondern auch geographisch nahen methodistischen evangelisierenden Gemeinden zu distanzieren.

Dieser Zwiespalt zeigte sich auch am letzten Tag der Bonner Zusammenkunft noch einmal. Es ging um Zahlungen für zukünftig geplante evangelistische Aktivitäten von Friedrich von Schlümbach. Die Versammelten erwogen, ihre Londoner Förderer, die dafür Gelder bereitstellten, aufzufordern, das Geld

---

277 Hahn, Über geistliche Erweckung (wie Anm. 267), 45–49. Hahn zieht zu seiner Unterstützung dieser Thesen sogar den neulutherisch-konfessionellen Chr. E. Luthardt heran, aus dessen »Kompendium der Dogmatik« (§ 61) er zitiert: »Dieser für Jeden heilsnotwendige, innere Vorgang (die Bekehrung) wird allein durch die Gnadenwirksamkeit begründet und ermöglicht, aber durch die innere Willensentscheidung des Menschen vollzogen.« Hahn (wie Anm. 267), 162.

über das neue Evangelisationskomitee an ihn auszuzahlen, »um den Schein eines vom Ausland besoldeten Arbeiters zu vermeiden.«[278] Man konnte auf die Unterstützung aus England nicht verzichten, aber öffentlich sollte der Eindruck vermieden werden, international vernetzt zu sein.

Aber das war nicht Schrenks Problem. Er warnte abschließend vor evangelistischer Arbeit in Gemeinden von »ungläubigen Pastoren«. Weil sie »nicht im Stande sind, Erweckte zu versorgen,« ruinieren sie dieselben oder »trieben sie den Sekten in die Arme«. Weiter warnte er vor zu vielen Festlegungen in Statuten, weil der Evangelist gewisse Freiheiten brauche. »Der Evangelist steht auf Reichsboden, hält sich fern von Polemik + Kirchenfragen. Er hat nicht kirchenbildend zu wirken, wohl aber gemeinschaftsbildend.«[279]

Schrenks besonnene Überlegungen knüpfen in ihrer praktischen Ausrichtung nicht an die Traditionen von Pietismus und Erweckungsbewegung an. Die angelsächsische Erfahrung mit Moody und ihre Zielrichtung auf Massen wird mit Überzeugung zur eigenen Praxis herangezogen. Der kirchenpolitische Zwiespalt in der deutschen Situation war aber mit dem Hinweis auf den »Reichsboden« längst wieder aufgetaucht. Der in der Gemeinschaftsbewegung zentrale Gedanke des Reiches Gottes wird mit dem Bild vom »Reichsboden«, auf dem Schrenk sich als Evangelist sieht, von ihm in Anspruch genommen. Jedoch schränkt selbst der missionserfahrene und mit den englischen Kirchenverhältnissen vertraute Schrenk den Reich-Gottes-Gedanken mit der Warnung vor dem Verlust an die »Sekten« auf eine theologisch bedenkliche Weise ein, wenn er dieses gegenwärtige und zukünftig erwartete Reich damit auf die Landesdeskirchentümer einengt.[280]

Die hier behandelte Systematisierung einer Methode der Evangelisation, die an die Massenevangelisationen der bekannten Amerikaner von Finney über Mood anknüpft, hat sich in weiter ausdifferenzierter Form praktisch bis zu den Großstadtevangelisationen Billy Grahams in der zweiten Hälfte des 20. Jahrhunderts erhalten.

---

278 Prot. 12.

279 Prot. 2f.

280 Das hatte er bereits in seinen Schweizer Aktivitäten in aktiver Form als seine Aufgabe gesehen. Klemm, Elias Schrenk (wie Anm. 96), z. B. 206 u. 257.

5. Die Gemeinschaftsbewegung: Innenansichten zum Selbstverständnis

Innerhalb des deutschen Landeskirchentums gab es immer unterschiedliche Parteien mit gegensätzlichen Positionen: Die konfessionellen Lutheraner, den liberalen ›Protestantenverein‹, die ›Evangelische Vereinigung‹ als sog. Mittelpartei und die ›Positive Union‹. Diese verschiedenen Kirchenparteien standen in ganz unterschiedlichen Beziehungen zueinander. Die Gemeinschaften hatten gegenüber den Konfessionellen und den Liberalen deutliche Vorbehalte. In allen Zeitschriften gab es kritische Worte hin und her.[281] Ein Vorwurf gegenüber der Gemeinschaftsbewegung war die Aufnahme internationaler Einflüsse. Diese Kritik verschärfte sich, je mehr die Verbindung zum Methodismus, wie z. B. durch Paul Fleisch, herausgestellt wurde. In einer Zeit, die von nationalem Enthusiasmus und national-protestantischem Pathos geprägt war, verstärkte sich diese Hochstimmung in einer Weise, dass selbst die internationalen Freikirchen, die von Haus aus republikanisch waren, unter dem öffentlichen Druck zeitweise in den Sog kaisertreuen nationalen Denkens gerieten.

In dieser gesellschaftlichen und gesamtkirchlichen Lage wurde in der entstehenden Gemeinschaftsbewegung zunehmend die Notwendigkeit einer Abgrenzung zum »Internationalismus« und zur viel beschworenen »Engländerei« immer drängender. Mit dem näherkommenden Kriegsbeginn des Jahres 1914 stieg in der Öffentlichkeit das Nationalgefühl gepaart mit dem Hass auf die fremden, bald feindlichen Nationen. Diese gesellschaftliche Stimmung, die durch die Propaganda angeheizt wurde, beeinflusste auch die Kreise der Gemeinschaftsbewegung und machte auch vor den von den Frommen, den Engländern zugerechneten Freikirchlern nicht Halt.

---

281 Schmidtsiefer, Kirche und Gesellschaft (wie Anm. 14), 179–183. Dort auch: Zwischen pietistischer Andacht und liberaler Religiosität: Friedrich Naumann, 201–209.

Nach den Evangelisationen Schlümbachs war der *Deutsche Evangelisationsverein* gezwungen, sich seiner internationalen Beziehungen zu entledigen, um unter den vorherrschenden Bedingungen noch missionieren zu können. Er ließ nur noch ›deutsche‹ Evangelisten zu und suchte nach Wegen, wie das aus dem Ausland dringend benötigte Geld nicht als englische ›Fremdmittel‹ kenntlich wurde.

Dem nationalen Druck war es geschuldet, dass die Gemeinschaftsbewegung sich von Anfang an durch ihre ›außerdeutschen‹ Impulse und den Ruf, methodistisch zu sein, apologetisch positionieren musste. Diesem bestimmenden Gesichtspunkt gilt nun die Aufmerksamkeit.

5.1 Distanzierung vom angelsächsischen Einfluss

Die Gemeinschaftschristen lebten zunächst als die ›Stillen im Lande‹ in ›Privat-Erbauungsgemeinschaften‹ und ›Konventikeln‹ innerhalb der Grenzen ihrer Territorialkirchen. Die ab 1888 auch überregional *›organisierte* Gemeinschaftsbewegung‹ schuf neue Größenordnungen. Darin lag aus landeskirchlicher Sicht eine Gefahr: ein langfristiges Verbleiben innerhalb er Landeskirchen schien auf die Dauer nicht mehr sicher zu sein.[282] Es zeigte sich, dass Fleischs Publikationen zur Gemeinschaftsbewegung, auch weil er sie dem ›Methodismus‹ zuordnete, nicht förderlich waren.[283] Besonders den konfessionell bestimmten Richtungen innerhalb der Landeskirchen lieferte der ›Methodismus‹ Munition, um die Gemeinschaftsbewegung in ihrer nationalen Orientierung und in ihrer Treue und Bindung an die deutsche Theologie infrage zu stellen. Zu den Kritikern gehörte auch der zu dieser Zeit einflussreiche Albrecht Ritschl, dessen unmissverständlich kritische Bände über die ›Geschichte des Pietismus‹[284] zwischen 1880 und 1886, also gerade im Vorfeld der Organisation der Deutschen Gemeinschaftsbewegung, erschienen sind. Er befürchtete eine Schwächung der protestantischen Kirche durch die Erneuerung des Pietismus und unterzog diesen Typ der Frömmigkeit einer ablehnenden Beurteilung, die dazu beitrug, den Pietismus lange Zeit zu diskreditieren.[285] Eine seiner Hauptthesen ist der Vorwurf, mit dem Pietismus sei

---

[282] Michael Diener, Kurshalten in stürmischer Zeit. D. Walter Michaelis – Ein Leben für Kirche und Gemeinschaftsbewegung, Gießen/Basel 1998, 151–161.

[283] Fleisch, Die moderne Gemeinschaftsbewegung (wie Anm. 24), 83–86.

[284] Albrecht Ritschl, Geschichte des Pietismus, 3 Bde., Bonn 1880, 1884, 1886.

[285] Siegfried Lodewigs, Der Pietismus im Spiegel seiner theologischen Kritiker. Theologische Dissertation Göttingen 1972, als Privatdruck erschienen.

»ein starker Einbruch römisch-katholischer Frömmigkeit in die evangelischen Kirchen« erfolgt.[286]

Die nationalen Gefühle derer, die evangelisiert werden sollten, wurden immer stärker ausgeprägt und traten in einer Weise in Erscheinung, durch welche die internationale Verflochtenheit noch belastender zu werden schien. Das minderte die missionarischen Chancen. Immerhin wurde den Methodisten in dieser Zeit des nationalen Hochgefühls vorgeworfen, ein ›angelsächsisches Gewächs‹, eine ›ausländische Sekte‹ und ausdrücklich ›nichtdeutschen Ursprungs‹ zu sein. Mit separatistischen Zielen sei der amerikanische Methodismus mit seinen demokratischen politischen Überzeugungen in die obrigkeitlich regierten Landeskirchen ›eingedrungen‹.

Nur auf diesem Hintergrund lässt sich die gebräuchlich gewordene Bezeichnung ›*Deutsche* Gemeinschaftsbewegung‹ verstehen, die aus dem ›*Deutschen* Evangelisationsverein‹ hervorgegangen war. Man sieht: die nationale Verortung war bis in die Nomenklatur hinein nicht ohne Bedeutung.

Die bewusste Distanzierung von den methodistischen Kirchen und von der durch Schlümbachs Auftreten so stark in öffentliche Erscheinung getretenen internationalen Verzahnung hatte sich schon 1888 bei der Einberufung der Gnadauer Konferenz gezeigt. Der frühe erste Entwurf eines Einladungsschreibens von 1886 »zu einer freien Conferenz christlicher Männer aus ganz Deutschland« war in konfessioneller Hinsicht noch offen formuliert.[287] Die spätere »Einladung zu einer freien Konferenz christlicher Männer *aus allen Landeskirchen Deutschlands*«, die ursprünglich schon 1887 in Berlin geplant war, drückte inzwischen ihre Abgrenzung unmissverständlich aus.[288] Daran anknüpfend heißt es in der Einladung nach Gnadau 1888 nach längeren Ausführungen und der Betonung der Berechtigung zur »Privaterbauung« am Schluss, »Daß [...] die bei uns bestehende Volkskirche als ein göttlicher Segen zu achten und der Einfluss des geordneten Amtes in ihr zu stärken sei; daß daher separatistische Tendenzen und unevangelische, schwärmerische und gewaltsame Heilsmethoden ferne zu halten seien.«[289] Diese Formulierungen sind zweifellos – verzerrte – Anspielungen auf den Methodismus mit seinem Engagement von Laien in geistlichen Diensten. Der Text zeigt neben der ablehnenden Haltung das Bild, das man sich von den methodistischen Kirchen ausmalte.

---

[286] Ebd., 69–74. Ein Vorwurf, der übrigens nicht selten auch die Methodisten traf.

[287] Text bei Ohlemacher, Das Reich Gottes bauen (wie Anm. 22), 229–231.

[288] Ebd., 61.

[289] Ebd., 236 (Das endgültige Einladungsscheiben zur ersten Gnadauer Konferenz aus der Sitzung des Evangelisationsvereins vom 13./14. April 1887).

Der vielfach in Gemeinschaftskreisen in Verbindung mit Veranstaltungen der ›Evangelischen Allianz‹ oder dem damaligen noch gemeinsamen, von Gemeinschaften und den Freikirchen getragenen ›Christlichen Sängerbund‹ wirkende Methodistenprediger Ernst Gebhardt, schrieb über die Gnadauer Konferenz: »Diese schloss sich in besondere Schranken ein, indem in ihr nur solche Brüder aktiv sein können, welche als innerhalb der Landeskirche stehende Reichsgottes-Arbeiter gelten.«[290]

Insgesamt nahm nach Gnadau 1888 und verstärkt nach der Organisation des Verbands 1890 ohne die inspirierende, inzwischen verstorbene Persönlichkeit Christliebs eine schmerzliche Entfremdung zwischen den Kreisen der Gemeinschaftsbewegung und den aus den angelsächsischen Ländern kommenden Freikirchen zu. Das zog in den nächsten Jahren auch strukturelle Konsequenzen nach sich, die hinter die von Robert Pearsall Smith vermittelten Impulse zu zwischenkirchlicher Gemeinsamkeit auf der Basis der Evangelischen Allianz zurückführten.

1898 trennten sich die Chöre der Gemeinschaftsbewegung vom freikirchlich dominierten *Christlichen Sängerbund*, der in der Folge des Besuchs von R. P. Smith im Raum Wuppertal 1879 entstanden war. Die abgesprungenen Gemeinschafts-Chöre bildeten einen eigenen *Evangelischen Sängerbund*. Von den Chören im Christlichen Sängerbund wurde der »Riss« tief bedauert, »da viele landeskirchliche Vereine – manche freilich mit dem Ausdruck innigen Dankes, herzlichen Bedauerns und nur gezwungen durch die örtlichen kirchlichen Verhältnisse – austraten.«[291] Der Vorstand des Christlichen Sängerbunds war enttäuscht und bedauerte kurz nach dem Bruch, dass mit der eingetretenen Neubildung die Ziele der Evangelischen Allianz, denen man dienen wollte, insofern vereitelt wurden, »als der neue ›*Evangelische* Sängerbund‹ von vornherein das Zusammenwirken mit außer[landes]kirchlichen Kreisen ablehnt und die freundlichen Beziehungen, die zwischen landeskirchlichen und freikirchlichen Kreisen durch unsern Bund geschaffen und gepflegt worden sind, wenigstens teilweise zu zerstören droht«. Der Vorstandsbericht betonte, dass er weiterhin »nicht ein sonderkirchlicher, sondern ›*Christlicher* Sängerbund‹ im weitesten Sinne der evangelischen Allianz ist«.

Ähnlich wie es in den örtlichen Gemeinden und Gemeinschaften fast an jedem Sonntag singende Chöre gab, waren auch – wie übrigens schon vorher

---

290 E. G. (Ernst Gebhardt), Allianz. In: Wächterstimmen, hg. v. Ernst Gebhardt und Heinrich Mann, 22. Jg., (1892), 117.

291 Vorstand des Christlichen Sängerbunds (Hg.), Die Entwickelung des Christlichen Sängerbundes deutscher Zunge 1879–1904, Bonn 1904, 79f. Daraus auch die beiden folgenden Zitate.

in Amerika und in Großbritannien in dem »Temperance-movement« – Arbeitskreise entstanden, die sich in gleicher Regelmäßigkeit unter dem Namen »Blaues Kreuz« um Alkoholkranke kümmerten. 1892 organisierten sich 48 örtliche Kreise in Barmen, dem späteren Hauptsitz, zum »Deutschen Bund vom Blauen Kreuz«. Präses wurde der frühere preußische Oberstleutnant Curt von Knobelsdorff (1839–1903). Er war der Evangelischen Allianz zugetan und wirkte an den Blankenburger Allianzkonferenzen von 1890–1903 aktiv mit. Bei der Bildung des Blaukreuzbundes schrieb er jedoch, die Arbeit »müsse getrennt von den Methodisten aufgenommen werden. Denn sonst würde man sich den Zugang zu weiten Kreisen verbauen.«[292] Die Methodisten waren genötigt, zusammen mit den anderen Freikirchen einen eigenen »Freien Bund vom Blauen Kreuz« zu bilden. Den Methodisten wurde mit ihrer durch Ernst Gebhardt schon 1883 gegründeten deutsch-europäischen christlichen Zeitschrift *Mäßigkeitsfreund* [293] mit dem *Freien Blauen Kreuz* die Rolle eines ›*Internationalen Nebenvereins*‹ zugewiesen.

Selbst die aus Großbritannien kommende Einheitsvorstellung der *Evangelischen Allianz* wurde zu dieser Zeit in der Gemeinschaftsbewegung unterlaufen. Der Stuttgarter Leiter der württembergischen Gemeinschaftsbewegung Christian Dietrich (1844–1919) warnte im Zusammenhang mit der Allianz vor Entwicklungen, die nicht auf dem Boden der Landeskirche stehen.[294] Was für ein widersinniges Bild von einer Einheitsbewegung, die sich auf die Landeskirchenglieder begrenzt! Dass die Vorstellung Dietrichs keine Ausnahme war, bestätigt der Bremer Pfarrer Ludwig Tiesmeyer (1835–1919). Er schrieb: »In den meisten Gemeinschaften fand der Allianzgedanke Anklang, aber man verstand unter ihm eine Vereinigung lutherisch und reformiert gerichteter Christen, welche die konfessionellen Unterschiede nicht betonen. [...] Eine Allianz mit außer[landes]kirchlichen Religionsparteien lag ihnen fern.«[295]

Mit dieser Tendenz zur Selbstisolierung hat man der Evangelisierung Deutschlands und der Erneuerung des kirchlichen Lebens durch den Ruf

---

292 Ernst Bunke, Curt von Knobelsdorff – der Herold des Blauen Kreuzes, Gießen/Basel 1940, ²1951, 64f.

293 Der ›Mäßigkeitsfreund‹ erschien ab 1883 im Verlag der Methodistenkirche in Bremen unter der Verantwortung von Ernst Gebhardt. Ab 1907 wurde die Zeitschrift weitergeführt als ›Der Christliche Abstinent‹ von August J. Bucher, ebenfalls Prediger der methodistischen Kirche.

294 Ernst Kalb (Hg.), Kirchen und Sekten der Gegenwart, hier § 96, Kirche und Sekte. Evangelische Allianz, Stuttgart ²1907, 599.

295 Ludwig Tiesmeyer, Was jedermann von der christlichen Gemeinschaftsbewegung in Deutschland wissen muß!, Berlin o. J. (1917), 85 f.

zum persönlichen Glauben im Zusammenwirken mit der internationalen Erweckung keinen guten Dienst getan. Man wollte eben nicht mit dem Vorwurf leben, methodistisch zu sein. Diese latent vorhandene Gefahr sollte durch nichts bestätigt oder gar verstärkt werden.[296] Die Lösung von ihren angelsächsischen Impulsen mit dem Ziel der Abgrenzung zu einer bewusst ›*Deutschen* Gemeinschaftsbewegung‹ lag ganz im gesellschaftlichen Trend der Zeit.

5.2 ›Neupietismus‹ – heute eine nicht mehr weit genug gefasste Charakterisierung?

Selbst in einer ökumenischen Zeit ist innerhalb der Gemeinschaftsbewegung die Bemühung wach geblieben, die nationale und von außen nicht angefochtene kirchliche Verwurzelung in der bereits eingeführten viergliedrigen Traditionskette weiter zu betonen. Wie in einer Selbstvergewisserung wurde in verschiedenen Variationen die Erinnerung an die nationale Linie wiederholt: Reformation[297] – Pietismus – Erweckungsbewegung – und schließlich – nicht weiter definiert oder dargestellt – angelsächsische Einflüsse.[298] Diese Kette, mit dem früher offensichtlichen Ziel nationaler Integration, wurde zwar in fast alle Werke über die Geschichte der Gemeinschaftsbewegung übernommen, aber sie reichte offensichtlich nicht mehr aus, nachdem evangelikale, charismatische und pfingstliche Einflüsse, in vielen Fällen mit amerikanischem Hintergrund in der zweiten Hälfte des 20. Jahrhunderts in Deutschland Einfluss gewonnen hatten. Die Erfahrungen mit der deutschen Pfingstbewegung begleiteten die Gemeinschaftsbewegung aufgrund der Wirren um die ›Berliner

---

[296] Voigt, Allianz als ökumenische Bewegung (wie Anm. 88), 90–93.

[297] Nach der Behauptung von Paul Fleisch, die Gemeinschaftsbewegung sei nicht lutherisch, schien es um so notwendiger, sich nicht nur auf Martin Luther, sondern auf die *Reformation* insgesamt zu berufen. Das konnte aus freikirchlicher Sicht freilich keine Abgrenzung sein, weil alle protestantischen Kirchen in der ganzen Welt, ohne Frage auch die methodistischen mit ihrer zentralen Rechtfertigungslehre, sich ihrer Grundlage in der deutschen Reformation bewusst sind. Vgl. dazu: Klaiber/Marquardt, Gelebte Gnade (wie Anm.226). Weltweit öffentlich dokumentiert wurde die zentrale Position der reformatorischen Rechtfertigungslehre durch den 2006 erfolgten Beitritt des Weltmethodismus zur Gemeinsamen Erklärung zur Rechtfertigungslehre, die zuvor 1999 in Augsburg vom Lutherischen Weltbund und der Katholischen Kirche unterzeichnet worden war. (Die Lutherisch/Methodistisch/Römisch-katholische Erklärung. In: DwÜ 4, 2001–2010, Leipzig/Paderborn 2012, 1158–1162).

[298] Eine Untersuchung über Ursprung und Herkunft dieser Traditionskette wäre reizvoll und vermutlich erhellend.

Erklärung‹ von 1909 lange Zeit fast traumatisch. Da musste der abgrenzende Rückgriff auf den deutschen Pietismus angesichts der internationalen Einflüsse befreiend wirken. ›Neupietismus‹, das war für eine weitgehend auf Deutschland begrenzte Bewegung ein Zeichen für historische Kontinuität, die angesichts der neu aufkommenden Bewegungen angezeigt schien.[299]

Hartmut Lehmann zieht aus der jüngsten Erforschung des Pietismus die Konsequenz, dass dem »Spätpietismus« der zweiten Hälfte des 18. Jahrhunderts mit der daran anschließenden »Erweckungsbewegung« »zwar eine verwandte, aber doch deutlich zu unterscheidende neue Richtung folgte.«[300] Die damit von ihm aufgerissene Spannung zwischen »Kontinuität und Diskontinuität« stehe in einer Beziehung zu einer pietistischen Geschichtsschreibung im 19. Jahrhundert, die ein Interesse daran gehabt habe, »die Kontinuität zwischen den ›Vätern‹ und ›Patriarchen‹ der pietistischen Bewegung und ihren eigenen Aktivitäten zu betonen.«[301] Die Historiker der sich anschließenden Gemeinschaftsbewegung sind in gewissen Ansätzen diesem Modell der Selbstvergewisserung und – bewusst oder unbewusst – der nationalen Integration gefolgt. Aber wie schon die Erweckungsbewegung bis heute wirkende Anstöße überwiegend von der Britischen Insel erhielt, wiederholte es sich sowohl im Zuge der Bildung wie auch der Organisation der Gemeinschaftsbewegung, allerdings nahm zu dieser Zeit der transatlantische Einfluss deutlich zu. Beide aufgezeigten Entwicklungen, die ohne die Aufnahme internationaler Impulse nicht zu denken sind, lassen Vorsicht geraten erscheinen, vorschnell den Begriff Neupietismus zur Charakterisierung der Gemeinschaftsbewegung zu verwenden. Er würde auf jeden Fall der Tendenz einer national empfundenen Geschichtsschreibung Vorschub leisten.

5.3 Die Erweckungsbewegung: verborgene angelsächsische Einflüsse

Wer sich auf die Erweckungsbewegung als Teil seiner Tradition beruft, darf deren internationale Verzahnung nicht übersehen. Erich Beyreuther (1904–2003)

---

[299] Zwar hatte Johannes Jüngst bereits 1906 über »die moderne, neupietistische Evangelisations- und Gemeinschaftsbewegung« und den »heutigen Neupietismus« geschrieben. Johannes Jüngst, Pietisten, Tübingen 1906, 78 f. Seine öffentlich wirksame Bedeutung bekam dieser Begriff jedoch erst wieder durch die inflationäre Verwendung in der evangelikalen Presse, besonders von idea, später Idea Spektrum, Wetzlar.

[300] Hartmut Lehmann, Die neue Lage. In: GdP Bd. 3, Göttingen 2000, 7.

[301] Ebd.

sah bereits in der Mitte des 20. Jahrhunderts die Erweckungsbewegung im internationalen Horizont. Er schrieb: »Die Anfänge der gesamtprotestantischen EB lagen zweifelsohne in England.« Später führte er weiter: »Der Methodismus als eine erste Erweckung großen Stils innerhalb des Protestantismus erzeugte jenen anhaltenden religiös-erwecklichen Auftrieb, der schließlich alle Kirchengemeinschaften Englands erfasste.«[302]

England mit seinen Erweckten, die sich nicht nur in den Kirchen zu persönlicher Erbauung versammelten, sondern sich gerade vom theologischen Selbstverständnis des Methodismus her zur Mission an bereits Getauften verpflichtet sahen, gründeten – teilweise im 18. Jahrhundert schon konfessionsübergreifend – Gemeinschaften und Organisationen, um die Aufgabe einer universalen Mission zu erfüllen.

Deutschland gehörte zu jenen europäischen Ländern, um deren kirchliche Entwicklung sich viele Erweckte auf der Britischen Insel Sorgen machten. Die sog. *Continental Society*[303], später nicht zufällig umbenannt in *European Missionary Society,* wurde 1819 in London gegründet. Sie wollte den Rationalismus durch die Unterstützung erwecklicher Professoren (z. B. Friedrich G. A. Tholuck (1799–1877)), Dozenten (z. B. Friedrich Bialloblotzky (1799–1869))[304] und Missionare (z. B. Johann G. Oncken (1800–1884))[305], Ami Bost (1790–1874), Henry Pyt u. a. überwinden helfen. Zu diesem Zweck sollte auch die aufbrechende Erweckungsbewegung, wie sie sich auf dem Kontinent früh u. a. im schottisch beeinflussten Genfer Réveil[306] zeigte, personell und finanziell unterstützt werden.

Die Kontinental-Gesellschaft gibt den Blick frei für eine britische Sicht auf den Kontinent.[307] Sie wollte Erweckung und geistliche Erneuerung ohne eigene Kirchen- und Gemeindebildung einleiten. Vorher hatte der schon er-

---

302 Erich Beyreuther, Die Erweckungsbewegung. Göttingen 1963, R4 und R5. Innerhalb der deutschen methodistischen Kirchengeschichtsbetrachtung wurde die mittelbare Beeinflussung der Erweckungsbewegung durch den englischen Methodismus immer gesehen. Vgl.: William F. Warren, Der Methodismus, kein Rath oder Werk aus den Menschen, Bremen o. J. (1866), 25–31.

303 Der vollständige Name lautete: Continental Society for the Diffusion of Religious Knowledge over the Continent of Europe.

304 Nicholas M. Railton, Transnational Evangelicalism. The Case of Friedrich Bialloblotzky (1799–1869), Göttingen 2002.

305 Hans Luckey, Johann Gerhard Oncken und die Anfänge des deutschen Baptismus, Kassel 1934, ³1958, 50–57.

306 Ulrich Gäbler, Evangelikalismus und Réveil. In: GdP 3, 2000, 27–54.

307 Ludwig Rott, Die englischen Beziehungen der Erweckungsbewegung und die Anfänge des Wesleyanischen Methodismus in Deutschland, Frankfurt/M. 1968, 1–87.

wähnte Johann Gottlieb Burckhardt mit seiner Vollständige[n] Geschichte der Methodisten in England[308] den Versuch unternommen, spirituelle Einflüsse von der Britischen Insel nach Deutschland zu übermitteln. Sein Wunsch war eine Neubelebung des Pietismus. Dazu boten ihm die britischen Methodisten das Vorbild. Der Lutheraner schrieb, es sei »kein Wunder, wenn seit je her viele Deutsche in London ihre Mutterkirche verließen und sich zur Englischen Methodistenparthei wendeten.«[309]

Später waren in die Zweige der deutschen Erweckungsbewegung angelsächsisch-methodistische Frömmigkeitselemente eingespeist. Das geschah durch die von London her initiierten und teilfinanzierten regionalen *Bibelgesellschaften*[310] genauso wie durch die Aktivitäten der oft übersehenen *American Bible Society,*[311] durch die Anregung einer frühen *Missionsgesellschaft* in Ostfriesland[312] und die unterstützende Zusammenarbeit mit der entstehenden Basler Mission[313], durch britische und amerikanische *Traktatgesellschaften,*[314] die auch Kolporteure finanzierten, durch die in London ansässigen *Judenmissionsgesellschaften*, durch die *Sonntagsschulen*, durch

---

308 Burckhardt, Geschichte der Methodisten in England (wie Anm. 234).

309 Michel Weyer, Einführung in Burckhardt, Geschichte (wie Anm. 234), 39.

310 Wilhelm Gundert, Geschichte der deutschen Bibelgesellschaften (wie Anm. 147), 102–165.

311 In Bremen druckte das *Traktathaus*, das sich im Eigentum der methodistischen Kirche befand, in der zweiten Hälfte des 19. Jahrhunderts Tausende von Lutherbibeln in verschiedenen Ausgaben. Der Druck erfolgte im Auftrag der *American Bible Society (ABS)*, die ein ökumenisches Unternehmen war. 1886/1890 wurden über 5% der in Deutschland verbreiteten Bibeln von der ABS finanziert. Vgl.: Gundert, Bibelgesellschaften (wie Anm. 147), 276.

312 Bald nach der Gründung der *London Missionary Society* (LMS), einer überkonfessionellen protestantischen Gründung im Jahr 1795, kam es seit 1798 zu Kontakten mit dem ostfriesischen Pastor Georg S. Stracke, in dessen Pfarrhaus die *Missions-Sozietät Senfkorn* 1798/99 entstand, die praktisch eine kleine kontinentale Außenstelle der LMS war. In der Missions-Sozietät flossen pietistische und angelsächsische Strömungen zusammen, die zunächst den ostfriesischen Zweigverein der Deutschen Christentumsgesellschaft (gegründet 1783) bildeten. Dieser wurde zur Grundlage für die frühe Organisation der *Missions-Sozietät vom Senfkorn.*

313 Die Basler Mission wurde 1815 von Mitgliedern der sog. Deutschen Christentumsgesellschaft gegründet. Über einen längeren Zeitraum wurden die Missionare (88 an der Zahl!) zunächst über die in London ansässige anglikanische Church Missionary Society (CMS) ausgesandt, die 1799 gegründet worden war. Zu deren von der Low Church entwickelten frühen Grundsätzen gehörte es erstens: Mission ist zuerst Sache von Laien; und zweitens: freiwillige, nicht kirchenamtliche Zusammenschlüsse seien Träger dieser Missionen.

314 Jochen-Christoph Kaiser, Volksmission als gesellschaftliche Sinnstiftung, 25–38, hier 34 weist in Anm. 28 auf die Verbindungen zur Religious Tract Society seit 1814 hin. In: Jochen-Christoph Kaiser (Hg.), Soziale Arbeit in historischer Perspektive, Stuttgart 1998.

soziale Unternehmungen, die auch Johann Hinrich Wichern (1808–1881) anregten, durch *Seemannsmissionen*,[315] durch die Übernahme der puritanischen *Sonntagsheiligung* und durch Anregungen zu den *Abstinenzbewegungen*. Vorher war durch die nach englischem Vorbild und von London beeinflusste, im schweizerischen Basel ansässige sog. *Deutsche Christentumsgesellschaft* ein Netz von Partikulargesellschaften entstanden, das für die regionalen deutschen Erweckungen höchst bedeutungsvoll wurde.[316]

Diesen immensen englischen Einfluss empfingen die kontinentalen, nicht selten regional[317] wirksamen Erweckungsbewegungen. Das alles geschah im Vorfeld der Gemeinschaftsbewegung. Dies war nicht ohne Bedeutung für die Entstehung von losen örtlichen Gemeinschaften in verschiedenen Kleinstaaten. Man darf also nicht nur die Gemeinschaftsbewegung, sondern auch die vorausgehende Erweckungsbewegung nicht von den englischen Einflüssen loslösen. Erich Beyreuther ordnet nicht zufällig »Die Erweckungsbewegung in den angelsächsischen Ländern« – England, Nordamerika, Schottland – und das Kapitel »Der Rèveil in den westeuropäisch-reformierten Kirchen« der Darstellung der »Erweckungsbewegung in Deutschland« vor.[318]

Der Eindruck, der sog. Neupietismus sei stärker auf indirektem und direkten Wege durch angelsächsische Impulse beeinflusst, als er in den Selbstdarstellungen der Gemeinschaftsbewegung vermittelt wird, kann kaum von der Hand gewiesen werden.

Außerdem ist die traditionelle Kette Reformation – Pietismus – Erweckungsbewegung – angelsächsische Einflüsse eine gewiss nicht zufällige Verengung, wie noch zu zeigen sein wird.

---

315 Karl Heinz Voigt, Methodistische Mission in Hamburg (1850–1900) (wie Anm. 26), 268–270.

316 Ernst Staehelin, Die Christentumsgesellschaft in der Zeit der Aufklärung und beginnenden Erweckung. Texte aus Briefen, Protokollen und Publikationen, Basel 1970.

317 Gustav Adolf Benrath, Die Erweckung innerhalb der deutschen Landeskirchen 1815–1888, gliedert seinen Überblick nach regionalen Verortungen: (1) Berlin, Brandenburg; (2) Pommern, Westpreußen, Ostpreußen, Posen; (3) Schlesien, Provinz Sachsen; (4) Rheinland; (5) Westfalen, Lippe; (6) Hannover; (7) Schleswig-Holstein, Mecklenburg; (8) Oldenburg, Braunschweig, Anhalt, Thüringen; (9) Sachsen; (10) Hessen, Waldeck, Nassau; (11) Württemberg; (12) Bayern, Pfalz, Baden und (13) Frankfurt am Main, Bremen, Hamburg und Lübeck. In: GdP Bd. 3 (2000), 150–271. Ähnlich vor ihm: Christian Dietrich/Ferdinand Brockes, Die Privat-Erbauungsgemeinschaften innerhalb der evangelischen Kirchen Deutschlands, Stuttgart 1903.

318 Beyreuther, Erweckungsbewegung (wie Anm. 303), R1 – R 48.

5.4 Einflüsse der Erweckung aus Wales 1904/05

In Wales fand in den Jahren 1904/05 eine in mehrfacher Hinsicht eigengeprägte Erweckung statt, in der Evan Roberts (1878–1951) eine zentrale Bedeutung hatte. Sie breitete sich schnell aus, aber in kurzer Zeit verlor sie wieder an Kraft.[319]

Die Auswirkungen der Erweckung von Wales (1904/1905) auf die Gemeinschaftsbewegung haben mehr Beachtung verdient, als sie bisher gefunden haben. Hier sei als Beispiel die Debatte zwischen den Hamburger Pastoren Max Glage und Rudgar Mumssen erwähnt.[320] Der national-konservative St. Anschar-Pastor Max Glage verstand sich mit seiner unabhängigen Kapellengemeinde als konfessionsbewusster lutherischer Freikirchler. Er wollte nach der Erweckung in Wales eine klärende Entscheidung zwischen dem lutherischen Wittenberg und dem britischen Wales. Bemerkenswert ist die Antwort des landeskirchlichen Pastors Rudgar Mumssen, welcher der Gemeinschaftsbewegung nahestand. Nach Glages »Wittenberg *oder* Wales?« antwortete Mumssen mit seiner Gegenschrift »Wittenberg *und* Wales«. Während der konfessionelle Glage den Methodisten »die lutherische Christenheit« in der Weise gegenüberstellt, dass er behauptet, dieser Wittenberger Zweig der Kirche Christi »predigt einen anderen Christus als ihn die Methodisten treiben«, sieht Mumssen darin eine konfessionell-lutherische Polemik »gegen eine andere Richtung innerhalb der evangelischen Kirche«. Die »andere Richtung« war allerdings nicht die methodistische Kirche, sondern die Gemeinschaftsbewegung. Von deren Positionierung schrieb er am Ende seiner Ausführungen: »So vereinen wir das *landeskirchliche* Prinzip mit unserem [!] *Methodismus*, und stellen auch auf diese Weise jene Verbindung dar, die wir in der Überschrift gekennzeichnet haben: Wittenberg *und* Wales.«[321] Im Sinne des bereits früher erwähnten Methodismus-Begriffs[322] erläuterte Mumssen seine Vorstellungen von einem »landeskirchlichen Methodismus«, zu dem er sich ausdrücklich bekennt und an Hand dessen er schließlich festhält: »Die Weisung, *›beides miteinander!‹* enthält die beiden Prinzipien des *landeskirchlichen Methodismus*.«[323]

---

319 Griffith T. Roberts, Methodism in Wales. In: A History of the Methodist Church in Great Britain, Vol. 3, hgg. Von Rupert Davies u.a., London 1983, 253–264.

320 Max Glage, Wittenberg oder Wales? Eine ernste Frage, Schwerin 1905, ^{2}1906. Rudgar Mumssen, Wittenberg und Wales! Erwiderung auf P. Glages Schrift: Wittenberg oder Wales, Neumünster o. J.

321 Mumssen, Wittenberg, 57. Hervorhebungen übernommen.

322 Abschn. 2.2 und 3.3.

323 Ebd., 63. Hervorhebungen übernommen

Wolfgang Reinhardt beklagte jüngst, dass es bis heute in Deutschland keine einzige Monographie über die Erweckungen von Wales gibt. In den Übersichtswerken von Heussi und Wolf-Dieter Hauschild sei sie nicht einmal erwähnt. Reinhardt selber hat gerade eine erste Skizze vorgelegt, in der er auf ganz verschiedene Wirkungen, die in Deutschland greifbar sind, aufmerksam macht.[324] Der Einfluss durch die Erweckungen von Wales auf den Weg der Gemeinschaftsbewegung ist von besonderem Interesse, weil sie kurz vor dem Aufkommen der Pfingstbewegung ganz offensichtlich dazu beigetragen haben, das Feld für die pfingstlich-ekstatische Frömmigkeit vorzubereiten. Das Aufkommen der Pfingstbewegung (1906/07) mit der Abspaltung[325] von der Gemeinschaftsbewegung ist zwar vielfach in Einzelaspekten erwähnt und beklagt, aber eine wissenschaftliche Untersuchung über die Folgen für die Gemeinschaftsbewegung und die Evangelisation in Deutschland liegt bisher noch nicht vor.

Am Rande sei eine These erwähnt, die der Bremer Pastor Ludwig Tiesmeyer in seiner Schrift über die Gemeinschaftsbewegung vertritt. Er schreibt in seiner Darstellung der Gemeinschaften in Schleswig-Holstein: »eine andere bedeutsame Frucht hat die Pfingstbewegung gezeitigt. Das Verhältnis zwischen den Gemeinschaften und den Organen der Landeskirche ist gegen früher ein viel besseres geworden.«[326] Das bezieht er allerdings auf die einmalige geschichtliche Situation im nördlichsten deutschen Landesteil.

In den aufgetretenen Wirren erwies es sich zweifellos für die Gemeinschaften als hilfreich, im Strudel den neuen schwierigen Bedingungen und heftigen Auseinandersetzungen unter dem Schutzdach der traditionsreichen Kirche einen Platz zu haben.

Eine völlig andere Position vertrat auch nach Wales ein namentlich nicht genannter »Freund der Kirche«. In seiner 1908 in Gotha veröffentlichten Schrift »Die Stellung der Gemeinschaftskreise zur Kirche und zum Pfarrdienst« betonte er: »In unserer Stellung zur *Kirche* haben wir noch nie eine innere Schwierigkeit gehabt, noch erwarten wir solche in Zukunft.«[327] Die Broschüre erschien in der auch verlegerisch tätigen Buchhandlung von Paul Ott in Gotha, die auch

---

324 Wolfgang Reinhardt, Die Erweckung von Wales 1904/05 und ihre Auswirkungen auf Deutschland. In: Lüdke/ Schmidt, Die neue Welt (wie Anm. 69), 151–168.

325 Ekkehard Vetter, Jahrhundertbilanz – erweckungsfasziniert und durststreckenerprobt. Ein Beitrag zur Erweckungsgeschichte im 20. Jahrhundert und zur Entstehung der Pfingstbewegung in Deutschland, Bremen 2009.

326 Tiesmeyer, Gemeinschaftsbewegung in Deutschland (wie Anm. 296), 47.

327 Anonym [»Von einem Freund der Kirche«], Die Stellung der Gemeinschaftskreise zur Kirche und zum Pfarramt, Gotha 1908, 2.

Schriften von Autoren publizierte, die zur Gemeinschaftsbewegung zu zählen sind oder ihr nahestanden wie z. B. Fritz Binde, Otto Stockmayer, Markus Hauser, Jakob Kroeker, Georg Steinberger, Ludwig Henrichs und Gustav Friedrich Nagel. Man kann also diese Stimme durchaus der Gemeinschaftsbewegung zurechnen.

6. Besorgte Blicke der Kirchenregierungen

Beobachtungen der Kirchenbehörden beleuchten die Frage, von woher man dort die Gemeinschaftsbewegung beeinflusst sah, aus einem anderen, in der Vergangenheit wenig beachteten Blickwinkel.[328]

6.1 Das Königliche Konsistorium in Koblenz

Im Koblenzer Konsistorium hatte Theodor Christlieb schlechte Karten. Wegen seiner Aktivitäten im Rahmen der *Evangelischen Allianz* wurde er 1882 in einer Konsistoriumssitzung als »Vorsitzender der westdeutschen Alliance [als] gemeinschädlich für die Kirche« angesehen. Die »Stellung Christliebs [sei] höchst bedenklich, wenn man zu voraussetzen habe, daß er als Professor der praktischen Theologie und Universitätsprediger die Studierenden darauf hinleite, nur auf inneres evangelisches Leben Werth zu legen und die kirchliche Denomination für relativ gleichgültig zu achten.«[329] In dem Zusammenhang

[328] Es fällt auf, dass der zeitlich parallele Wandel innerhalb der Jugendarbeit, ebenfalls eingeleitet durch Friedrich von Schlümbach, nicht die gleiche Aufmerksamkeit und kritische Begleitung von kirchlichen Behörden gefunden hat, wie die Entwicklung in der Gemeinschaftsbewegung. Mit der Bildung des ersten deutschen CVJM wurden die bisher binnenorientierten, überwiegend von Pfarrern geleiteten ›Jünglingsvereine‹ in CVJM-Gruppen nach angelsächsischem Vorbild des YMCA zu außenorientierten, missionarischen Gruppen umgestaltet. Diese wurden zunehmend von Laien geführt und durch vermietbare Gebäude oder Hotels finanziell unabhängig. Sie waren im Ansatz überkonfessionell und weltweit mit einer Zentrale in Genf vernetzt. Vgl. dazu: Hahn-Bruckart, Friedrich von Schlümbach (wie Anm. 67).

[329] Protokoll-Auszug, Konsistorium Koblenz vom 18.10.1882. EZA Best. 7/8040. Die Einschätzung, sich auf »inneres evangelisches Leben« zu beschränken, zeigt, wie wenig die Kirchenleitung die Aktivitäten, die gerade von Christlieb ausgingen, durchschaut hat.

wurde ausdrücklich auf seine Beziehungen u.a. zu den methodistischen Kirchen Bezug genommen.

Ein Jahr später wurden intensive Nachforschungen zur Bildung der Bonner *Evangelistenschule Johanneum* eingeleitet. Einbezogen waren das Koblenzer Konsistorium, das Presbyterium der Bonner Ortsgemeinde und der zuständige Kölner Superintendent Justus Bartelheim (1817–1891). Den Auftrag hatte das Berliner Konsistorium erteilt, um am Ende dem Evangelischen Oberkirchenrat in Berlin zu berichten.[330] Im Koblenzer Konsistorium der Rheinprovinz hatte man durch den Ausschluss der Ausländer aus dem Evangelisationsverein und die Einladung des Koblenzer Generalsuperintendenten Wilhelm Baur, an den Beratungen der Statuten teilzunehmen, schließlich die Hoffnung gewonnen, dass Christlieb »aufrichtig wünscht, mit den kirchlichen Organen Hand in Hand zu gehen«.[331] Die langfristige Beobachtung Christliebs durch die vorgesetzten Behörden spricht dafür, dass dessen Aktivitäten in Verbindung mit der Gemeinschaftsbewegung nicht ohne weiteres als selbstverständlich innerhalb der Landeskirche angesiedelt angesehen wurden, wie das für den Pietismus selbstverständlich vorausgesetzt wurde. Die überwiegend kritische Haltung des Koblenzer Konsistoriums zu Christlieb musste sich auf die Stellung zur aufkommenden Gemeinschaftsbewegung übertragen.[332]

6.2 Die Evangelische Kirchenkonferenz 1904/05

Mit Sorge beobachteten kirchenleitende Gremien die organisatorischen Schritte der Gemeinschaften und ihre Folgen. Beispielhaft greife ich auf die Beratungen der *Deutschen Evangelischen Kirchenkonferenz von 1904* zurück, die zwischen der Namensänderung der Deutschen Gemeinschafts- und Evangelisationsbewegung und der Abspaltung der Pfingstbewegung von ihr stattfand. Sie befasste sich mit der Frage: ›Welche Stellung hat die Kirche und das

---

330 Karl Heinz Voigt, Stationen auf dem Wege nach Gnadau. In: Voigt, Christlieb (wie Anm. 9), 133–145.

331 Consistorium der Rheinprovinz an den EOK in Berlin, Schreiben v. 2. Nov. 1886, EZA Best. 7/8047 und Bericht über die Evangelistenschule zu Bonn vom 2.11.1886 und Satzung des Deutschen Evangelisationsvereins. EZA Best. 7/8047. Auch: Extract eines Protokolls des EOK v. 18.10.1882. EZA Best. 7/8047. Die Stellung des Kirchenregiments zu der Evangelistenthätigkeit von Nichtgeistlichen in unserer Landeskirche (13 Seiten). Ev. Oberkirchenrat v. November 1889. EZA Best. 7/3843.

332 Untersuchungen zu diesen Fragen konnte ich nicht ausfindig machen.

geistliche Amt zur Gemeinschaftsbewegung unserer Tage einzunehmen?‹[333] Es liegt die Vermutung nahe, dass diese Fragestellung durch die 1903 zuerst erfolgte Veröffentlichung von Paul Fleisch stärker ins Blickfeld getreten war.

Zur Vorbereitung wurde an die Kirchenregierungen ein Fragebogen verschickt. Ein Block darin suchte die älteren und die neueren, in den letzten Jahren entstandenen Gemeinschaften zu erfassen. Danach wurden die Einflüsse erhoben, die zu ihrer Entstehung führten.[334] Es wurde gefragt: Sind sie entstanden durch (1) Evangelisationen, (2) die Philadelphia-Bewegung,[335] (3) durch Bemühungen des Methodismus oder (4) durch den Reichsbruderbund[336]? Danach wurden zwei Fragen zur Organisationsform gestellt. Schließlich ging es um das Verhältnis der Gemeinschaft zum Pfarramt wie umgekehrt des Pfarramts zur Gemeinschaft und die Erhebung von Konflikten, von denen die Oberbehörde Kenntnis bekommen hatte. Auch die Klärung der Strukturfrage deutet auf einen Impuls durch die Veröffentlichung von Paul Fleisch hin, der gerade darin ein neues Element im Vergleich mit dem Pietismus sah.

In einer Thesenreihe dazu, die aus Württemberg stammt, wird die dortige Tendenz zur überregionalen Vergemeinschaftung herausgestellt, obwohl Christian Dietrich noch 1903 feststellte: »Die württembergischen Gemeinschaften sind noch nicht förmlich an den Deutschen Verband angeschlossen. Sie sind eben nicht aus der neueren Gemeinschaftsbewegung hervorgegangen und haben bei ihrer Stärke und Organisation das Bedürfnis des Anschlusses nicht.«[337] Trotzdem vermerkt die Thesenreihe für die Vorlage zur Kirchenkonferenz über diese württembergischen Gemeinschaften: Ein Einschnitt war es, als »in den siebziger Jahren durch das Auftreten von Pearsall Smith und durch die Evangelisationsversammlungen von Pfarrer Stockmayer,

---

333 Vorstand der Deutschen Evangelischen Kirchenkonferenz, Schreiben aus Dresden v. 6. Juli 1903, EZA Best. 1/A2/262.

334 Das Koblenzer Konsistorium antwortete darauf am 10.8.1903: »In Bonn, Essen, Lennep, Braunfels führen sich die Gemeinschaften auf Evangelisationsbestrebungen zurück, anderwärts auf eigentlich methodistische oder methodistisch gerichtete Bemühungen.« Landeskirchen Archiv Düsseldorf Best. (Gemeinschaftsbewegung) B XI 1 b (1905–1926).

335 Als »Philadelphia-Bewegung« bezeichnete sich ein Zweig der Gemeinschaftsbewegung in Schwaben, der überwiegend die traditionellen »Altpietistischen Gemeinschaften« umfasste und durch das von Christian Dietrich herausgegebene Blatt »Philadelphia« mit der Gesamtbewegung verbunden, ihr jedoch zu dieser Zeit noch nicht organisatorisch angeschlossen war.

336 Der ›Evangelische Reichsbrüderbund‹ wurde 1878 mit einem Arbeitsfeld im damaligen Osten Deutschlands, in Lissa/Posen – heute Lesznow/Westpolen –, durch die Schwaben Martin Blaich und Johannes Seitz gegründet.

337 Dietrich/Brockes, Die Privat-Erbauungsgemeinschaften (wie Anm. 318), 243.

Dr. Baedeker, Rappard gerade die altpietistischen Kreise in eine gewisse Erregung und Beunruhigung geraten waren.«[338]

Die offiziellen Leitsätze für die Gesamtkonferenz der Kirchenregierungen wurden von dem Stuttgarter Prälaten Viktor D. von Sandberger (1835–1912) formuliert. Er machte zwischen dem alten Pietismus und der Gemeinschaftsbewegung einen Schnitt und schrieb: »Von den bis auf die Zeiten Speners, Zinzendorfs, Bengels, Terstegens [!] zurückreichenden alten Gemeinschaften, die in vielen Landeskirchen heute noch bestehen, sind zu unterscheiden die neueren Gemeinschaften, die erst auf eine 40-jährige Geschichte zurücksehen, aber zur Zeit fast durch alle deutschen Landeskirchen verbreitet sind und eine bedeutsame, der Beachtung werte Erscheinung in der neuesten deutsch-evangelischen Kirchengeschichte darstellen.«[339] Sie sind gekennzeichnet durch »eine bunte Mannigfaltigkeit von Richtungen und Strömungen. Während die alten Gemeinschaften in der ›Stille‹ eine an Gottes Wort und kirchlichen Glauben gebundene Vertiefung und Verinnerlichung ihres persönlichen Glaubenslebens suchen, ist der neueren Gemeinschaftsbewegung ein auf die Wirkung ins große und auf die Mengen gerichteter Ausbreitungssinn und ein tatkräftiger Organisationstrieb eigen, getragen und beseelt von einem stark ausgeprägten Subjektivismus, der sich besonders bekundet

1, in einer bedenklichen Verschiebung des Verhältnisses von Wort und Geist,

2, in einer einseitigen Wertschätzung des Erlebnisses der Bekehrung und eben damit der Erfahrung und des Gefühls,

3, in einer von dem Begriffe des kirchlichen Heilsglaubens abweichenden Fassung des Glaubens einerseits als einer Heilkraft, andererseits als eines gesteigerten Erfahrungsbewusstseins,

4, in einem hochgespannten Heiligungs- und Vollkommenheitsbegriff,[340]

---

[338] Die Gemeinschaftsbewegung unserer Tage. Antworten auf den Fragebogen aus Württemberg, EZA Best. 1/A2/262. Die in der Gemeinschaftsbewegung durch ihre vielen Reisen in der Breite wirksamen Otto Stockmayer, Friedrich Wilhelm Baedeker und Carl Heinrich Rappard standen alle unter dem direkten Einfluss der durch Pearsall Smith ausgelösten angelsächsischen Heiligungsbewegung und beeinflussten die Gemeinschaftsbewegung nachhaltig.

[339] Viktor von Sandberger, Sätze über die Stellung der Kirchen und des geistlichen Amtes zu der Gemeinschaftsbewegung unserer Tage, EZA Best 1/A2/262. Daraus auch die folgenden Zitate.

[340] Der führende Theologe der Gemeinschaftsbewegung, Theodor Jellinghaus, dessen später zwar widerrufene Publikation *Das völlige, gegenwärtige Heil durch Christum*, erschien in fünf Auflagen und hatte großen Einfluss. Darin entfaltete der landeskirchliche Pfarrer seine Vorstellungen vom »völligen Heil« und vom »gegenwärtigen Heil« und knüpfte dabei

5, teilweise in einer mit Vorliebe gepflegten Spannung der eschatologischen Erwartungen.«

Die Stellung der Gemeinschaften zur Kirche seien unterschiedlich. Einige wollen in der Kirche bleiben, andere streben die Gemeinschaft der Gläubigen an. Es sei keine Frage, dass zwischen Gemeinschaften und Kirche »prinzipielle Unterschiede bestehen, die den Keim von Missverständnissen und Reibungen in sich schließen«. Insgesamt wird eine Entwicklung erhofft, in der Kirche, Pfarramt und Gemeinschaft einen Bruch vermeiden, der »für beide Seiten verhängnisvoll« wäre.[341]

Sandbergers Korreferent, Generalsuperintendent Louis Otto August Emil Moldenhauer (1853–1925) aus Wolfenbüttel, begann seine Ausführungen ebenfalls mit einem Hinweis auf den Traditionsabbruch und stellte fest: »Die Gemeinschaftsbewegung unserer Tage unterscheidet sich wesentlich von dem Gemeinschaftswesen früherer Zeiten.« Letzteres sei aus dem Bedürfnis zu Privaterbauung und nach Gemeinschaft zur Förderung des geistlichen Lebens hervorgegangen. Danach führte Moldenhauer weiter: »Durch methodistische Einflüsse angeregt, sucht die Gemeinschaftsbewegung der Gegenwart, mannigfaltige Bestrebungen und verschiedene zum Teil noch unklare und unentwickelte Strömungen in sich fassend, die, welche mit Ernst Christen sein wollen, in organisierte Gemeinschaften zu sammeln und die einzelnen Kreise zu größeren Verbänden zusammenzuschließen, um nach innen zur Gemeinschaftspflege, nach außen zur Evangelisation der unbekehrten Volkskreise kraftvoll zu wirken.«[342] Damit verbunden seien separatistische Neigungen. Weiter werden in der neuen Bewegung »gefährliche Sonderlehren über Bekehrung und Rechtfertigung, über die Wirksamkeit des heil. Geistes und die Erreichbarkeit einer sittlichen Vollkommenheit [... zum Ausdruck gebracht, die geeignet sind], die zum Teil gesetzlichen und engen Anschauungen über das Leben des Christen in der Welt in den Kreisen der Gemeinschaft zum Schaden derselben zu begünstigen.«

---

an die in der amerikanischen Heiligungsbewegung verkürzte wesleyanische Heiligungslehre an. Berlin ^{3}1905, 758 Seiten. Er verbreitete seine Gedanken auch durch zahlreiche Kleinschriften und Traktate sowie in einer eigenen Bibelschule in Berlin-Lichtenrade. Vgl. auch: Torsten Dietz, Der Einfluss der angloamerikanischen Heiligungstheologie auf Theodor Jellinghaus. In: Lüdke/ Schmidt, Die neue Welt (wie Anm. 69), 189–218.

341 Wie Anm. 340.

342 Generalsuperintendent Moldenhauer, Leitsätze zur Frage: »Welche Stellung hat die Kirche und das geistliche Amt zur Gemeinschaftsbewegung unserer Tage einzunehmen?«, EZA Best. 1/A2/262.

In einer dritten Thesenreihe, die als Ergebnis der Kirchenkonferenz formuliert wurde, wird erneut die Vielgestaltigkeit der neueren Gemeinschaftsbewegung betont, »je nachdem sie unter dem Einfluss des deutschen Pietismus an dem Charakter der deutsch-evangelischen Glaubens- und Frömmigkeitsweise festhält oder fremde, aus englischem und amerikanischem (Methodismus, Darbysmus) herstammende Motive in sich aufnimmt und zur Geltung bringt.«[343] Wieder wird zwischen der neuen und der älteren Gemeinschaftsbewegung unterschieden. Die neue Entwicklung sei »wesentlich durch den stärkeren Ausbreitungstrieb und durch die lebhaftere Organisationskraft« bestimmt. Es werde die Frage sein, ob sich die »selbständigen Organisationen in oder neben den Landeskirchen oder auch gegen sie ausgestalten«.

Die kirchlichen Oberbehörden unterscheiden durchgehend die ›ältere‹ und die ›neuere Gemeinschaftsbewegung‹. Die ältere war unorganisiert und verstand sich als Ergänzung zu den bestehenden Kirchen. Es waren besonders in Württemberg die Michelianer, die Hahn'schen Gemeinschaften und die Pregizerianer, die ihre theologischen ›Pfündlein‹ in ihren ›Gemeinschaften‹, ›Stunden‹ und ›Versammlungen‹ pflegten. Sie waren sich in ihrer Binnenorientierung selbst genug. Die neue Gemeinschaftsbewegung unterschied sich davon deutlich, für die Kirchenleitungen teilweise beängstigend. Sie war unter dem Einfluss des Methodismus mit dessen Evangelisation und der Zielrichtung auf Bekehrung und Wiedergeburt nicht mehr mit einem engen Kreis zur Privaterbauung zufrieden. Der auch verschiedentlich erwähnte Darbysmus brachte die eschatologischen Fragen in den Vordergrund, an denen der missionarische Methodismus kaum Interesse hatte. Es ist zu beobachten, dass in den Thesen die Überwindung der erbaulichen Binnensicht nicht durchgehend theologisch mit dem Ziel der Mission beschrieben wird, sondern soziologisch mit den organisatorischen Begriffen der ›Ausbreitung‹ und der ›Organisation‹. Es herrschte 1905 noch Unklarheit darüber, wohin der Weg der neuen Gemeinschaftsbewegung führen würde.

Es ist aber keine Frage, der mit der Gemeinschaftsbewegung erfolgte Traditionsabbruch – oder doch wenigstens Traditionseinbruch – hat in den Territorien der damaligen Staatskirchen für reichlich Verunsicherung gesorgt, sonst hätte sich nicht die damals höchste, allen autonomen Landeskirchen als Plattform dienende *Deutsche Evangelische Kirchenkonferenz* so intensiv mit der Frage nach der Stellung von Gemeinschaftsbewegung und Kirche zueinander befasst.

---

343 Leitsätze für die 27. Deutsche Evangelische Kirchenkonferenz 1905, aufgestellt von Prälat Sandberger und Generalsuperintendent Moldenhauer, EZA Best. 1/A2/262. Daraus auch das folgende Zitat.

7. Einflüsse und Rückwirkungen: Herrnhuter und methodistische Kirchen

Die innerhalb der Gemeinschaftsbewegung traditionelle, bereits mehrfach erwähnte Viererkette Reformation – Pietismus – Erweckungsbewegung – angelsächsische Einflüsse, erweist sich nicht nur als apologetische Maßnahme in nationaler Linienführung, sondern in ihrem Ansatz auch innerlandeskirchlich begrenzt.

7.1 Die Herrnhuter Brüdergemeine: Freuden und Sorgen

Die Brückenstellung der Herrnhuter Diaspora-Arbeiter zwischen Pietismus und Erweckungsbewegung ist hinsichtlich ihrer Bedeutung für die Entwicklung der Gemeinschaftsbewegung aus ihrer traditionellen Selbstdarstellung völlig verdrängt. Johannes Jüngst hatte sie noch im Blick, als er schrieb, dass in den Anfängen der Erweckungsbewegung »die gebliebenen Reste des Pietismus, die sich als ›die Stillen im Lande‹ vielfach um die Brüdergemeine geschart hatten, wiederum den alten Einfluss zu gewinnen« suchten.[344] Dem Tübinger Kirchengeschichtler Karl Müller (1852–1940) war klar, die »Verbindung mit der Brüdergemeine ist von größter Bedeutung«, denn durch sie bürgerte sich »der Geist ihrer Frömmigkeit« durch die Losungen, ihr Gesangbuch und selbst die Liturgie ein. »Mit ihrem Diasporawerk«, schrieb Müller aus württembergischer Sicht, »nahm sie [die Brüdergemeine] die Reste des Pietismus in Pflege, ließ durch ihre wandernden Abgesandten die einzelnen Personen und Ortsgruppen besuchen, brachte die Geistlichen mit ihrer Herrnhuter Predigerkonferenz in Zusammenhang, verschickte deren Protokolle samt den Nachrichten über

344 Jüngst, Pietisten (wie Anm. 300), 77.

die Gemeine [...] an ihre Freunde, veranlasste sie zu regelmäßigen Berichten, ließ diese dann ebenso regelmäßig beantworten und gab durch die Verbindung mit ihrer festgegründeten, vom Rationalismus unberührten Gemeinschaft den Vereinzelten einen starken Rückhalt.«[345]

Allerdings spielte diese Brückenfunktion nicht nur zwischen Pietismus und Erweckungsbewegung eine wichtige Rolle. Später nahmen auch umgekehrt die Gemeinschaften Einfluss auf die Herrnhuter Societäten, als diese regional unterschiedlich von ihrer geistlichen Kraft verloren hatten. Horst Weigelt widmet diesem bisher kaum beachteten Verhältnis besondere Aufmerksamkeit. Für ihn hatte »auch die Diasporaarbeit der Brüdergemeine Anteil« an der Entstehung der Gemeinschaftsbewegung, auch wenn »dies von der kirchengeschichtlichen Forschung bislang fast überhaupt nicht aufgearbeitet« wurde.[346] Es klingt bedrohlich, wenn sich als Folge der Gnadauer Konferenz von 1888 und die damit intensivierten Evangelisationsbemühungen für »die Diasporaarbeit der Herrnhuter Brüdergemeine in gewissem Sinne die Existenzfrage« stellte. Mancherorts nahmen sich nämlich die Gemeinschaften jener Kreise an, die nicht formal im Sinne eines Beitritts eine doppelte Kirchengliedschaft neben der Landeskirche in der Brüder-Unität erworben hatten, auch wenn sie vorher Anhänger von Reisepredigern der Brüdergemeine waren. Dabei gab es nicht nur ein Nebeneinander, sondern auch eine gewisse Verdrängung, um nicht zu sagen ein Gegeneinander. »Es geschah aber auch, dass sich die Gemeinschaftsbewegung mehr oder weniger an die Stelle der Diasporaarbeit der Brüdergemeine schob.« Weigelt weist auf Beispiele in Pommern und Schlesien hin und zitiert die Herrnhuter Synode von 1901, die in ihrem Protokoll festhielt: »Unsere Diasporagemeinschaften werden mehr und mehr aufgesaugt durch die Gemeinschaftsbewegung unserer Tage. Die Bewegung klopft an unsere Thore und begehrt Einlaß. Sie klopft oft ungestüm und dies doch wohl darum, weil sie fühlt, daß sie etwas hat und bringt, was wir nicht mehr haben. Und man thut ihr vielfach die Thore auf, weil man fühlt, daß

---

345 Müller, Erweckung in Württemberg am Anfang des 19. Jahrhunderts, Tübingen 1925, 3 ff., 40 ff. – Im Anhang ist über die bis 1881 regelmäßig tagende *Herrnhuter Predigerkonferenz* (für landeskirchliche Pfarrer!) aus Württemberg berichtet und ein ausführlicher, von Ludwig Hofacker im Namen verschiedener Pfarrer geschriebener Brief nach Herrnhut veröffentlicht, 40–50. Natürlich sind diese *Konferenzen* in Inhalt und Stil nicht mit den späteren Konferenzen nach 1875 vergleichbar, die sich mehr an die *Segenstage von Oxford* (1874) und die *Heiligungskonferenz in Brighton* (1875) anschlossen.

346 Horst Weigelt, Die Diasporaarbeit der Herrnhuter Brüdergemeine und die Wirksamkeit der Deutschen Christentumsgesellschaft im 19. Jahrhundert, in: GdP 3, 2000, 124 f. Dort auch alle folgenden Zitate.

das, was bei uns da sein sollte, nicht so da ist, wie wir es selbst begehren.«[347] Bedenkt man, dass die Herrnhuter Diaspora-Kreise zur Finanzierung der weltweiten Mission reichlich beitrugen, dann war für sie, wie Weigelt bemerkte, die »Existenzfrage« gestellt, denn mit dem Verlust der Diaspora-Kreise ging der Verlust der Freunde und Anhänger einher, welche die Mission finanzierten. Es kann an dieser Stelle nicht auf die vielfachen Vorarbeiten der Herrnhuter für die Gemeinschaftsbewegung eingegangen werden. Christian Dietrich mit Ferdinand Brockes und Ludwig Tiesmeyer (1835–1919) geben Hinweise auf Braunschweig, das Königreich Sachsen mit Herrnhut, Kleinwelka und Ebersdorf, auf Schlesien und schließlich auf Thüringen mit Ebersdorf und Neudietendorf, von wo aus die Diaspora-Arbeiter die Länder durchquerten und die Frommen sammelten.[348] Dieser Zufluss aus der Brüdergemeine in die Gemeinschaftsbewegung war lange Zeit der Vergessenheit anheimgegeben.

7.2 Die methodistischen Kirchen in Deutschland: Christliebs Strategie greift

Noch weniger als der durch Weigelt kürzlich wieder ans Licht gebrachte Herrnhuter Beitrag ist die Wegbereitung zur Bildung von Gemeinschaften durch die in Deutschland zu jener Zeit höchst aktiv wirkenden methodistischen Kirchen in die geschichtliche Selbstwahrnehmung innerhalb der Gemeinschaftsbewegung eingeflossen. Das im 19. Jahrhundert dynamische evangelistisch-missionarische Wirken führte an vielen Orten zur Gewinnung von sehr unterschiedlich positionierten Menschen. Zweifellos kam ein beträchtlicher Teil aus Gemeinden, in denen erweckliche Frömmigkeit durch rationalistische Predigten keine Heimat mehr hatte. In methodistischen Gemeinschaften fanden die Heimatlosen ein Zuhause, und die Methodisten mussten sich in der Folge dieser Entwicklung den Vorwurf des Proselytismus gefallen lassen, durch den die wertvollsten Glieder aus landeskirchlichen Gemeinden abgeworben worden seien. Die nicht selten Zuflucht suchenden Zuwanderer mussten aber gleichzeitig erleben, dass sie als Methodisten kirchlich und gesellschaftlich ausgegrenzt wurden.

Als sich die Gemeinschaftsbewegung missionarisch umgestaltete, um mit Christliebs Strategie die methodistische Kirchenbildung ›überflüssig‹ zu

---

347 Protokolle der Synode 1901, UAH, R2 B 86b, 211, zit. n. Weigelt, Diasporaarbeit (wie Anm. 347), 124 f.

348 Dietrich/Brockes, Die Privaterbauungs-Gemeinschaften (wie Anm. 318), 57, 141, 160 und 176. Tiesmeyer, Gemeinschaftsbewegung in Deutschland (wie Anm. 296), 26f., 34 f. und 48.

machen, kam es landauf landab zur Bildung neuer Gemeinschaften. Damit eröffnete sich ein Weg, ohne diskriminiert zu sein, methodistische Frömmigkeit innerhalb der landeskirchlichen Gemeinde oder wenigstens an ihrem Rande in der Gemeinschaft zu leben.

Aus den jungen methodistischen Gemeinden kehrten zahlreiche Erweckte und Glaubende über die Gemeinschaften in die Landeskirchen zurück. Das war um so leichter, als die Mehrzahl der Besucher methodistischer Veranstaltungen formal nicht aus ihrer Landeskirche ausgetreten war, sondern lediglich als Freunde oder Anhänger einen Platz zum »Überwintern« gesucht hatte. Sie waren mittragende Freunde der methodistischen Gemeinden und hatten aus methodistischer Sicht im günstigsten Fall eine Doppelmitgliedschaft angenommen. Mit der Gründung von Gemeinschaften hatte der methodistische Frömmigkeitstyp »in der Kirche« einen neuen Ort. Männer und Frauen konnten dort ohne Unterschied beten; die Predigten durch Pfarrer, die mit diesem Kirchentyp sympathisierten oder durch Laienprediger, motivierten zu missionarischem Leben, Laien fanden entsprechend ihren Begabungen auch Bereiche für die Mitarbeit in geistlichen Aufgaben, und das Bedürfnis nach christlicher Gemeinschaft erfüllte sich. Das Christlieb'sche Konzept der Integration des Methodismus in die Landeskirche zur Abwehr angelsächsisch-methodistischer Kirchenbildung in Deutschland hatte sich als erfolgreich erwiesen. Das Wachstum der methodistischen Kirchengemeinden stagnierte – man kann durchaus sagen: die erste Welle der Ausbreitung war abgebrochen.[349]

Dem Transfer aus den methodistischen Kirchen zurück in die Gemeinschaften wurde bisher noch keine Aufmerksamkeit geschenkt, aber er ist nachweisbar. Zur übersichtlichen Darstellung der »Privat-Erbauungsgemeinschaften« hat Ferdinand Brockes ganz offensichtlich vorbereitend einen Katalog mit Fragen an die regionalen Gemeinschaften verschickt. Darin war auch nach der Entwicklung der »außerkirchlichen Gemeinschaften« gefragt. In den Auswertungen kommt verschiedentlich zum Ausdruck, wie um die Wende vom 19. zum 20. Jahrhundert »die Gemeinschaften den stärksten Damm gegen die Einflüsse der Sekten bilden«, als die man die Methodisten und andere Freikirchen damals noch bezeichnete.[350] In Bayern heißt es zur Abgrenzung gegen Baptisten, Darbysten, Mennoniten und Methodisten: »Wenn in Bayern

---

[349] Eine genaue Untersuchung der statistischen Entwicklung der methodistischen Kirche zu dieser Zeit fehlt bisher. Aber die jährlichen statistischen Berichte zeigen schon im Überblick der Aufnahme weiterer Orte zu Gemeindebildungen und der Entwicklung der Kirchengliederzahlen eine deutliche Tendenz, die nicht nur der zweiten Generation zugeschrieben werden kann.

[350] Dietrich/Brockes, Privaterbauung (wie Anm. 318), 38 (Baden).

ein gesundes innerkirchliches Gemeinschaftsleben sich ausbreiten wird, werden suchende Seelen sich in der Regel mehr von diesem als von ausserkirchlichen Gemeinschaften angezogen fühlen.«[351] Zu Braunschweig wird kommentiert: »Wenn nicht bald das Land sich der neueren landeskirchlichen Gemeinschaftsbewegung mehr öffnet, werden die außerkirchlichen Gemeinschaften immer mehr Boden gewinnen.«[352] Über Schlesien heißt es nach einem Überblick: »Sonst kann man auch hier sehen: wo lebendige landeskirchliche Gemeinschaften sind, haben die außerkirchlichen wenig Zuwachs, vielmehr kann man oft die Bemerkung machen, daß die Aussaat des göttlichen Wortes durch außerlandeskirchliche Brüder in früherer Zeit in der Gegenwart an vielen Orten der landeskirchlichen Gemeinschaftsbewegung zu gute kommt, da der Boden dadurch zubereitet worden ist.«[353]

An einem auch innerhalb der Gemeinschaftsbewegung gut belegten Beispiel[354] soll ein solcher Vorgang der teilweisen Rückführung einer methodistischen Arbeit in die Gemeinschaftsbewegung in Umrissen dargestellt werden. Er hat sich im westpreußischen Vandsburg – heute Więcbork – ereignet. Die Evangelische Gemeinschaft, welche inzwischen ein Traditionszweig innerhalb der Evangelisch-methodistischen Kirche ist[355], nahm 1888 von Bromberg aus in Vandsburg die Arbeit auf. Es kam trotz Widerstands zu einer Erweckung, von der auch andere Orte der Umgebung erfasst wurden. Die Arbeit stabilisierte sich. Schon 1895 kam es zum Bau einer eigenen »Friedenskirche«. Das Baukomitee der Evangelischen Gemeinschaft hatte auf einer Sitzung diesen Bau, der zu diesem Zeitpunkt längst in Angriff genommen war, unter folgen-

---

351 Ebd., 44.

352 Ebd., 58. In der Tendenz ähnliche Kommentare finden sich 79 (Hessen), 84 (Hessen-Nassau, den Baptismus betreffend), 86 (Hessen-Nassau, methodistische Ev. Gemeinschaft), 97 (Hessen-Nassau/Wiesbaden), 115 (Pommern), 122 (Posen), 151 (Sachsen), 169 (Schlesien), 175 (Schleswig-Holstein), 199 u. 203 (Westfalen).

353 Ebd., 159. Eine Bemerkung in der Biografie über Fritz Coerper (1847–1924), dem Inspektor und späteren Präses der Elberfelder Evangelischen Gesellschaft aus seiner Predigerzeit in Köln-Ehrenfeld, weist in eine ähnliche Richtung. Der Autor berichtet: »Seine frische, Herz und Gewissen anfassende Glaubenspredigt zog die Leute stark an. [...] Die Freikirchlichen in Ehrenfeld – die ziemlich verlassen waren – schlossen sich dem [landes-]kirchlichen Leben an. Da kamen die Leute von der freien Gemeinde, von den Baptisten, von den Methodisten und auch einige schlesische Irvingianer zu den Gemeindegottesdiensten und zum Abendmahl.« Ernst Buddeberg, Pastor Fritz Coerper. Ein Volksmissionar, Elberfeld o. J. (1925/26), 85.

354 Frank Lüdke, Diakonische Evangelisation (wie Anm. 72).

355 Karl Heinz Voigt, Freikirchen in Deutschland (19. und 20. Jahrhundert), KGE III/6, Leipzig 2004, 81–83.

den Auflagen genehmigt: »1. daß so einfach als möglich, den örtlichen Verhältnissen entsprechend gebaut werde; 2. daß das Arbeitsfeld für die Kosten, resp. die [...] Abzahlung innerhalb von acht Jahren aufkomme; 3. daß dem Baukomitee noch eine Bleistiftskizze mit angegebenen Größenverhältnissen und einem provisorischen Kostenvoranschlag vorgelegt werden; 4. daß großer und kleiner Saal unter ein Dach kommen; 5. [wurden fünf Personen benannt, die] das Lokalkomitee zur Ausführung des Baus bilden sollen.«[356] Zwei Dinge sind bemerkenswert: Erstens erweckt der Beschlusstext zur Genehmigung des Baus eine gewisse Eile, die durch die Umstände in Vandsburg geboten schien und zweitens nahm an der Einweihungsfeier am 15. September 1895 der Ortsbürgermeister teil. Das war zu jener Zeit noch ganz ungewöhnlich, kann aber ein Hinweis auf die Rolle der neuen Gemeinde im Ortsleben sein.

Der zwischenkirchlichen Situation wird in den freikirchlichen Zeitschriftenberichten keine besondere Aufmerksamkeit geschenkt. Aber die interne Dokumentation der Geschichte weist auf eine »von Anfang an starke Bekämpfung von den Kanzeln durch die evangelischen Pastoren und von den Kathedern durch die Schullehrer« hin. Sie habe sich zu einer »Feindschaft in bedauerlicher Höhe« gesteigert, als die Gemeinde sich förmlich organisierte und eine Kapelle baute.[357] Etwas später kam es sogar zur Schließung einer Sonntagsschule im nahe gelegenen Güntergost, die erst durch die Beschwerde bei einer übergeordneten Behörde aufgehoben wurde.

In Vandsburg trafen die freikirchlichen Reiseprediger eine Situation an, die ihnen – wie damals oft auch in anderen Regionen – ein brachliegendes Arbeitsfeld bot. Man kann geradezu von einem geistlichen Hunger sprechen. Trotz Behinderungen, selbst durch Pastoren, die manchmal in der Tür zu den freikirchlichen Versammlungen standen, um die Leute zurückzuhalten, und trotz Strafen, die auf Veranlassung der Polizei durch ein Gericht verhängt wurden, kam es zur »Erweckung in Vandsburg.«[358] Pfarrer Theophil Krawielitzki, der im Herbst 1895 in diesen etwa 2000 Einwohner zählenden Ort kam, hatte sofort erkannt, dass »viele Vandsburger [...] sich in der Kirchengemeinde nur ungenügend versorgt fühlten«.[359] 80 von ihnen hatten sich der Freikirche

---

356 Verhandlungen der Deutschland-Konferenz des Evang. Gemeinschaft 1895, Stuttgart 1895, 28.

357 O. V., Geschichte über die 40 Jahre des Bestehens der Evangelischen Gemeinschaft in Vandsburg und Umgegend, 1928, 1f. ZA-EmK-Rtl, von Doris Sackmann transkribierter Text. Daraus auch das folgende Zitat.

358 Hans Bruns, Ein Vater. Ein erstes Lebensbild von Theophil Krawielitzki, Stuttgart 1948, 44–54.

359 Frank Lüdke, Diakonische Evangelisation (wie Anm. 72), 66–68.

angeschlossen. Zwölf davon waren aus der Landeskirche ausgetreten, andere scheuten damals diesen Schritt und waren »Doppelmitglieder«. Die Erweckung war nicht auf Vandsburg begrenzt. In den Dörfern der Umgebung gab es nach Angaben von Pfarrer Krawielitzki weitere etwa 170 solcher »Methodisten« (u.a. in Rosmin, Güntergost, Lobsens).[360] Krawielitzki selber berichtete seiner Kirchenbehörde über den »Stand der sektiererischen Bemühungen« der Evangelischen Gemeinschaft: »Durch ihre häufigen Andachten und Glaubensversammlungen wurde einem lange fühlbar gewesenen, aber unberücksichtigt gebliebenen Mangel abgeholfen. Die Leute hatten auf einmal, wonach sie sich gesehnt, mehr Verkündigung des Wortes Gottes, brüderlichen Zuspruch in Seelen- und Gewissensnot, dazu noch das Neue und Fremdartige der Bewegung, kurz in Scharen drängten sie sich zu den Versammlungen der Albrechtsbrüder.«[361] Pfarrer Krawielitzki war mit dem Auftrag nach Vandsburg gesandt, das »Sektenwesen« zu bekämpfen. Ohne zu dieser Zeit schon mit der in Gnadau begründeten Gemeinschaftsbewegung verbunden zu sein, wählte er genau den Weg, den Christlieb zur »Überflüssigmachung« der Methodisten vorgeschlagen hatte. Der neue Ortspfarrer übernahm ihre Praxis und führte sie in seiner landeskirchlichen Gemeinde ein. Dieser neue innerlandeskirchliche Methodismus rief in seiner Kirchenleitung Verwunderung hervor. Im Danziger Konsistorium sah man, »dass Pfarrer Krawielitzki selbst einer gewissen einseitigen, methodistisch gefärbten Richtung nicht ganz fremd geblieben ist« und »dass in den von dem Pfarrer zu diesem Zweck ins Leben gerufenen besonderen Veranstaltungen sich entschieden methodistische, dem Treiben der ›Albrechtsbrüder‹ mindestens ähnlich sehende Züge finden.«[362] Diese Entwicklung wurde im Konsistorium aufmerksam wahrgenommen und berichtet: »Wir rechnen dazu nicht das ständig geübte Niederknien bei den sehr oft sehr ausgedehnten Gebeten in den sehr zahlreich veranstalteten besonderen Versammlungen und ›Andachten‹, wir rechnen dazu auch nicht die von

---

360 Am 24. Nov. 1906 wird dem Ev. Oberkirchenrat berichtet: »Zur [methodistischen] Friedenskirche halten sich [...] z. Zt. etwa 400 Personen, von denen die meisten jedoch der benachbarten Provinz Posen angehören. Aus der Parochie Vandsburg haben bis jetzt 58 Personen ihren Austritt aus der Landeskirche und Übertritt zu der in Rede stehenden Sekte erklärt.« Zit. n. Frank Lüdke, Diakonische Evangelisation (wie Anm. 72), 67 Anm. 157.

361 »Albrechtsbrüder« ist ein aus den USA kommender volkstümlicher Name dieses Zweiges innerhalb des kirchlichen Methodismus. Er geht auf dessen Gründer Jacob Albrecht zurück. Zitat: Theophil Krawielitzki, Bericht über den Stand der sektiererischen Bewegung im Kirchenkreis Vandsburg-Pempersin vom 12. Nov. 1895. EZA 7/18535, 83, zit. nach Frank Lüdke, Diakonische Evangelisation (wie Anm. 72), 66.

362 Ebd., 67.

den Mitgliedern bewiesene, meist völlige Enthaltsamkeit von allem Bier- und Tabakgenuß, wir rechnen dazu ebensowenig die Privat-Sündenbekenntnisse einzelner ergriffener Herzen wenn es uns auch allerdings bedenklich erscheint, dass hierfür besondere ›Nach-Versammlungen‹[363] stattfinden, aber wir rechnen dahin das offensichtliche Gewicht, welches auf alle diese Dinge, und welches besonders auch auf eine plötzlich sich vollziehende und dann sofort als solche abgeschlossene Bekehrung gelegt wird, womit des weiteren sich die Erklärung verknüpft, dass von den Anfängern der Bewegung nach oftmals nur äußeren und engherzigen Gesichtspunkten über das ›Bekehrt‹ oder ›Unbekehrt‹-Sein eines Menschen abgeurteilt wird.«[364] Einige der hier genannten Frömmigkeitsübungen sind für die vom Methodismus ausgelöste Bewegung typisch: das Niederknien beim Beten, die bei jeder Erweckung üblichen langen Gebete, die besonderen Versammlungen, also Evangelisationsabende mit den typischen »Nachversammlungen«, auch die Enthaltsamkeit, die Gespräche über christliche Erfahrungen, hier als Privat-Sündenbekenntisse erwähnt. Auffällig sind die Bemerkungen zur Bekehrung ohne langen vorlaufenden »Bußkampf«, wie er vermutlich von den ostpreußischen Kukatianern[365] aus der halleschen[366] Praxis übernommen wurde und dem Danziger Konsistorium auf diesem Wege bekannt geworden war. Die Beobachtung »einer sofort abgeschlossenen Bekehrung« entspricht eher der im Umfeld von Zinzendorf beschriebenen »Minutenbekehrung«, die auch der Erfahrung in den methodistischen Kirchen entsprach.

Der gut zwei Jahre nach seiner Ordination nach Vandsburg berufene Pfarrer Theophil Krawielitzki hatte anfangs noch keinen inneren Zugang zu der freikirchlichen Frömmigkeit und Arbeitsweise. Das änderte sich ein Jahr nach seinem Dienstantritt. Er erfuhr selber eine tief in sein Leben und Wirken eingreifende geistliche Erneuerung als eine überraschende Bekehrung. Sie stellte sein Wirken auf ein neues Fundament persönlich erfahrenen Glaubens. In Borken war der Leiter eines im Herbst 1899 neu gegründeten Gemeinschaftsschwesternhauses, Pastor Carl Ferdinand Blazejewski (1862–1900) im folgenden Jahr plötzlich verstorben. Daraufhin erfolgte noch im Jahr 1900 die

---

363 Vgl. S. 125.

364 Ebd., 67.

365 »Kukatianer« wurden Anhänger des von Christoph Kukat geleiteten, 1885 gebildeten deutsch-litauischen lutherischen »Ostpreußischen Gebetsvereins« genannt.

366 Markus Matthias, Bekehrung und Wiedergeburt (wie Anm. 41) – Normalerweise wird der »Bußkampf« den Methodisten angehängt, hier klingt es, als würde die Zinzendorf'sche »Minutenbekehrung«, die man im Gegensatz zu Franckes Praxis sehen muss, kritisch bewertet.

Umsiedlung der jungen Schwesternschaft von Borken nach Vandsburg, woher zwei der damals vier Schwestern kamen. Krawielitzki übernahm die Leitung und entwickelte daraus eine umfangreiche Arbeit, die heute im Deutschen Gemeinschafts-Diakonieverband repräsentiert wird. Es ist ein großes diakonisches Werk daraus geworden, über dessen Entwicklung in den Jahren von 1899 bis 1933 Frank Lüdke eine Dissertation vorgelegt hat.[367]

Die Mitglieder der neu erbauten Friedenskirche der Evangelischen Gemeinschaft notierten, dass »die Pfarrer in ihrer Not erweckte und bekehrte Prediger von auswärts kommen ließen, um durch Versammlungen nach unserer Art die Evangelische Gemeinschaft überflüssig zu machen und für die Kirche möglichst viele ihrer Leute zurückzugewinnen. Man hat damals innerhalb der Kirche den sogenannten ›Brüderverein‹ ins Leben gerufen, um eine Gegenorganisation zu schaffen.«[368] Es muss sich dabei um den 1896 gegründeten »Gemeinschaftsbund für Posen und Westpreußen«[369] gehandelt haben.

Insgesamt wurden die Entwicklungen in Vandsburg in das Bild einbezogen, das innerhalb der Evangelischen Gemeinschaft damals über die Gnadauer entstanden war. Der seit 1896 für Westpreußen zuständige Superintendent Carl Bader schrieb über seine Beobachtungen: »Diese Gemeinschaften sollten zugleich auch als Ausgangspunkte für anderweitige Bestrebungen, namentlich als Sturmläufer wider die bösen Sekten dienen. Der letztgenannte Daseins- und Thätigkeitszweck dieser religiös-kirchlichen Bewegung ist unseres Wissens allerdings nicht öffentlich proklamiert worden. [...] Unwidersprechliche Thatsache aber ist es, daß er wenigstens gegen die Thätigkeit unserer Gemeinschaft schon jahrelang bis in unsere Gegenwart herein ernstlich und hartnäckig angestrebt wurde. Es sind uns Orte in Posen und Westpreußen bekannt, da gewisse Pastoren und Versammlungsleiter die neue Bewegung hauptsächlich dazu mißbraucht haben, außerkirchliche Gläubige zu bekämpfen.«[370]

Zwar ist nicht die gesamte methodistische Mission von Vandsburg und Umgebung in die Gemeinschaftsbewegung rückgeführt worden. Dafür war auch durch den Kirchenbau die Arbeit schon zu sehr institutionalisiert. Aber das Ziel sowohl der Kirchenleitung wie auch des Brüderrats, einer unter der Regie von St. Chrischona-Predigern sich organisierenden Gemeinschaftsbewe-

---

367 Frank Lüdke, Diakonische Evangelisation (wie Anm. 72).

368 O. V., Geschichte über die 40 Jahre des Bestehens der Evangelischen Gemeinschaft in Vandsburg, 2.

369 Ohlemacher, Gemeinschaftschristentum GdP 3 (wie Anm. 19), 412.

370 Carl Bader, Die Evangelisations- oder Gemeinschaftsbewegung in der preußischen Landeskirche, in: Evangelischer Botschafter, 34. Jg. (1898), 61.

gung, war doch die Zurückdrängung der Freikirche und Pastor Krawielitzki ist es ohne Frage nach dem Christlieb'schen Prinzip der Übernahme methodistischer Frömmigkeitspraxis gelungen, den Wirkungskreis der methodistischen Evangelischen Gemeinschaft einzuschränken und auch den größeren Teil dieser Bewegung über die sich bildende Gemeinschaftsbewegung in die Landeskirche zurückzuführen.

8. Die Organisation der Gemeinschaften als Zeichen einer neuen Epoche

Als Paul Fleisch vom lutherischen Standpunkt aus über die Gemeinschaft schrieb, schenkte er dem Schritt ihrer Organisation besondere Aufmerksamkeit.[371] Offensichtlich trieben ihn zur zeitgeschichtlichen Beobachtung und Beschreibung von Entwicklungen innerhalb der Gemeinschaftsbewegung auch die bereits an anderer Stelle angeklungenen Sorgen vor einer Separation. Seine kirchenpolitischen Interessen kamen darin zum Tragen. Den Blick auf diesen Aspekt zu beschränken, wäre aber zur kurz gefasst.

8.1 Paradigmenwechsel eins: Von der erbaulichen Binnenschau zur missionarischen Aktivität

Der überwiegende Teil der Pfarrer lebte zur Zeit der Organisation der Gemeinschaftsbewegung noch abgeschlossen, manchmal auch selbstgenügsam in einer weitgehend agrargeprägten Gesellschaft, oft in kleinstädtischen oder dörflichen territorialkirchlichen Verhältnissen. Dagegen waren die meisten Initiatoren der Gemeinschaftsbewegung Persönlichkeiten, die durch Reisen und Begegnungen in einem teilweise weiten internationalen Horizont lebten. Sie hatten bei ihren Tätigkeiten im Ausland, auf ihren Reisen oder anlässlich der Teilnahme an Tagungen andere als die traditionell deutschen Lebensformen der Kirche Christi kennengelernt. Besonders von dem evangelistisch-missionarischen Elan glaubten sie lernen zu können. Auf Tagungen der Evangelischen Allianz in Amsterdam 1867, in New York 1873, in Basel 1879 und in Kopenhagen 1884 waren sie manchen Christen aus angelsächsischen Ländern begegnet und auf den Heiligungskonferenzen in Oxford 1874 oder Brighton

---

[371] Fleisch, Die moderne Gemeinschaftsbewegung (wie Anm. 24), 70–86.

1875 hatten einige geistliche Erfahrungen gemacht, die ihr Leben und ihren Dienst veränderten. Gerade diese schrieben über ihre Erfahrungen Berichte und vermittelten durch Kleinschriften Einblicke in eine bisher weitgehend unbekannte Art des Glaubens, die gut gebildete oder konfessionell orientierte Theologen, wenn schon, dann kritisch und ablehnend zu lesen geneigt waren.

Laien wie Theologen, die der Gemeinschaftsbewegung nahestanden, waren gerade durch ihre internationalen Erfahrungen auf ganz unterschiedliche Weise in der Lage, das entstehende Gemeinschaftsleben theologisch und spirituell durch Eindrücke zu prägen, die sie in vorökumenischer Zeit gemacht hatten.

Die Einberufung der ersten Gnadauer Pfingstkonferenz 1888 ins Zentrum der Brüdergemeine als einer von je her unabhängigen und gleichzeitig ökumenisch-integrativen Kirchengemeinschaft markiert einen tiefen nicht nur organisatorischen Einschnitt. Der lange Weg zum Zusammenschluss der regionalen Gemeinschaften führte sie über die traditionellen Landeskirchengrenzen hinaus. Wichtiger waren die durch Smith, Schlümbach und Christlieb vermittelten theologischen Impulse.

Die gesamtdeutsch-überregionale Gnadauer Konferenz befasste sich mit Fragen, die in der akademischen Theologie und in den Kirchenleitungen nur als Marginalie oder später als Reaktion auf die beunruhigende Bewegung behandelt wurden. Wenn sie Beachtung fanden, dann eher im Sinne einer kritischen Abwehr. Selbst wo es in Landeskirchen bereits synodale Ordnungen gab, hätte ein Programm wie 1888 in Gnadau unter den damaligen Leitungsverhältnissen wohl kaum eine Chance gehabt. Aber es hätte mit den gleichen Themenschwerpunkten eine Tagung methodistischer Pastoren damaliger Zeit füllen können. Das heißt: Als die Gemeinschaften sich zu einer Bewegung formierten, suchten sie nach einer gemeinsamen theologischen Positionierung. Diese lag in unmittelbarer Nähe zu methodistischer Theologie und Praxis. Sie hatten ein Bild von Kirche vor Augen, in dem die Kirche nicht über das normale Leben hinaus auch Mission trieb, sondern in dem sie ihrem Wesen entsprechend selber als Mission existierte, als Mission, die ohne Einheit in Gemeinschaft selbst über konfessionelle Grenzen hinaus ihren Auftrag kaum glaubwürdig erfüllen konnte. Dieses Selbstverständnis von Kirche als Mission war es ja gerade, das es für Christlieb so verlockend erscheinen ließ, Deutschland undenominationell zu evangelisieren und zugleich methodistische Theologie und Frömmigkeit in die Landeskirchen zu integrieren. Die Neuausrichtung der Gemeinschaftsbewegung von einer gewissen Binnenorientierung zur missionarischen Außenwirkung als einem, wenn nicht dem zentralen Anliegen Christliebs war in Gnadau 1888 eingeleitet.

Es wurde von den Kirchenbehörden nicht erkannt, dass dieser Paradigmenwechsel durch theologische Positionen ausgelöst wurde. Sie waren geneigt, in den evangelistisch aktiv gewordenen Gemeinschaften lediglich das Interesse an einer institutionellen Ausbreitung und zahlenmäßigen Verstärkung der Organisationen zu sehen. Was in den Gemeinschaften als zentrale Aufgabe des Kircheseins, nämlich Mission durch Evangelisation auch an Getauften, erkannt und aufgenommen war, musste damals kirchlichen Leitungsgremien, die leicht geneigt waren, mehr bürokratisch von der Verfasstheit der Kirche her zu denken, noch fremd erscheinen. Mission im eigenen Land war für eine flächendeckend organisierte Kirche noch kein theologisches und darum auch kein praktisches Thema.

8.2 Paradigmenwechsel zwei: Von der verfassten Amtskirche zur mündigen Teilgemeine mit eigener Ordnung

Der tiefste organisatorische Einschnitt war die Umsetzung des Bildes von einer christlichen Gemeinschaft, die ihre selbstverschuldete Unmündigkeit abzulegen bereit war. In den Gemeinschaften war der Mut und die Entschlossenheit gewachsen, sich selber in Freiheit und einer gewissen Unabhängigkeit zu organisieren. Dadurch erschlossen sich ihr bisher nur begrenzt wahrgenommene Möglichkeiten. Sie werden weiter unten noch an Hand einer Mustersatzung kurz charakterisiert.

Man muss die kirchliche Lage während der Entstehung der Gemeinschaftsbewegung im Blick behalten. Die damalige Kirche hatte in ihrer obrigkeitlichen Abhängigkeit nur eingeschränkte Spielräume. Die ›Kirchenregierungen‹ wurden durch staatliche Behörden oder individuelle Entscheidungen der Herrschenden in ihre Ämter berufen. Ähnlich war es mit der Kirchengesetzgebung, der Berufung von Pfarrern, dem Bau von Kirchengebäuden, der Herausgabe von Gesangbüchern und Agenden, der Entsendung an überregionale Tagungen sowie der Festlegung von Bußtagen und Fürbitten. In der Wahrnahme dieser Verantwortung hatten die Regierenden Interesse daran, ihre Machtansprüche durch die konfessionelle Einheit in ihren jeweiligen Ländern zu stützen. Um die Geschlossenheit zu erhalten, erlebten besonders Anhänger von Täufergemeinden, aber gelegentlich auch Methodisten staatlich-kirchliche Eingliederungen durch Zwangstaufen. Das hier nur knapp skizzierte Bild der Kirche, deren Leitungen in einigen früheren Kleinstaaten gelegentlich wie Abteilungen des Innern angesehen wurden, war nicht ohne Auswirkung auf das Leben der Kirche und die Mentalitäten derer, die in diesen Verhältnissen ihre Pfarramtspflichten erfüllten.

Mit der organisierten Gemeinschaftsbewegung entstand, einer durch die Aufklärung eingeleiteten Entwicklung folgend, unbeabsichtigt eine neue Vision von christlicher Kirche, wenigstens von christlicher Gemeinschaft.

Zusammengefasst sind deren Gemeinschaftsstrukturen in einer ›Satzung‹ zu sehen, die 1916 als Entwurf vom Vorstand des *Gnadauer Verbands* herausgegeben wurde.[372] Zukunftsweisende Akzente darin waren:

(1) Die Mitgliedschaft wird aus *freiem Entschluss* persönlich *erworben.*

(2) Sie ist *nicht voraussetzungslos*: es wurde – nach früher erfolgter Taufe – Bekehrung, Wiedergeburt und der Wille zu einem Leben in der Heiligung als Nachfolge Christi erwartet.

(3) Was in der traditionellen Konfirmation bereits als Bestätigung der empfangenen Taufe zum Ausdruck kam und die volle Kirchengliedschaft mit damals üblicher Abendmahlsberechtigung und dem Vollzug bald nach der Konfirmation bedeutete, wird nunmehr in einem persönlich verantworteten *Gelübde*, einer Art alters- und zeitunabhängigen ›Konfirmation‹ zum Ausdruck gebracht.

(4) Die organisierte Gemeinschaft *finanziert* ihre Arbeit *unabhängig von staatlichen Zuschüssen* aus freiwilligen Beiträgen.

(5) Die Gemeinschaften *wählen* ihre Vorstände *selber.* Diese nehmen für alle zu besetzenden Aufgaben innerhalb der Gemeinschaften die Beauftragungen dazu wiederum durch Wahlen vor.

(6) Es finden *Mitgliederversammlungen* statt. Jährlich werden in Verbindung mit Neuwahlen Rechenschaftsberichte gegeben.

(7) Es werden Mitgliedskarten ausgegeben mit dem *Aufdruck des Gelübdes,* zu dem deren Inhaber sich verpflichteten. Diese Karten waren gleichsam eine Art von »Konfirmationsbescheinigung«. Ob, wie es in manchen amerikanischen Traditionen üblich ist, das Gelübde jährlich erneuert werden muss, war nicht zu ermitteln.

Verbunden mit diesem für jene Zeit ungewöhnlichen kirchlichen Selbstverständnis war, dass in den Gemeinschaften *Laien und Laienpredigern im kirchlichen Rahmen eine Mitverantwortung in geistlichen Fragen* zugestanden wurde. Sie leisteten damit einerseits einen im Sinne neutestamentlicher Lehre begründeten charismatischen Beitrag für das Leben der Kirche und forderten

372 Tiesmeyer, Gemeinschaftsbewegung in Deutschland (wie Anm. 296), 87–91.

andererseits ein neues Selbstverständnis und eine neue Praxis des damals in manchen Konfessionen exklusiven pastoralen Amtes heraus.

Mitten im Staatskirchentum eröffnete die Gemeinschaftsbewegung einen Weg zur Praktizierung eines vom Staat und staatskirchlichen Behörden *unabhängigen, freien Gemeinschafts-Kirchentums.* Ohne dass es innerhalb der Gemeinschaftsbewegung so gesehen wurde, war infolge geistlicher Impulse ein mutiger Schritt in die Moderne vollzogen, den die verfassten Kirchen zu jener Zeit noch nicht mitgehen konnten.

Es bleibt zu bemerken, dass die erwähnte ›Satzung‹ zwei Zuströme erkennen lässt. Einerseits ist es das in Deutschland für die verschiedenen Bewegungen in der Gesellschaft entwickelte Vereinsrecht. Inwieweit die Gemeinschaften mit der Satzung auch Rechtsverhältnisse angestrebt haben, wird in den einzelnen Zweigen vor allem mit der Frage nach der Planung und Schaffung von Immobilien-Eigentum zusammenhängen für die eine Rechtsgrundlage hilfreich war. Es sind andererseits angelsächsische Einflüsse, die hier integriert wurden. Das ist auch erkennbar an der Rolle, fast müsste man sagen an der Umdeutung, welche die Sakramente Taufe mit Konfirmation und Abendmahl erfahren haben. Für den Eintritt und die Aufnahme in die Gemeinschaft wurde nicht nach der Taufe gefragt. Als neuer Initiationsritus für das Christsein ist an die Stelle der in der Kindheit bereits empfangenen Taufe jetzt die Bekehrung und Wiedergeburt als Grunddatum zur Aufnahme in die Gemeinschaft der Nachfolgenden getreten. Die kirchliche Konfirmation wird durch das persönliche Gelübde bei der Aufnahme als ›tätiges Mitglied‹ ergänzt, vielleicht überhöht.

Traditionell wurden Taufe und Abendmahl von den Gemeinschaftsmitgliedern in den Gottesdiensten der jeweiligen landeskirchlichen Parochialgemeinden empfangen, manchmal wegen des ›ungläubigen Pastors‹ mit inneren Vorbehalten. Fand die Taufe in der Bekehrung und erfahrenen Wiedergeburt ihre Erfüllung, so bleibt die Frage nach der Mahlgemeinschaft. Einen gewissen, jedoch nicht wirklichen Ersatz boten verschiedene Feiern im Kreis der Gemeinschaft. Die ›Jahresfeste‹ mit Verkündigung und gemeinsamer Mahlzeit und die ›Familienabende‹ stellten Höhepunkte im Gemeinschaftsleben dar. Der Teilaspekt der Gemeinschaft, man könnte auch altkirchlich von ›Agapen‹ sprechen, wie sie damals in den methodistischen Kirchen gebräuchlich waren, verfolgte das Ziel, »bei Tee und Butterbrot einander näher zu kommen und sich als Familie zu fühlen«.[373] Für die Entfaltung solchen gemeinsamen Lebens waren die kirchlichen Gebäude in England und in den USA längst so gebaut, dass sie nicht nur Sakral-, sondern immer auch unterschiedliche Ge-

---

373 Ebd., 127–129. Daraus auch vorhergehende Zitate.

meinschaftsräume für das Leben der Gemeinden bereitstellten, was übrigens auch im Blick auf den bescheidenen Kirchen- und Kapellenbau freikirchlicher Gemeinden in Deutschland der Fall war. Diese Entwicklung zeigte sich auch in der wachsenden und stabilisierenden Gemeinschaftsbewegung.

Die Praxis, ein Gelübde zu erwarten, wurde auch aus den USA angeregt. Dort war es eng mit der 1886 entstandenen studentischen Missionsfreiwilligen-Bewegung durch Dwight L. Moody (1837–1899) populär geworden. Am Ende einer der berühmten Sommerkonferenzen in Northfield/Mass. unterschrieben einhundert Studenten das Gelübde: »Es ist mein Vorsatz, wenn Gott es zulässt, Missionar in der Heidenwelt zu werden.«[374] Diese danach vielfach benutzte typisch amerikanische Methode wurde auf Dauer ein wichtiges Element innerhalb der Gemeinschaftsbewegung. Es ist nicht ausgeschlossen, dass jenes für den gesamten Gnadauer Verband erwähnte Modell eines verpflichtenden Gelübdes einen Anstoß aus der mitgebrachten Praxis eines ihr angeschlossenen Verbandes bekommen hat. Auf der Grundlage der aus Nordamerika übernommenen ›Verfassung‹ des *Jugendbunds für Entschiedenes Christentum* hat dieser Zweig der Gnadauer Bewegung bereits ein Jahrzehnt vor dem gemeinsamen Entwurf diese Praxis geübt.[375] Auch der *Studentenbund für Mission* (SfM), der eine Zweigorganisation der Deutschen Christlichen Studentenvereinigung (DCSV) und personell mit der Gemeinschaftsbewegung verbunden war, hatte diese aus dem amerikanischen Northfield kommende Praxis übernommen.

Es ist bezeichnend: die in Württemberg historisch völlig anders entwickelte Geschichte der dort weiterhin am Pietismus orientierten Gemeinschaftskreise lehnten es ab, sowohl eine Satzung wie auch eine Ordnung mit einem Gelübde einzuführen.

---

374 Paulus Scharpff, Geschichte der Evangelisation, Gießen 1964, 206.

375 *Verfassung des Jugendbundes für Entschiedenes Christentum* (EC), ^{3}1906, 17 f.

9. Zusammenfassende Erwägungen

In der Gemeinschaftsbewegung kommt der angloamerikanische Typ methodistisch durchdrungener Theologie und Frömmigkeit in erheblich stärkerem Maße zum Ausdruck, als es die traditionelle Historiographie weitergab. Die internationale Öffnung der Gesellschaft und der Beginn, auch in kirchengeschichtlicher Forschung transkonfessionell und transnational zu arbeiten, gibt einen neuen Blick auf frühere Entwicklungen frei, die im Horizont der heutigen Forschung zu entsprechenden Ergänzungen, vielleicht auch Korrekturen führen. Die vorliegende Studie will einen Anstoß geben, die Frage nach den historischen und theologischen Wurzeln der Gemeinschaftsbewegung in einem weiter gefassten Kontext als bisher zu sehen. Es ist sehr zu wünschen, dass weitere Einzelstudien erstellt werden. Zur ersten Klärung wäre es hilfreich, wenn die Linien vom Pietismus und den Erweckungsbewegungen in die Gemeinschaftsbewegung hinein nicht nur allgemein postuliert, sondern konkret an Personen, an theologischen Linien und an Organisationsmustern aufgezeigt würden.

In diesem Sinn will der vorliegende Beitrag den mehrschichtigen Wandel ins Blickfeld rücken, der seit 1875 stattgefunden hat. Betrachtete man die Gemeinschaftsbewegung bisher überwiegend in einer nationalen Traditionskette, die bei der Reformation ansetzte, so wurde nunmehr neben der konkreten Übermittlung von Strukturen der Frömmigkeit auch an theologische Impulse aus dem internationalen Raum erinnert, von denen die Arbeit der Gemeinschaftsbewegung signifikante Gestaltungsformen aufgenommen hat. In den bisherigen Selbstdarstellungen wurde nicht offen genug realisiert, dass auch diese Impulse letztlich reformatorischen Ursprungs sind, jedoch zu vielgestaltigeren praktisch-theologischen Konsequenzen führten, als sie ein territorial bestimmtes und im staatskirchlichen Sinne verfasstes Kirchentum zuzulassen bereit war. Diese theologische Breite insbesondere in ekklesiologischer Hinsicht ist im Bereich der deutschen Theologie bisher wenig wahrgenommen worden, auch weil es eine Art morphologischen Fundamentalismus gibt, der alle anderen kirchlichen Gestaltungen an der eigenen, vorfindlichen Struktur zu messen sich angewöhnt hat. Was der freikirchliche Kongregationalismus mit seinem theologischen Ansatz in der angelsächsisch geprägten Föderaltheologie bedeutet und wie sich der methodistische Konnexionalismus[376] nach einer Art konziliarem Prinzip mit dem weltweiten System von Konferenzen auf reformatorischer theologischer Grundlage gestaltet, ist neben der staatskirchlich geprägten Tradition selbst für Fachtheologen kaum ins Bewusstsein getreten.[377]

Die Gemeinschaftsbewegung ist weder durchgehend vom Heiligungsbegriff des Pietismus noch von den vor den Reisen von Pearsall Smith und Friedrich von Schlümbach praktizierten Ansätzen der Evangelisation geprägt. Auch das Verständnis von Innerer Mission war zwischen dem Volkskirchler Wichern und dem international erfahrenen Christlieb kontrovers.[378] Wollte Wichern in seiner späteren Phase volksmissionarisch die der Kirche Entfremdeten zurückgewinnen und auf diese Weise eine Front gegen politische Entwicklungen aufbauen, so war es Christliebs Streben, durch evangelistische Bemühungen Ungläubige zum Glauben zu rufen und so christliche Missionsgemeinde zu gestalten.

Theologisch ist zu bedenken, dass die Vorstellungen Christliebs mit einem neuen Verständnis von der christlichen Kirche und ihrem Auftrag verbunden waren. Kirche ist Mission, und zwar über die Sicht des Pietismus hinaus nicht nur in der Fremde unter ›Heiden‹, sondern auch, wie Christlieb es vom englischen Methodismus mitbrachte, unter getauften Ungläubigen in der Heimat. Dieser umfassende evangelistisch-missionarische Ansatz wurde in der Gemeinschaftsstruktur so verwirklicht, dass er von mündigen Christen, die bewusst in die Nachfolge Christi getreten waren, in missionarischer Außenwirkung aktiv gestaltet werden konnte. Die ›Privat-Erbauungsgemeinschaft‹, die württembergische ›Stunde‹ und die Hahn'sche ›Versammlung‹ genügten nicht mehr. Man wandte sich in ›Kampagnen‹ an die ›Massen‹.

---

376 C. Ernst Sommer, Die Struktur der Evangelisch-methodistischen Kirche. In: Karl Steckel/C. Ernst Sommer, Geschichte der Evangelisch-methodistischen Kirche. Weg, Wesen und Auftrag des Methodismus. Stuttgart 1982, 277–286. Auch:/Marquardt, Gelebte Gnade (wie Anm. 226), 393–397. Klaiber, Methodistische Kirchen (wie Anm. 228), 319–321.

377 Erich Geldbach, Gottes Bundesrepublik. Die Bedeutung der Föderaltheologie für Kirche und Gesellschaft. In: FF 18 (2009), 157–165. Karl Heinz Voigt, Freikirchen als Vorboten der Ökumene in Deutschland. In: FF 18 (2009), 166–187.

378 Karl Heinz Voigt, Theodor Christlieb als Frühökumeniker. In: Voigt, Christlieb, Die Methodisten, die Gemeinschaftsbewegung (wie Anm. 9), 30–32.

Weder die ›Neulutheraner‹ noch die ›Neuprotestanten‹ hatten eine Vision zur Erfüllung des missionarischen Auftrags der Kirche, von der Amtskirche ganz zu schweigen, die wegen des Ideals der Gleichheit von Bürgergemeinde und Christengemeinde gar keine Perspektive für die Mission im eigenen Land entwickeln konnte. Noch in der zweiten Hälfte des 20. Jahrhunderts war die These »Deutschland ist Missionsland« selbst im Vorfeld des von den Kirchen in ökumenischer Gemeinschaft getragenen »Missionarischen Jahres« umstritten. Ohne dass der theologische Umbruch im ekklesiologischen Selbstverständnis in der Gemeinschaftsbewegung breit diskutiert wurde, fand er doch inmitten einer bürokratischen, staatsabhängigen Amtskirche, umgeben von einer national-protestantischen Theologie, und in einer Gesellschaft, die monarchisch geprägt und in ihrer Ausrichtung mindestens ebenso national orientiert war, für ein gemeinschaftlich-kirchliches Leben eine völlig neue Basis. Ihre staatliche und finanzielle Unabhängigkeit gab ihr den notwendigen Freiraum. Die verfasste Kirche ging zur Zeit der Organisation der Gemeinschaftsbewegung »von einem Verständnis von Kirche aus [...], das diese als Anstalt auffasst, als Betrieb, der seine Legitimation aus den von ihm angebotenen Dienstleistungen bezieht«.[379] Eine derart innovative Neuorientierung, wie sie von den treibenden Kräften zur Organisation der Gemeinschaftsbewegung ausging, wäre aus den damals dem innerdeutschen Protestantismus zur Verfügung stehenden Grundlagen schwer vorstellbar gewesen. Durch die Außenimpulse wurde die Kirche umdefiniert: »weg von der Kirche der Theologen [und staatlichen Behörden], hin zu einer Kirche der Gläubigen.«[380] Daraus folgte auch: aus der bisherigen selbstgenügsamen Binnenorientierung wandten sich die Gemeinschaftschristen hin zu den Menschen ohne Glauben und ohne Leben mit ihrer Kirche. Dieses ekklesiologische Kontrastprogramm konnte vormals von den Pietisten kaum entwickelt, geschweige denn durchgesetzt werden, es sei denn, man wanderte aus.[381] Die Pietistenreskripte der einzelnen deutschen Kleinstaaten ließen für eine Entfaltung, wie sie die Gemeinschaftsbewegung am Ende des 19. Jahrhunderts für sich in Anspruch nehmen konnte, keinen Spielraum.[382]

---

379 Schmidtsiefer, Kirche und Gesellschaft (wie Anm. 2,45), 31 f.

380 Ebd., 35.

381 Marcus Meier, Die Schwarzenauer Neutäufer. Genese einer Gemeindebildung zwischen Pietismus und Täufertum, Göttingen 2008, bietet ein Beispiel, das für das 19. Jahrhundert durch viele Auswanderungen aus den Freikirchen zu ergänzen wäre.

382 Friedrich Hagen z. B. unterstützt die These, dass R. P. Smith mit seinem Besuch der Gemeinschaftsbewegung einen »entscheidenden Impuls« gegeben hat. In: Martin Friedrich, Rezensionen, in: PuN 25, 1999, 287.

Die Gemeinschaftsbewegung hat im Blick auf die Erneuerung der Landeskirchen eine nicht oder nur wenig akzeptierte, nicht selten von Misstrauen begleitete Vorreiterrolle übernommen. Wenn dahinter die Kraft eines neuen theologischen Verständnisses der Kirche Christi und ihres Auftrags stand, dann erklärt sich vielleicht von daher die Unsicherheit der ekklesiologischen Positionierung innerhalb der Gemeinschaftsbewegung, die in unterschiedlichen Richtungen virulent war und geblieben ist.[383] Es ist müßig die Frage zu stellen, was es für die Mission in Deutschland, für die Kirche Christi in diesem Land und für die Umgestaltung und Erneuerung des immer noch territorial organisierten Landeskirchentums bedeutet haben würde, wenn es zur konsequenten Umsetzung dieses Konzepts in der Einheit mit anderen missionarischen Strategien wie zum Beispiel in den Freikirchen gekommen wäre. Aber der Historiker muss auch die Frage nach möglichen Fehlentwicklungen stellen.[384]

Unabhängig von dieser abschließend aufgeworfenen Erwägung führen die aufgezeigten Linien erneut zu der Frage, ob es in einer Zeit globalen Denkens angemessen ist, den in Deutschland gebräuchlichen Sammelbegriff ›Neupietismus‹ auf eine zweifelsfrei vielfach aus angloamerikanischen Quellen mitbestimmte Bewegung anzuwenden. In der neueren Literatur tauchte diese Frage hier und da bereits auf.

Es war sicher eine gute Entwicklung, dass die im deutschen Sprachraum des 19. Jahrhunderts schwammig gewordenen Begriffe ›Methodismus‹ und ›methodistisch‹ für den Typ der erwecklichen, auf geistliche Erneuerung zielenden Arbeit in Vergessenheit geraten sind.[385] Nach den neueren Forschungen

---

383 Eine Studie über die frühere und während des ›Dritten Reiches‹ neu einsetzende Debatte über das ekklesiologische Selbstverständnis der Gemeinschaftsbewegung ist in konfessionsgeschichtlicher Sicht über die Arbeit von Joachim Drechsel, ›Das Gemeindeverständnis in der Deutschen Gemeinschaftsbewegung‹ hinaus, wünschenswert. Zuletzt waren unterschiedliche Stimmen zur heutigen Einschätzung hörbar: Volker Brecht, Zwischen Landeskirche und Freikirche. Die Suche der Gemeinschaftsbewegung nach einem eigenen Gemeindeverständnis, Wuppertal 2002.– Werner Beyer, Gemeinschaftsbewegung zwischen Volkskirche und Freikirche, in: Freikirchen Forschung 12, 2002, 90–106 u. Ernst Lippold, Kirche – Freikirche – Gemeinschaftsbewegung (wie Anm. 6), 107–124.

384 Hartmut Lehmann, Die evangelische Gemeinschaftsbewegung im kirchenpolitischen Raum. In: Evangelium und Erfahrung. 125 Jahre Gemeinschaftsbewegung. (wie Anm. 5).

385 Freilich ist seine Kenntnis für die historische Interpretation von Texten unverzichtbar, wie es zuletzt bei Hahn-Bruckart, Friedrich von Schlümbach (wie Anm. 67) erkennbar ist. In seinem Register führte er eine besondere Rubrik ein und erfasste 24 teils mehrseitige Textpassagen unter »Methodismus als Chiffre für erwecklichen Protestantismus angelsächsischer Prägung« in Deutschland, der nicht im Rahmen einer methodistischen Kirche wirksam ist.

zum Pietismus wäre die Gemeinschaftsbewegung ein Teil dieses früheren nicht-denominationellen Methodismus. Was wäre eigentlich verloren, wenn *die Gnadauer,* anstatt sich als ›Neupietismus‵ zu definieren, zur Differenzierung in ihrem Frömmigkeitsumfeld sich auf ihren eigenen, durchaus verständlichen Begriff *Gemeinschaftsbewegung*, der ihren kirchlichen Standort präzise ausdrückt, konzentrieren?

10. Der Zeit voraus – Schlussbemerkungen

Der Berliner Kirchenhistoriker Karl Kupisch (1903–1982), ein Kenner der außerhalb der Landeskirchen international verbundenen Gemeinschaften, selbständigen Gründungen und Freikirchen,[386] gestand der innerlandeskirchlichen Gemeinschaftsbewegung schon 1966 eine eigenartige Art kirchlicher Eigenständigkeit zu, als er schrieb: »Jedenfalls ist mit der Gemeinschaftsbewegung die Monopolstellung der Landeskirchen endgültig durchbrochen worden, wie andererseits die Landeskirchen selber von der Gemeinschaftsbewegung Anregungen für ihre eigene, spätere volksmissionarische Arbeit erhielten.«[387] Das ist eine durchaus eigenwillige Interpretation. Einen anderen Aspekt fügte Martin Weeber, der mit Christlieb zusammen die Gemeinschaftsbewegung mehr von außen beurteilt, hinzu. Er holt Christlieb und damit die von ihm inspirierte Bewegung aus der Ecke konservativer Kirchlichkeit heraus und weist, ohne es so zu formulieren, auf diese in Deutschland im kirchlichen Leben nicht sehr oft anzutreffende Kombination von Bewahrung und Fortschritt hin. Weeber schrieb in einer jüngeren Untersuchung zu Christliebs Predigtlehre: Es würde »deutlich [...] zu kurz greifen, wollte man Christlieb und die durch ihn repräsentierte Frömmigkeitsrichtung einfach als konservativ bezeichnen. Schon die von Christlieb und den Seinen gepflegte Kritik am Staats- und Landeskirchentum und die gleichzeitige Bewunderung freikirchlicher Konzeptionen ließe eine solche Etikettierung als Verkürzung erscheinen. Auch lassen sich Christliebs dogmatische Präferenzen kaum eindeutig als konservativ verbuchen. Denn obwohl er seinen Hauptgegner im ›falschen Liberalismus‹ erblickt,

---

[386] Karl Kupisch, Der Deutsche CVJM. Aus der Geschichte der Christlichen Vereine Junger Männer Deutschlands, Kassel 1958; ders., Studenten entdecken die Bibel. Die Geschichte der Deutschen Christlichen Studenten-Vereinigung (DCSV),Hamburg 1964.

[387] Karl Kupisch, Die deutschen Landeskirchen im 19. und 20. Jahrhundert, Göttingen 1966, R 86.

gilt seine Abneigung doch auch einem ›schroffen Konfessionalismus‹. Er stellt den ›biblischen consensus‹ über den ›confessionellen dissensus‹.«[388] Diese kurze Charakterisierung weist abschließend auf Christliebs Fundament hin: den »biblischen consensus«, der ihn allianzfähig machte und der außerdem die Legitimation dazu gab, in ihm einen »Frühökumeniker« zu sehen.

Um genau diese Aspekte der im Rückblick besser zu erkennenden Bereicherungen der Landeskirchen durch die Wegbereitung dort, wo die Gemeinschaften besonders durch den inhaltlichen und organisatorischen Einfluss von der internationalen Ebene »der Zeit voraus« waren, geht es in dieser Schrift. Es ist bezeichnend, dass jene Stimmen, die auf die über die bisherige Selbstsicht der Gemeinschaftsbewegung hinausschauenden Einwirkungen hinweisen, weniger aus den Gemeinschaften selber kommen, sondern eher »von außen«. Die auf 1888 zurückgehende organisierte Bewegung hatte immer wieder einigen Aufwand mit der Klärung und Erhaltung ihres Verhältnisses zu den Landeskirchen zu betreiben, dazu auch noch die durch die Pfingstbewegung entstandene Abspaltung zu verarbeiten. Wenn es heißt, dass die Stimmen, die auf den Zeitvorsprung hinwiesen und eine umfassendere Deutung der Gemeinschaftsgeschichte anregen, »von außen« kommen, dann kann das allerdings nur eine soziologische Verortung sein, denn tatsächlich kommen die Stimmen »von innen«, wenn sich die Kirche Jesu Christ als eine nicht nur in hehren Worten bekannte, sondern auch ökumenisch gelebte Einheit darstellt.

---

388 Martin Weeber, Kultivierte Kulturdistanz. Die Homiletik Theodor Christliebs. In: Christian Albrecht/Martin Weeber, Klassiker der protestantischen Predigtlehre. Einführung in homiletische Theorieentwürfe von Luther bis Lange, Tübingen 2002, 144–160 (157).

ANHANG

Quellen

Evangelisches Zentralarchiv Berlin (EZA):

Aufruf des Deutschen Evangelisationsvereins, Berlin – Bonn im April 1886. Begleitschreiben von Generalsuperintendent Wilhelm Baur vom 2. Nov. 1886 an den Oberkirchenrat in Berlin. Beides: EZA Best. 7/8047.

Bericht über die Evangelistenschule zu Bonn vom 2.11.1886 und Satzung des Deutschen Evangelisationsvereins. EZA Best. 7/8047.

Extract eines Protokolls des EOK vom 18.10.1882. EZA Best. 7/8047.

Die Stellung des Kirchenregiments zu der Evangelistenthätigkeit von Nichtgeistlichen in unserer Landeskirche (13 Seiten). Ev. Oberkirchenrat vom November 1889. EZA Best. 7/3843.

Leitsätze für die 27. Deutsche Evangelische Kirchenkonferenz 1905, aufgestellt von Prälat Sandberger und Generalsuperintendent Moldenhauer, EZA Best. 1/A2/262.

Die Gemeinschaftsbewegung unserer Tage. Antworten auf den Fragebogen aus Württemberg, EZA Best. 1/A2/262.

Generalsuperintendent Moldenhauer, Leitsätze zur Frage: »Welche Stellung hat die Kirche und das geistliche Amt zur Gemeinschaftsbewegung unserer Tage einzunehmen?«, EZA Best. 1/A2/262.

Protokoll-Auszug, Konsistorium Koblenz vom 18.10.1882. EZA Best. 7/8040. Viktor von Sandberger, Sätze über die Stellung der Kirchen und des geistlichen Amtes zu der Gemeinschaftsbewegung unserer Tage, EZA Best 1/A2/262.

Vorstand der Deutschen Evangelischen Kirchenkonferenz, Schreiben aus Dresden vom 6. Juli 1903, EZA Best. 1/A2/262.

Landeskirchen Archiv Düsseldorf

Koblenzer Konsistorium Schreiben vom 10.8.1903: Landeskirchen Archiv Düsseldorf, Best. (Gemeinschaftsbewegung) B XI 1 b (1905–1926).

Verhalten der Kirche und ihrer Organe gegenüber den separatistischen und sectirerischen Bewegungen der Gegenwart. In: Protokoll über die Verhandlungen der Kreissynode Moers am 31. Aug. 1881, 12ff.; – ebenfalls am 20. Sept. 1882, 13–16; – auch: Protokoll der XI. Rhein. Provinzial-Synode , 33–37.

Unitätsarchiv Herrnhut (UAH)

Aus den Protokollen der Unitäts-Aeltesten-Conferenz.

Zeitschrift »Herrnhut«, Sonntagsblatt der Brüdergemeine, Nr. 24, 21. Jg. (NF), erschienen in Niesky am 16. Juni 1888. Bericht über die Gnadauer Pfingstkonferenz, 23–25.

Archiv des Rauhen Hauses

Schreiben Christlieb an Wichern vom 29. Nov. 1869 ARH Best. 81 B 674.

Hauptstaatsarchiv Stuttgart

Schreiben M. Neundorf, Ministerialsekretär, an das Württ. Innenministerium vom 10. Aug. 1934. HSTAStuttg E 151/02 Innenministerium – Rechtsakten, Staatsangehörigkeit (1802–1945), Bü 852.

Zentralarchiv der Evangelisch-methodistischen Kirche

Kirchenbuch Vandsburg, Die Anfänge des Werkes auf dem Vandsburger Arbeitsfelde, ca. 1903.

Geschichte über die 40 Jahre des Bestehens der Evangelischen Gemeinschaft in Vandsburg und Umgegend. Geschrieben und vorgetragen anlässlich des Jubiläums 19.–26. August 1928.

Archiv Voigt

Protokoll der Gründungssitzung des Deutschen Evangelistenvereins 18. bis 20. März 1884 im Johanneum in Bonn. Kopie im Archiv des Autors.

Evangelischer Oberkirchenrat, Grundsätze zur Bildung von Gemeinschaftsgemeinden innerhalb der Evangelischen Landeskirche in Württemberg, 2000. Schr. an die Dekanatämter und die Mitglieder der Württembergischen Evang. Synode, AZ 16.20 Nr. 72/191. Kopie im Archiv des Autors.

Weitere gedruckte Quellentexte:

Theodor Christlieb, Zur methodistischen Frage in Deutschland, Kirchliche Monatsschrift 1. Jg. 1882, 583–628. Aus: Bestand in der Bibliothek des Evangelischen Predigerseminars im Augusteum in Wittenberg.

Das Augsburger Bekenntnis. Deutsch. Revidierter Text. Hgg. von Günther Gassmann u.a., Göttingen/Mainz ^{4}1980.

EKD TEXTE 68, Das Evangelium unter die Leute bringen. Zum missionarischen Dienst der Kirche in unserem Land, Hannover 2001.

Evangelisch-methodistische Kirche (EmK) – Vereinigte Evangelisch-Lutherische Kirche (VELKD) – Arnoldshainer Konferenz (AKf), Vom Dialog zur Kanzel- und Abendmahlsgemeinschaft. Eine Dokumentation der Lehrgespräche und Beschlüsse der kirchenleitenden Gremien, Hannover/Stuttgart 1987.

Johann Gottlob Pfleiderer, Die Gnadauer Pfingstkonferenz 1888. Verhandlungen der Gnadauer Pfingstkonferenz (22.–24. Mai 1888), Neubearbeitung: Johannes Dreßler, Berlin 1987.

Jugendbund für EC. Eine Antwort auf die Einwände gegen das Gelübde, Bielefeld, o. J. (um 1900).

Die Lutherisch/Methodistisch/Römisch-katholische Erklärung zur Rechtfertigungslehre. In: DwÜ 4, 2001–2010, Leipzig/Paderborn 2012, 1158–1162.

Minutes of the General Assembly of the Presbyterian Church in Ireland, Belfast 1883.

Verfassung des Jugend-Bundes für Entschiedenes Christentum (EC), Bielefeld, o. J. (um 1900), 1906.

Verhandlungen des fünfzehnten deutschen evangelischen Kirchentags und Congresses für die innere Mission zu Stuttgart vom 31. August bis 3. September 1869, Stuttgart 1869.

Von Gottes Gnaden. Württembergisches Pietisten-Reskript von 1743. Faksimile-Nachdruck 1993 (250 Jahre Württembergisches Pietisten-Reskript), Stuttgart o. J. (1993).

Literatur

Ruth Albrecht, Frauen (Zeit der Erweckungsbewegung). In: Hartmut Lehmann, Glaubenswelten und Lebenswelten, GdP Bd. IV, Göttingen 2004, 522–555.

Ruth Albrecht u. a., Adeline Gräfin von Schimmelmann – adlig, fromm, exzentrisch, Neumünster 2011.

Carl Bader, Die Evangelisations- und Gemeinschaftsbewegung in der preußischen Landeskirche. In: Der Evangelische Botschafter 34. Jg. (1898), 61f., 69f. u. 77f.

Oskar von Barchwitz-Krauser, Six Years with William Taylor in South America, Boston 1885, Reprint o. J.

Wilhelm Bartz, Freikirchen in Deutschland. Geschichte, Lehre, Ordnung, Trier 1973.

Gisa Bauer, Evangelikale Bewegung und evangelische Kirche in der Bundesrepublik Deutschland. Geschichte eines Grundsatzkonfliktes, Göttingen 2012.

Otto Baumgarten, Engländerei im kirchlichen Leben. In: RGG[1](1910), Bd. 1, 337–339.

Werner Beyer, Gemeinschaftsbewegung zwischen Volkskirche und Freikirche. In: FF 12 (2002), 90–106.

Erich Beyreuther, Die Erweckungsbewegung. Göttingen 1963, R4 und R5.

Friedrich Blecher, Zeugnisse und Urteile von Pastoren über den Jugendbund für Entschiedenes Christentum (EC), Kassel [3]1906. Mit einem Anhang: Urteile und Zeugnisse aus Deutschland.

V. A. A. Bonar (Hg.), Robert Murray McCheyne, Leben und Erinnerungen, übersetzt von Anna von Weling, mit einem Vorwort von Theodor Christlieb, Bonn 1880.

Volker Brecht, Zwischen Landeskirche und Freikirche. Die Suche der Gemeinschaftsbewegung nach einem eigenen Gemeindeverständnis, Wuppertal 2002.

Ernst Bunke, Curt von Knobelsdorff – der Herold des Blauen Kreuzes, Gießen/Basel 1940, ^{2}1951.

Christian Bunners, Musik. In: Hartmut Lehmann, Glaubenswelten und Lebenswelten, GdP Bd. IV, Göttingen 2004, 428–455.

Johann Gottlieb Burckhardt, Vollständige Geschichte der Methodisten in England, aus glaubwürdigen Quellen. Nebst den Lebensbeschreibungen ihrer beyden Stifter, des Herrn Johann Wesley und George Whitefield, Nürnberg 1795. Als Faksimile-Ausgabe neu gedruckt und eingeleitet von Michel Weyer, Stuttgart 1995.

Friedemann Burkhardt, Christoph Gottlob Müller und die Anfänge des Methodismus in Deutschland, Göttingen 2003.

Konrad Bussemer, Sechzig Jahre »Westdeutschen Allianz«. In: Der Gärtner 44. Jg. (1936), 609–794 (in Fortsetzungen).

Dennis M. Campell, Ministry and Itinerancy in Methodism. In: William J. Abraham/James E. Kirby, The Oxford Handbook of Methodist Studies, Oxford/New York 2009, 262–291.

Kenneth Cracknell und Susan J. White, Die Ausbreitung des Methodismus. In: Walter Klaiber (Hg.), Methodistische Kirchen, Göttingen 2011, 73–108.

J. P. C.[raig], The Gospel on the Continent. Incidents in the Life of James Craig, London 1895.

Theodor Christlieb, Zur methodistischen Frage in Deutschland, Bonn/Gernsbach 1882. (Erstdruck als Quellenschrift aus »Kirchliche Monatsschrift« 1. Jg. 1882, 583–628).

Theodor Christlieb, Home Mission und Innere Mission. In: Theodor Schäfer, Monatsschrift für Innere Mission, 2. Jg. (1882).

Theodor Christlieb, Die heutige Predigt des evangelischen Deutschlands, ihre charakteristische Stärke und Schwäche. In: [Methodistische] Vierteljahresschrift für Wissenschaftliche und Praktische Theologie, hg. v. Reuben Jäckel, Cleveland, Ohio, 7. Jg. (1886), 273–281.

Theodor Christlieb, Die Bildung evangelistisch begabter Männer zum Gehilfendienst am Wort und dessen Angliederung an den Organismus der Kirche. Separatdruck aus Kirchliche Monatsschrift für Freunde der Positiven Union, ab 1881, Kassel o. J. (1888/9). Auch bei Jörg Ohlemacher, Reich Gottes bauen, 247–274.

Theodor Christlieb, Homiletik. Vorlesungen von D. Th. Christlieb, hg. v. Theodor Haarbeck, Basel 1893.

Joachim Cochlovius, Art.: Gemeinschaftsbewegung. In: TRE 12 (1984), 355–368.

Rudolf Dellsperger/Markus Nägeli/Hansueli Ramser, Auf dein Wort. Beiträge zur Geschichte und Theologie der Evangelischen Gesellschaft des Kantons Bern im 19. Jahrhundert, Bern 1981.

Michael Diener, Kurshalten in stürmischer Zeit. D. Walter Michaelis – Ein Leben für Kirche und Gemeinschaftsbewegung, Gießen/Basel 1998.

Christian Dietrich/Ferdinand Brockes, Die Privat-Erbauungsgemeinschaften innerhalb der evangelischen Kirchen Deutschlands, Stuttgart 1903.

Thorsten Dietz, Der Einfluss der anglo-amerikanischen Heiligungstheologie auf Theodor Jellinghaus. In: Lüdke/Schmidt, Die neue Welt und der neue Pietismus. Angloamerikanische Einflüsse auf den deutschen Neupietismus, Berlin 2012, 189–218.

Joachim Drechsel, Das Gemeindeverständnis in der Deutschen Gemeinschaftsbewegung, Gießen 1984.

Johann Eberle, Kann mit den Methodisten Friede sein? Ein Wort an alle Redlichen und die unsere Kirche lieb haben, zugleich als Entgegnung auf den Friedensvorschlag des Christenboten (1879, Nr. 16 u. 17), Stuttgart ^{3}1879.

Heimo Ertl, »Dignity in Simplicity«. Studien zur Prosaliteratur des englischen Methodismus im 18. Jahrhundert (in deutsch), Tübingen 1988.

Charles G. Finney (von A. H. F. in deutscher Sprache bearbeitete Autobiografie), Leben und Wirken des Rev. Charles Finney, evangelischer Prediger und Professor zu Oberlin (Ohio) und die neuesten Erweckungen in den ›Vereinigten Staaten‹, mit einem Vorwort von Theodor Christlieb, Köln 1879.

Charles G. Finneys Reden, Über geistliche Erweckung. Hg. von F. Hahn, Basel 1895, 1905 durch Anmerkungen vermehrte Auflage.

Paul Fleisch, Die moderne Gemeinschaftsbewegung in Deutschland. Ein Versuch, dieselbe nach ihren Ursprüngen darzustellen und zu würdigen, Leipzig 1903 (159 S.), ^{2}1906, ^{3}1912 – Dritte, vermehrte und vollständig umgearbeitete Auflage.

Paul Fleisch, Die gegenwärtige Krisis in der modernen Gemeinschaftsbewegung, Leipzig 1905.

Paul Fleisch, Die innere Entwicklung der deutschen Gemeinschaftsbewegung, Leipzig 1908.

Paul Fleisch, Zur Geschichte der Heiligungsbewegung, Leipzig 1910.

Paul Fleisch, Die Zungenbewegung in Deutschland, Leipzig 1914.

Paul Fleisch, Die Pfingstbewegung in Deutschland. Ihr Wesen und ihre Geschichte in fünfzig Jahren, Hannover 1957.

Paul Fleisch, Die Heiligungsbewegung. Von den Segenstagen in Oxford 1874 bis zur Oxford-Gruppen-Bewegung Frank Buchmanns, Manuskript von 1961, veröffentlicht durch Jörg Ohlemacher, Gießen/Basel 2003.

Martin Friedrich, Rezensionen: Elith Olesen, De frigjorte og trællefolket. Amerikanks-engelsk indflydelse på dansk kirkeliv omkring år 1900. In: PuN 25, 1999, 283–287.

Theophil Funk, Die Anfänge der Laienmitarbeit im Methodismus, Bremen 1941.

Ulrich Gäbler, Auferstehungszeit. Erweckungsprediger des 19. Jahrhunderts, München 1991.

Ulrich Gäbler, Evangelikalismus und Réveil. In: Ulrich Gäbler (Hg.), Der Pietismus im 19. und 20. Jahrhundert, GdP III, 2000, 27–54.

E. G. (Ernst Gebhardt), Allianz. In: Wächterstimmen, hg. v. Ernst Gebhardt und Heinrich Mann, 22. Jg. (1892), 115–118.

Erich Geldbach (Hg.), Der gelehrte Diplomat. Zum Wirken Christian Carl Josias Bunsens, Leiden 1980.

Erich Geldbach, Gottes Bundesrepublik. Die Bedeutung der Föderaltheologie für Kirche und Gesellschaft. In: FF 18 (2009), 157–165.

Wolfgang Geß, Was lehrt die Heilige Schrift über Heiligung? In: Pfleiderer, Verhandlungen der Gnadauer Pfingstkonferenz, Berlin 1987, 105–114.

Max Glage, Wittenberg oder Wales? Eine ernste Frage, Schwerin 1905, ^{2}1906.

Friedemann Green, Kirche in der werdenden Großstadt. Landeskirche und Stadtmission in Hamburg zwischen 1848 und 1914, Herzberg 1994.

Wilhelm Gundert, Geschichte der deutschen Bibelgesellschaften im 19. Jahrhundert, Bielefeld 1987.

Theodor Haarbeck, Das christliche Leben nach der Schrift. Kurzgefasste biblische Ethik. Gießen/Basel 1922.

Theodor Haarbeck, Die Bibelbesprechung, Barmen o. J. (nach 1913).

Thomas Hahn-Bruckart, »Sie wollen nun«. Der Weg bischöflich-methodistischer Laien in die General- und Jährlichen Konferenzen und überbezirkliche Laientätigkeit im deutschen Kirchenzweig an der Wende zum 20. Jahrhundert, 2 Teile. In: EmK Geschichte 26. Jg. (2005), Heft 1, 28–49 u. 2, 5–28.

Thomas Hahn-Bruckart, Friedrich von Schlümbach. Erweckungsprediger zwischen Deutschland und Amerika. Interkulturalität und Transkonfessionalität im 19. Jahrhundert, AGP 56, Göttingen 2011.

Thomas Hahn-Bruckart, Friedrich von Schlümbach: Evangelisation, Jugendarbeit und Gemeinschaftsbildung zwischen den Kontinenten. In: Frank Lüdke, Norbert Schmidt (Hg.), Die neue Welt und der neue Pietismus. Angloamerikanische Einflüsse auf den deutschen Neupietismus, Berlin 2012, 35–47.

Franz und Verena von Hammerstein, Verantwortliche Gemeinde in Amerika. Beobachtungen und Erlebnisse eines Austauschpfarrers 1954–1957, Berlin 1957.

Richard P. Heitzenrater, John Wesley und der frühe Methodismus, Göttingen 2007.

Terry M. Heisey, Evangelical from the Beginning, Myerstown/Pa. 2006.

Heinrich Hermelink, Das Christentum in der Menschheitsgeschichte – von der französischen Revolution bis zur Gegenwart, Bd. 3, Tübingen/Stuttgart 1955.

David Hilborn, »Einige gemeinsame Aktionen«: Die Bildung und Entwicklung einer Sozialen Agenda innerhalb der Evangelischen Allianz. In: Karl Heinz Voigt/Thomas Schirrmacher (Hg.), Menschenrechte für Minderheiten in Deutschland und Europa, Bonn 2004, 9–35.

Ekkehard Hirschfeld, Ernst Ferdinand Ströter – Endzeitspezialist zwischen den Kontinenten. In: Lüdke/Schmidt, Die neue Welt und der neue Pietismus. Angloamerikanische Einflüsse auf den deutschen Neupietismus, Berlin 2012, 61–69.

Eric J. Hobsbawm, Sozialrebellen. Soziologische Texte. Darin: Kap. VIII., Die Arbeitersekten, 167–196.

Stephan Holthaus, Heil – Heilung – Heiligung, Gießen/Basel 2005, 475–515.

Theodor Jellinghaus, Das völlige, gegenwärtige Heil durch Christum, Berlin [3]1905.

Jugendbund für EC. Eine Antwort auf die Einwände gegen das Gelübde, Bielefeld, o. J. (um 1900).

Martin E. Jung, Der Protestantismus in Deutschland von 1870 bis 1945, KGE III/5, Leipzig 2002.

Johannes Jüngst, Amerikanischer Methodismus in Deutschland und Robert Pearsall Smith. Skizze aus der neusten Kirchengeschichte, Gotha 1875.

Johannes Jüngst, Der Methodismus in Deutschland. Beitrag zur neuesten Kirchengeschichte, Gotha 1877. Es handelt sich hier nicht um eine zweite Auflage, sondern um einen neuen Text.

Johannes Jüngst, Der Methodismus in Deutschland, Gießen 1906. Wieder mit einem neuen Text.

Johannes Jüngst, Pietisten, Tübingen 1906.

Jochen-Christoph Kaiser, Volksmission als gesellschaftliche Sinnstiftung. In: Jochen-Christoph Kaiser (Hg.), Soziale Arbeit in historischer Perspektive, Stuttgart 1998, 25–38.

Ernst Kalb (Hg.), Kirchen und Sekten der Gegenwart, hier § 96, Kirche und Sekte. Evangelische Allianz, Stuttgart ²1907.

Walter Klaiber/Manfred Marquardt, Gelebte Gnade. Grundriss einer Theologie der Evangelisch-methodistischen Kirche, Göttingen ²2006, überarbeitet.

Walter Klaiber, Gerecht vor Gott, Rechtfertigung in der Bibel und heute, Göttingen 2000.

Walter Klaiber, Biblische Grundlagen der Rechtfertigungslehre. Eine ökumenische Studie zur Gemeinsamen Erklärung zur Rechtfertigungslehre, Leipzig/Paderborn 2012.

Hermann Klemm, Elias Schrenk. Der Weg eines Evangelisten, Wuppertal 1961, ²1986.

Gesine von Kloeden, Evangelische Katholizität. Philip Schaffs Beitrag zur Ökumene – eine reformierte Perspektive, Münster 1998.

Theodor Kolde, Der Methodismus und seine Bekämpfung. Ein Vortrag auf der bayrischen Pastoralconferenz zu Erlangen am 23. Juni 1886, Erlangen 1886.

Klaus Koschorke, Changing maps of the history of global Christianity. In: Katharina Kunter/Jens Holger Schøring, Europäisches und Globales Christentum/European and Global Christianity, Göttingen 2011, 273–293.

Markus Krause, Robert Pearsall Smith – Impulsgeber für die deutsche Gemeinschaftsbewegung. In: Lüdke/Schmidt, Die neue Welt und der neue Pietismus. Angloamerikanische Einflüsse auf den deutschen Neupietismus, Berlin 2012, 135–150.

Katharina Kunter/Jens Holger Schøring, Europäisches und Globales Christentum/European and Global Christianity, Göttingen 2011.

Karl Kupisch, Der Deutsche CVJM. Aus der Geschichte der Christlichen Vereine Junger Männer Deutschlands, Kassel 1958.

Karl Kupisch, Studenten entdecken die Bibel. Die Geschichte der Deutschen Christlichen Studenten-Vereinigung (DCSV), Hamburg 1964.

Karl Kupisch, Die deutschen Landeskirchen im 19. und 20. Jahrhundert, Göttingen 1966.

Johann Peter Lange, Meine Verwickelung der sogenannten Albrechtsleute der evangelischen Gemeinschaft mit dem Methodismus, Bonn 1881.

Johann Peter Lange, Gegen die Erklärung des Organs für positive Union [Kirchliche Monatsschrift] zu Gunsten einer bedingten Anerkennung des Missionirens der Methodisten in der Evangelischen Kirche Deutschlands, Bonn 1883.

Hartmut Lehmann, Die neue Lage. In: GdP Bd. 3, Göttingen 2000.

Hartmut Lehmann, Einführung. In: Hartmut Lehmann, Glaubenswelten und Lebenswelten, GdP Bd. IV, Göttingen 2004.

Hartmut Lehmann, Transatlantische Religionsgeschichte. 18. bis 20. Jahrhundert, Göttingen 2006.

Hartmut Lehmann, Religiöse Erweckung in gottferner Zeit. Studien zur Pietismusforschung, Göttingen 2010.

Hartmut Lehmann, Das Christentum im 20. Jahrhundert: Fragen, Probleme, Perspektiven. KGE IV/9, Leipzig 2012.

Hartmut Lehmann, Die evangelische Gemeinschaftsbewegung im kirchenpolitischen Raum. In: Frank Lüdke/Norbert Schmidt (Hg.), Evangelium und Erfahrung. 125 Jahre Gemeinschaftsbewegung, Berlin 2014, 65–80.

Thomas Lessmann, Rolle und Bedeutung des Heiligen Geistes in der Theologie John Wesleys, Stuttgart 1987.

Martin Leuchtmann, Dem Volk ins Herz. 75 Jahre Evangelischer Sängerbund, Wuppertal o. J. (1973).

Gerhard Lindemann, Für Frömmigkeit und Freiheit. Die Geschichte der Evangelischen Allianz im Zeitalter des Liberalismus (1846–1879), Berlin 2011.

P. Lindner, Pfarramt, Diakonie, Stadtmission. In: Monatsschrift für Innere Mission, Bd. 9 (1889).

Ernst Lippold, Kirche – Freikirche – Gemeinschaft. Entwicklungen im Verhältnis zur EKD. In: FF Bd. 12 , Münster 2002, 107–124 (Neue Entwicklungen im Verhältnis Gemeinschaftsbewegung – EKD: 115–124).

Siegfried Lodewigs, Der Pietismus im Spiegel seiner theologischen Kritiker. Theologische Dissertation Göttingen 1972, Privatdruck.

Wolfgang Lorenz, Kirchenreform als Gemeindereform – dargestellt am Beispiel Emil Sulze. Dissertationsdruck Berlin 1981.

Hans Luckey, Johann Gerhard Oncken und die Anfänge des deutschen Baptismus, Kassel 1934, [3]1958.

Frank Lüdke, Diakonische Evangelisation. Die Anfänge des Deutschen Gemeinschafts-Diakonieverbandes 1899–1933, Stuttgart 2003.

Frank Lüdke, Neupietismus – Versuch einer Begriffsklärung. In: Frank Lüdke/Norbert Schmidt (Hg.), Was ist neu am Pietismus? Münster 2010, 3–16.

Frank Lüdke, Norbert Schmidt (Hg.), Die neue Welt und der neue Pietismus. Angloamerikanische Einflüsse auf den deutschen Neupietismus, Berlin 2012.

Manfred Marquardt, Praxis und Prinzipien der Sozialethik John Wesleys, Göttingen 2008³.

Markus Matthias, Bekehrung und Wiedergeburt. In: Hartmut Lehmann, Glaubenswelten und Lebenswelten, GdP Bd. 4, Göttingen 2004, 49–79.

Marcus Meier, Die Schwarzenauer Neutäufer. Genese einer Gemeindebildung zwischen Pietismus und Täufertum, Göttingen 2008.

John R. Mott, Die Evangelisation der Welt in dieser Generation, deutsche Übersetzung Berlin 1901.

Christoph Morgner, Geistliche Leitung als theologische Aufgabe. Kirche – Pietismus – Gemeinschaftsbewegung, Stuttgart 2000.

Daniel L. Müller, Methodistische Strömungen und Evangelistenarbeit in den evangelischen Gemeinden, Gütersloh 1894.

Karl Müller, Die religiöse Erweckung in Württemberg am Anfang des 19. Jahrhunderts, Tübingen 1925.

Rudgar Mumssen, Wittenberg und Wales! Erwiderung auf P. Glages Schrift: Wittenberg oder Wales? Neumünster, o. J. (nach 1905).

Gottlob Friedrich Nast, Neuhausen, Zur Abwehr der Methodisten. Ein Wort zur Belehrung, Stuttgart 1867.

Michael Nausner, Kirchliches Leben in methodistischer Tradition. Perspektiven aus drei Kontinenten, Göttingen 2010.

Hildegard von Niebuhr, Sechzehn Tage in England. Ein Blick in das Werk des Herrn in unserer Zeit (bei R. P. Smith in England), Halle 1874.

Jasper von Oertzen, Die Notwendigkeit der organisierten Evangelisation neben dem pastoralen Amt und ihre Bedeutung für das kirchliche Leben. In: Pfleiderer, Verhandlungen der Gnadauer Pfingstkonferenz, Berlin 1987, 65–83.

Jörg Ohlemacher (Hg.), Die Gemeinschaftsbewegung in Deutschland. 1887–1914. Texte. Gütersloh 1977.

Jörg Ohlemacher, Das Reich Gottes in Deutschland bauen. Ein Beitrag zur Vorgeschichte und Theologie der Deutschen Gemeinschaftsbewegung, AGP 23, Göttingen 1986.

Jörg Ohlemacher, Gemeinschaftschristentum in Deutschland im 19. und 20. Jahrhundert. In: Ulrich Gäbler (Hg.), Der Pietismus im 19. und 20. Jahrhundert, GdP 3 (2000), 393–464.

Paul Peucker, Herrnhuter Wörterbuch. Kleines Lexikon von brüderischen Begriffen, Herrnhut 2000.

Johann G. Pfleiderer, Gnadauer Pfingstkonferenz 1888. Verhandlungen. Neubearbeitung von Johannes Dreßler, Berlin 1987.

Henry D. Rack, Wesleyan Methodism 1849–1902. In: Rupert Davies u.a. (Hg.), A History of the Methodist Church in Great Britain, Vol. 3, London 1983, 119–166.

Nicholas M. Railton, Transnational Evangelicalism. The Case of Friedrich Bialloblotzky (1799–1869), Göttingen 2002.

Nicholas M. Railton, Pietismus und Revolution. Der badische Pfarrer Jakob Theodor Plitt (1815–1886) und seine Beziehungen nach England. Heidelberg 2012.

Reichs-Lieder. Deutsches Gemeinschafts-Liederbuch, 166. Tausend, Neumünster o. J.

Wolfgang Reinhardt, Die Erweckung von Wales 1904/05 und ihre Auswirkungen auf Deutschland. In: Lüdke/Schmidt, Die neue Welt und der neue Pietismus. Angloamerikanische Einflüsse auf den deutschen Neupietismus, Berlin 2012, 151–168.

Albrecht Ritschl, Geschichte des Pietismus, 3 Bde., Bonn 1880, 1884, 1886.

P. Rothe, Der ›Ökumenische Kongreß der Methodisten‹. In: Allgemeine Missions-Zeitschrift, hgg. v. Gustav Warneck in Verbindung mit Theodor Christlieb und Reinhold Grundemann, Gütersloh 1881 (8. Jg.), 549–553.

Ludwig Rott, Die englischen Beziehungen der Erweckungsbewegung und die Anfänge des Wesleyanischen Methodismus in Deutschland, Frankfurt/M. 1968.

Theodor Runyon, Die neue Schöpfung. John Wesleys Theologie heute, Göttingen 2005.

Hans von Sauberzweig, Er der Meister – Wir die Brüder, Geschichte der Gnadauer Gemeinschaftsbewegung 1888–1958, Denkendorf 1959, ^{2}1977.

Paulus Scharpff, Geschichte der Evangelisation, Gießen 1964.

Martin Schmidt, Christentum und industrielle Revolution in England. In: Wilhelm Brauer (Hg.), Evangelischer Glaube und soziale Verantwortung, o. O. (Berlin) und o. J. (1957).

Norbert Schmidt, Von der Evangelisation zur Kirchenbildung. Die Geschichte der Marburger Brasilienmission, Marburg o. J. (1991).

Wolfgang Schmidt, Hundert Jahre Christlicher Sängerbund (CS) 1879–1979, Wuppertal 1979.

Peter Schmidtsiefer, Kirche und Gesellschaft im Wilhelminischen Kaiserreich. Eine Analyse der Zeitschrift ›Licht und Leben‹ (1889–1914), Schriftenreihe des Vereins für Rheinische Kirchengeschichte 139, Köln 1999.

Julius Schneider, Das Neue Testament in der Frömmigkeit der Gemeinschaftsbewegung. Eine praktisch-theologische Untersuchung, Berlin 1959.

Hans-Jürgen Schrader, Die Sprache Canaans. Pietistische Sonderterminologie und Spezialsemantik als Auftrag der Forschung. In: Hartmut Lehmann, Glaubenswelten und Lebenswelten, GdP Bd. 4, Göttingen 2004, 404–427.

Walter Schulz, Die Bedeutung der vom angelsächsischen Methodismus beeinflußten Liederdichtung für unsere deutschen Kirchengesänge, illustriert an den Liedern von Ernst Gebhardt, Greifswald 1934.

C. Ernst Sommer, Die Struktur der Evangelisch-methodistischen Kirche. In: Karl Steckel/C. Ernst Sommer, Geschichte der Evangelisch-methodistischen Kirche. Weg, Wesen und Auftrag des Methodismus. Stuttgart 1982, 277–286.

Ernst Staehelin, Die Christentumsgesellschaft in der Zeit der Aufklärung und beginnenden Erweckung. Texte aus Briefen, Protokollen und Publikationen, Basel 1970.

Karl Friedrich Adolf Steinkopf, Reisebriefe. Europa 1812, Stuttgart 1987.

Heinrich Stöckle, Hundert Jahre Gemeinschaftsarbeit in Baden (1849–1949), Karlsruhe 1949.

Ludwig Tiesmeyer, Was jedermann von der christlichen Gemeinschaftsbewegung in Deutschland wissen muß!, Berlin o. J. (1917).

Ludwig Thimme, »Blütenlese« zu: Gustav Warneck, Briefe über die Versammlung zu Brighton, Hamburg 1876. In: Auf der Warte 11. Jg. (1914), Nr. 18, 6.

Ludwig Thimme, Kirche, Sekte und Gemeinschaftsbewegung vom Standpunkt einer christlichen Soziologie aus, Schwerin 1925.

Ekkehard Vetter, Jahrhundertbilanz – erweckungsfasziniert und durststreckenerprobt. Ein Beitrag zur Erweckungsgeschichte im 20. Jahrhundert und zur Entstehung der Pfingstbewegung in Deutschland, Bremen 2009.

Karl Heinz Voigt, Die Evangelische Allianz als ökumenische Bewegung, Stuttgart 1990.

Karl Heinz Voigt, Die Heiligungsbewegung zwischen Methodistischer Kirche und Landeskirchlicher Gemeinschaft. Die ›Triumphreise‹ von Robert Pearsall Smith im Jahre 1875 und ihre Auswirkungen auf die zwischenkirchlichen Beziehungen, Wuppertal 1996.

Karl Heinz Voigt, Frauen in Freikirchen – Zwischen Charisma, Amt und kirchlicher Ordnung. In: FF Bd. 13, Münster 2003, 1–10.

Karl Heinz Voigt, Menschenrecht Religionsfreiheit: Thema der Internationalen Evangelischen Allianz und des Deutschen Kirchentags in der Mitte des 19. Jahrhunderts [1851]. In: Karl Heinz Voigt/Thomas Schirrmacher (Hg.), Menschenrechte für Minderheiten in Deutschland und Europa, Bonn 2004, 37–73.

Karl Heinz Voigt, Freikirchen in Deutschland, (19. und 20. Jahrhundert), KiG III/6, Leipzig 2004.

Karl Heinz Voigt, Die ›Homburg Conference‹ für Religionsfreiheit von 1853. Eine frühe Menschenrechtsinitiative [in Verbindung mit der Evangelical Alliance]. In: Lena Lybæk, Konrad Raiser, Stefanie Schardien (Hg.), Gemeinschaft der Kirchen und gesellschaftliche Verantwortung. Die Würde des Anderen und das Recht anders zu denken, FS für Erich Geldbach, Münster 2004, 492–503.

Karl Heinz Voigt, Internationale Sonntagsschule und deutscher Kindergottesdienst. Eine ökumenische Herausforderung. Von den Anfängen bis zum Ende des Deutschen Kaiserreichs, Göttingen 2007.

Karl Heinz Voigt, Theodor Christlieb (1833–1889). Die Methodisten, die Gemeinschaftsbewegung und die Evangelische Allianz, Göttingen 2008. Sammelband mit:

- Theodor Christlieb als Frühökumeniker. Im 19. Jahrhundert mit ökumenischem Weitblick denken und leben, 9–55;
- »Die Neuevangelisierung der längst Entchristlichten« – ein Ziel Christliebs von 1888, 57–82;
- Schlümbach, Christlieb und die Evangelisation in Deutschlands, 85–110.
- Unterwegs nach Gnadau, 113–167;
- Theodor Christlieb, die methodistischen Kirchen und die Gemeinschaftsbewegung, 169–208;
- Theodor Christlieb und die Evangelische Allianz. Die [Westdeutsche] Evangelische Allianz zur Disziplinierung der »Außerkirchlichen«? 211–247;
- J. Gottlob Pfleiderers Amerika-Reise 1880 und seine ökumenischen Erfahrungen, 249–280;
- Bibliographie zu Christlieb, 283–301.

Karl Heinz Voigt, Methodistische Mission in Hamburg (1850–1900). Transatlantische Einwirkungen, Göttingen 2009.

Karl Heinz Voigt, Ernst Gebhardt (1832–1899) – Sein Liedschaffen als Brückenbauen zwischen Kirchen, Kontinenten und Kulturen. In: Hartmut Handt (Hg.), »... im Liede geboren.« Beiträge zur Hymnologie im deutschsprachigen Methodismus, Frankfurt/M., 2010, 190–215.

Karl Heinz Voigt, So kamen die Spirituals nach Deutschland. Ernst Gebhardt und die Fisk-Jubilee-Singers. In: Hartmut Handt (Hg.), »... im Liede geboren.« Beiträge zur Hymnologie im deutschsprachigen Methodismus, Frankfurt/M., 2010, 216–241.

Vorstand des Christlichen Sängerbunds (Hg.), Die Entwickelung des Christlichen Sängerbunds in den ersten 25 Jahren seines Bestehens 1879–1904, Bonn 1904.

William F. Warren, Der Methodismus, kein Rath oder Werk aus den Menschen, Bremen o. J. (1866).

Martin Weeber, Kultivierte Kulturdistanz. Die Homiletik Theodor Christliebs. In: Christian Albrecht/Martin Weeber, Klassiker der protestantischen Predigtlehre. Einführung in homiletische Theorieentwürfe von Luther bis Lange, Tübingen 2002, 144–160 (157).

Jürgen Wehrs, Jasper von Oertzen. Ein Baron der Inneren Mission, Hamburg 1993.

Horst Weigelt, Die Diasporaarbeit der Herrnhuter Brüdergemeine und die Wirksamkeit der Deutschen Christentumsgesellschaft im 19. Jahrhundert. In: Ulrich Gäbler (Hg.), Der Pietismus im 19. und 20. Jahrhundert, GdP 3, 2000, 87–111.

Hermann Wellenreuther, Missionstätigkeit des Halleschen und des Herrnhuter Pietismus. In: Hartmut Lehmann, Glaubenswelten und Lebenswelten, Geschichte des Pietismus Bd. 4, Göttingen 2004, 168–193.

John Wesley, Sammlung auserlesener Predigten. Aus dem Englischen übersetzt von Wilhelm Nast, Bd. 1, 212–221 u. 221–231. Drei Auflagen in Bremen 1850, 1861 u. 1884/85. – Neue Übersetzungen mit einleitenden Kommentaren: John Wesley, Die Lehrpredigten, 2 Bde., Stuttgart 1986, hier: 177–183, 184–211 u. 213–227.

Personenbeiträge im Biographisch-Bibliographischen Kirchenlexikon (BBKL)

William Arthur:	BBKL 14 (1998), 725–730.
Carl Bader:	BBKL 14 (1998), 734.738.
James Craig:	BBKL 15 (1999), 435–443.
Theodor Christlieb :	BBKL 25 (2005), 144–170.
Rudolf Dubs:	BBKL 15 (1999), 480–482.
Johann Jakob Escher:	BBKL 15 (1999), 528–537.
Ernst Gebhardt:	BBKL 26 (2006), 362–431.
Christian Golder:	BBKL 18 (2001), 520–525.
Johannes Jüngst:	BBKL 17 (2000), 718–724.
Gustav A. Kaiser:	BBKL 17 (2000), 750–754.
Theophil Mann:	BBKL 5 (1993), 684–688.
Wilhelm Nast:	BBKL 6 (1993), 464–468.
Hildegard von Niebuhr:	BBKL 35 (2014), 1002–1007.
Johann D. Prochnow:	BBKL 19 (2001), 1095–1104.
Friedrich von Schlümbach:	BBKL 9 (1995), 306–314.
Hannah Whitall Smith:	BBKL 10 (1995), 690–692.
Robert Pearsall Smith:	BBKL 10 (1995), 696–704.
Ludwig Tiesmeyer:	BBKL 12 (1997), 74–79.

Zeittafel

(Ereignisse, die direkt die Entwicklung der Deutschen Gemeinschaftsbewegung beeinflusst haben)

1846	Organisation der Evangelical Alliance in London
1848	Märzrevolution
1857	Von Friedrich Wilhelm IV. initiierte internationale Allianzkonferenz in Berlin
1868	Theodor Christlieb an die Rheinische Friedrich-Wilhelms-Universität berufen
1874	»Segenstage von Oxford« (Heiligungsbewegung mit Robert Pearsall Smith)
1875	»Triumphreise« von R. P. Smith in Deutschland und der Schweiz
1875	Heiligungskonferenz in Brighton
1875	Erste Keswick Convention (oft Teilnehmer aus Deutschland)
1879	Bildung des »Christlichen Sängerbunds« (CS)
1880	Organisation der Westdeutschen Evangelischen Allianz (Vorlauf seit 1876)
1882	Jünglingsvereinstreffen am Hermannsdenkmal (Christlieb und Schlümbach)
1882/83	Friedrich von Schlümbach evangelisiert in Berlin und anderen Städten
1883	Friedrich von Schlümbach konvertiert in die Landeskirche
1884	Deutscher Evangelisationsverein gegründet
1884	Erste Evangelisation von Elias Schrenk in Deutschland (Bremen)
1886	Erste Blankenburger Allianzkonferenz
1886	Ausbildungsstätte »Johanneum« in Bonn gegründet
1888	Erste Gnadauer Pfingstkonferenz

1889	Gründung der einflussreichen Zeitschrift »Licht und Leben« (Julius Dammann)
1889	Theodor Christlieb stirbt an Krebs († 15. Aug. 1889 in Bonn)
1890	Deutsches Komitee für evangelische Gemeinschaftspflege (Gnadauer Verband)
1892	Bildung eines »Deutschen Hauptvereins des Blauen Kreuzes«
1892	Erste Ausgabe des Reichsliederbuchs
1893	»Johanneum« siedelt nach Barmen um (Theodor Haarbeck)
1897	Umbenennung: Deutscher Verband für Gemeinschaftspflege *und Evangelisation* (Gnadauer Verband)
1898	Trennung des Evangelischen Sängerbunds vom Christlichen Sängerbund
1902	Gründung der Zeltmission (Jakob Vetter)
1904/05	Erweckung in Wales
1906	»Blaues Kreuz« und »Freies Blaues Kreuz« (Freikirchen) trennen sich
1906–1909	Teile der Gemeinschaftsbewegung geraten unter den Einfluss der Pfingstbewegung
1909	»Berliner Erklärung« – endgültige Trennung von Gnadauern und Pfingstlern

Die Unterzeichner der Einladung nach Gnadau 1888

C. von ARENDORF aus Seesen
Graf Andreas BERNSTORFF, Berlin (1844–1907)[389] BBKL
Seminaroberlehrer S. BOCHTERLE, Eßlingen
Professor Dr. theol. Theodor CHRISTLIEB, Bonn (1833–1889)BBKL
Inspektor Fritz COERPER, Elberfeld (1847–1924),
seit 1885 Inspektor der Evang. Gesellschaft für Deutschland
Regierungs- und Baurath CUNO, Hildesheim
Pfarrer Friedrich Philipp Ferdinand CUNTZ, Bremen-Neustadt(1831–1906)BBKL
Pastor Julius DAMMANN, Essen (1840–1908),
gründete 1889 Gemeinschaftsblatt »Licht und Leben«
Oberlehrer Christian DIETRICH, Stuttgart (1823–1911)
Instituts-Lehrer Christian DIETRICH, Stuttgart (1844–1919),
1896–1917 Rektor am Evang. Töchterinstitut in Stuttgart
Pfarrer Jakob Gerhard ENGELS, Nümbrecht (1826–1897)
Dr. theol. Friedrich FABRI, Godesberg (1824–1891)
1857–1884 Inspektor der Rheinischen Mission
Dr. theol. Wolfgang Fr. GESS, Generalsup. a. D., Wernigerode (1819–1891)
Zeitweilig Lehrer bei der Basler Mission, später Gen.-sup. in Posen
Hermann Otto GLÜER, Rittergutsbesitzer auf Gergehnen (1834–1913),
1905–1912 MdR
Hauptlehrer GÖTZE, Hamburg,
Präses des evang. Lehrerbundes
Dr. Fritz HOMMEl, München (1854–1936),
Professor für semitische Sprachen

---

389 Die mit BBKL gekennzeichneten Personen sind mit vom Verfasser geschriebenen Beiträgen im Biographisch-Bibliographischen Kirchenlexikon aufzufinden (Bautz/BBKL/index.de).

Pfarrer HERBST, Ansbach (Bayern)
Stadtpfarrer Friedrich JEHLE, Ebingen (1844–1941)
Pastor Theodor JELLINGHAUS, Gütergotz (1841–1913),
Bibelschule seit 1885, Dogmatik: Das völlige Heil durch Christum [5]1889
Pastor Christian JENSEN, Breklum (Schleswig-Holstein) (1839–1900),
Gründete in Breklum 1876 Missionsseminar, 1879 Brüderanstalt
Pastor CARL JUNGCLAUSSEN, Wuppertal-Dönberg (1850–1924)
Stadtkassen-Rendant KLEINFELDT, Zinten (Ostpreußen)
Theodor KLUNZINGER, Stuttgart
Major a.D. Graf MAX von LÜTTICHAU, Niesky (1838–1899)
Pastor Gottlieb Daniel MÜLLER, Barmen (1811–1890)
CARL de NEUFVILLE, Frankfurt am Main (1849–1938)[BBKL]
Pastor Nicolai C. NIELSEN, Höjrup (Nordschleswig),
Vors. des Kirchlichen Vereins für Indre Mission in Nordschleswig
Pastor Carl Wilhelm Theodor NINCK, Hamburg (1834–1887)[BBKL]
Pfarrer NORDMEYER, Moers
JASPER von OERTZEN, Hamburg (1833–1893),
Mitinitiator der Gnadauer Konferenz 1888
Graf EDUARD PÜCKLER, Berlin (1853–1924),
Engagiert in Sonntagsschule, Studentenvereinigung, Vors. der Gnadauer Konferenz
Inspektor Johann Gottlob PFLEIDERER,
Bonn (1825–1897), Professor am Bonner Johanneum[BBKL]
Pfarrer B. RIEWERTS, Neumünster
JULIUS SCHNIEWIND, Elberfeld († 1902)
Pfarrer SCHLAICH, Degerloch bei Stuttgart
Prediger ELIAS SCHRENK, Marburg (1831–1913),
einflussreicher Evangelist innerhalb der Gemeinschaftsbewegung
JACOB GUSTAV SIEBEL, Freudenberg (1830–1894)
Prof. Dr. jur. RUDOLPH SOHM, Leipzig (1841–1917),
Kirchenrechtler, nach Freiburg und Straßburg seit 1887 an der Univ. Leipzig
Pfarrer OTTO STOCKMAYER, Beutelspach (Württemberg) (1838–1917),
von Heiligungs- und Heilungsbewegung erfasst, Seelsorgeheim Hauptwil/Schweiz
Sup. Oberpfarrer Franz Friedrich August STREETZ, Marklissa/Schlesien (1843–1920)
Pastor LUDWIG TIESMEYER, Bremen (1835–1919)[BBKL]
Vorsteher Wilhelm Friedrich THUMM, Wilhelmsdorf/Württ. (1818–1889)
Rechtsanwalt von VOSS, Gera (Reuß)

Pastor Johannes G. WITT, Havetoft-Angeln (Schleswig-Holstein) (1832–1910),
1888 Gründer des Waisenhauses Elisabethheim, Havetoft

Pastor Theodor ZIEMENDORFF, Wiesbaden (1837–1912),
Gründer der Sudan-Pionier-Mission, heute:
Evangeliumsgemeinschaft Mittlerer Osten – Evangelische Mission in Oberägypten

Unter den 45 Unterzeichnern waren neben 24 Theologen (überwiegend Pfarrer, aber auch einige Superintendenten, 2 Professoren und 1 Missionsvorsteher), 21 Laien (4 Adlige, 1 Bankier, 2 Beamte, 1 Gutsbesitzer, 1 Gerber und Lederhändler, 5 Pädagogen, 2 Professoren, 1 Rechtsanwalt).

Soweit die Lebensdaten zu ermitteln waren betrug das Durchschnittsalter der Teilnehmer knapp 52 Jahre. Der Jüngste war 34, der Älteste 69 Jahre alt.

Abkürzungen

S. Schwertners Abkürzungen (TRE, 1994^2) werden ergänzt um:

ARH	Archiv des Rauhen Hauses, Hamburg
EZA	Evangelisches Zentralarchiv, Berlin
FF	Freikirchen Forschung, Münster
BBKL	Biographisch-Bibliographisches Kirchenlexikon
GdP	Geschichte des Pietismus
HSTAStuttg	Hauptstaatsarchiv Stuttgart
LKAD	Landeskirchen Archiv, Düsseldorf
LKAS	Landeskirchliches Archiv, Stuttgart
UAH	Unitätsarchiv Herrnhut
ZA-EMK	Zentralarchiv der Evangelisch-methodistischen Kirche

Bildquellen

Einladung, nach Gnadau 1888 Unitätsarchiv in Herrnhut, Sign. R.6.D.II. a. 8. f. 1

Theodor Christlieb
Stadtarchiv und Stadthistorische Bibliothek Bonn

Johanneum
Stadtarchiv und Stadthistorische Bibliothek Bonn

Paul Fleisch
Landeskirchliches Archiv Hannover

Christlieb, Zur methodistischen Frage
Urschriftliches Original
Zentralarchiv der Ev.-methodistischen Kirche, Reutlingen

Weitere:
Privatarchiv Voigt

Personenregister

ORTSREGISTER

Sachregister (Institutionen, Bewegungen)